Rudolf von Laban

Choreutik

RUDOLF VON LABAN

Choreutik

Grundlagen
der Raumharmonielehre
des Tanzes

Aus dem Englischen übertragen
von Claude Perrottet

FLORIAN NOETZEL VERLAG
»Heinrichshofen-Bücher« · Wilhelmshaven

CIP-Titelaufnahme der Deutschen Bibliothek

Laban, Rudolf von:
Choreutik: Grundlagen der Raumharmonielehre
des Tanzes / Rudolf von Laban. Aus d. Engl.
übertr. von Claude Perrottet. – Wilhelmshaven:
Noetzel, Heinrichshofen-Bücher, 1991
  Einheitssacht.: Choreutics <dt.>
  ISBN 3-7959-0581-8

Inhalt

Vorwort des Autors

»Choreosophia« – ein altgriechisches Wort aus *choros*, Kreis, und *sophia*, Kenntnis oder Weisheit – ist der Begriff, mit dem ich die wesentlichen Ideen dieses Buches am ehesten auszudrücken vermag. Diese Ideen befassen sich mit der Weisheit, die man sich durch das Studium aller Erscheinungen des Kreises in der Natur und im Leben erwerben kann. Der Begriff wurde in Platos Zeit von den Schülern und Anhängern des Pythagoras gebraucht. Obschon wir wenig wirkliche Kenntnis von der Arbeit des Pythagoras haben, wissen wir, daß er um 540 vor Christus eine philosophische und religiöse Kolonie in Sizilien gründete, in welcher der Kult der Musen, der göttlichen Schirmherrinnen der Künste, eine wichtige Rolle zu spielen schien. Wir wissen nicht sehr viel über das Schicksal dieser pythagoräischen Gemeinschaft, außer daß die Bevölkerung in ihrem Umkreis sich gegen das auffallend gesetzte Gehaben des Pythagoras und seiner Schüler wandten. Sie sollen schließlich allesamt lebendigen Leibes verbrannt worden und die Schriften und Kunstwerke der Kolonie ebenfalls Opfer der Flammen gworden sein; jedoch, die Erinnerung an Pythagoras lebt fort durch seine Entdeckungen in der Mathematik. Eine davon betraf die Mathematik in den Tonleitern; am besten bekannt ist jedoch sein Theorem, das die harmonischen Beziehungen zwischen den Seiten eines rechteckigen Dreiecks anbetrifft.

Plato – in seinem Timäus – sowie andere Zeitgenossen und Schüler des großen Philosophen geben uns ein erschöpfendes Bild des Wissens, das sich in der pythagoräischen Gemeinschaft angesammelt hatte. Doch geht dieses Wissen auf noch frühere Zeiten zurück. Die Weisheit der Kreise ist so alt wie die Erde. Sie gründet auf einer Auffassung vom Leben und auf seiner Bewußtwerdung, die in der Magie verwurzelt ist und von den Völkern in den Anfängen der Zivilisation gepflegt wurde. Spätere religiöse, mystische und wissenschaftliche Epochen setzten die Tradition fort. Die ursprüngliche Überzeugung von der außerordentlichen Rolle, die der Kreis in der Harmonie, im Leben, ja sogar in der ganzen Existenz spielt, überdauerte die vielen Wechsel in Geisteshaltung, Stimmung und Gefühl, die sich durch die ganze Menschheitsgeschichte hindurchziehen.

Die Choreosophie scheint zur Zeit der Hochblüte der hellenischen Kultur eine komplexe Disziplin gewesen zu sein. Es entstanden Zweige des Wissens um die Kreise; sie wurden »Choreographie«, »Choreologie« und »Choreutik« genannt. Der erste, die Choreographie, bedeutet wörtlich das Zeichnen oder Schreiben von Kreisen. Das Wort ist heute noch in Gebrauch; wir nennen das Planen und Ausarbeiten eines Balletts oder eines Tanzes »Choreographie«. Jahrhundertelang meinte man mit dem Wort die Figurenzeichnungen und Bewegungszeichen, die sich Tanzkomponisten – Choreographen – als Gedächtnishilfen notierten. Es existieren viele alte und neuere Schriftsysteme für Tanz und Bewegung im allgemeinen, aber die meisten von ihn sind auf einen bestimmten Bewegungsstil beschränkt, mit dem der Schreiber und der Leser vertraut sind. Heute brauchen wir ein Aufzeichnungssystem, das universell angewendet werden kann, und ich habe versucht, in dieser Richtung einen Weg zu bahnen. Das Studium von über hundert verschiedenen Formen der graphischen Darstellung von Zeichen verschiedener Alphabete und anderer Symbole, einschließlich derjenigen der Musik und des Tanzes, half mir in der Entwicklung einer neuen Form von Choreographie, die ich »Kinetographie«* nannte. Das System als solches leitet sich von denjenigen Beauchamps' und Feuillets (um 1700) ab; es entstand eigentlich parallel zu meinen Untersuchungen der verschiedenen Zweige der Choreosophie.

Die beiden anderen Fachgebiete der Weisheit der Kreise, die Choreologie und die Choreutik, sind nicht so bekannt wie das erste. Die Choreologie ist die Logik oder Wissenschaft der Kreise, was als reines geometrisches Studium aufgefaßt werden könnte, in Wirklichkeit aber weit darüber hinausgeht. Sie war von jeher eine Art Grammatik oder Syntax der Sprache der Bewegung und befaßte sich nicht nur mit der äußeren Form von Bewegung, sondern auch mit ihrem geistigen und seelischen Inhalt. Dies gründete im Glauben, daß Motion und Emotion, Form und Inhalt, Körper und Geist untrennbar miteinander verbunden sind. Schließlich können wir das dritte Fachgebiet, die Choreutik, als das praktische Studium der verschiedenartigen Formen mehr oder weniger harmonisierter Bewegung betrachten.

Bewegung ist eine der Sprachen des Menschen, und als solche muß sie bewußt gemeistert werden. Wir müssen versuchen, ihre wirkliche Struktur und die choreologische Ordnung in ihr zu finden, durch die die Bewegung transparent, bedeutungsvoll und verstehbar wird. In diesem Bestreben erachtete man es als notwendig, verschiedene graphische Zeichen zu gebrauchen, weil Worte nie ganz ausreichen, wenn man die wechselhafte Natur des vorliegenden Fachs ergründen will. Sie sind Abstraktionen und eigentlich Abkürzungen im Fluß des Lebens. Um eine neue Sicht von Bewegung und Raum zu erwerben, braucht es eine grundlegende Kenntnis der Choreographie, durch welche die verschiedenartigen choreutischen Elemente erst erfaßt werden können.

In diesem Buch habe ich mich bemüht, einen allgemeinen Überblick der zentralen Idee der Choreutik sowie eine detaillierte Bestandsaufnahme von ihr zu geben. Aufgrund der heutzutage herrschenden, fast vollständigen Unkenntnis dieser Dinge wird es nicht zu umgehen sein, daß der Leser sich über die ersten Vorbemerkungen ganz klar wird, was einiger Anstrengung seinerseits bedarf. Jedoch wird das choreographische, choreologische und choreutische Material, durch welches ich den Leser führen möchte, ihm zu mehr als zur bloßen Vorbereitung dienen, da nämlich diese Aspekte, wenn sie einmal erfahren und auch klar verstanden worden sind, die eigentliche Substanz der Weisheit von den Kreisen darstellen.

---

* Dies ist der Fachbegriff, den der Autor für seine Bewegungsschrift einführte. Er wird heute meist in der Zusammensetzung »Kinetographie Laban« gebraucht. (»Labanotation« heißt die amerikanische Version der Kinetographie Laban; jene unterscheidet sich aber von dieser nur in einigen wenigen Details.) Sie dient vor allem der Aufzeichnung von Tänzen und Bewegungswerken jeder Art oder jeden Stils, sowie in den verschiedenen Bereichen der Bewegungsbeobachtung, so. z. B. auch zur Fixierung von Arbeitsabläufen in der Industrie oder von Bewegungsmustern in der Therapie.

Vorwort von Lisa Ullmann

Es war im Herbst 1939, im schicksalsschweren Monat vor dem Ausbruch des Kriegs. Laban arbeitete eifrig an seinem Buch, mit dem er sich und seine Ideen von Bewegung und Tanz einer interessierten englischen Leserschaft vorzustellen beabsichtigte. Nach einem schlimmen Jahr in Paris war er im Januar 1938 nach England gekommen und hatte in Dartington Hall Asyl gefunden. Dort halfen ihm Kurt und Aino Jooss, seine Freunde und früheren Schüler, wieder gesund zu werden. Er hatte vernichtende Erfahrungen durchlebt, nachdem seine persönliche Existenz sowie sein Lebenswerk von der Nazi-Herrschaft in Deutschland zerschlagen worden war. Fast sechzig Jahre alt, hatte er neu beginnen müssen. Er war noch immer unfähig, mit Leuten praktisch zu arbeiten, doch wünschte er, zumindest schriftlich mit ihnen in Verbindung zu treten und so die Grundzüge seiner Gedanken zur Bewegung und die Entdeckungen, die er auf diesem Gebiet gemacht hatte, darzulegen. Aber wer würde ein solches Buch herausgeben? Da war auch das scheinbar unlösbare Sprachproblem. Jedoch – die letztere Schwierigkeit wurde zeitweilig überwunden durch die Hilfe von Luise Soelberg, Leiterin der Tanzabteilung in Dartington Hall und damals Mitglied des Jooss-Balletts. Ich weiß, daß mich Laban hier gerne seine Dankbarkeit aussprechen ließe für die Geduld und Unerbittlichkeit, mit der sie sein Englisch zu einem gut tönenden Englisch zu machen bestrebt war.

Als dann das Manuskript einen bestimmten Grad der Verständlichkeit erreicht hatte, brach der Krieg aus; die Abteilung der Künste in Dartington Hall wurde geschlossen (im Juni 1940), und ihre Mitglieder, einschließlich Laban, wurden in alle Winde zerstreut. Noch vor seiner Abreise widmete er sein Manuskript Leonard und Dorothy Elmhirst und ließ es in ihrem Gewahrsam zurück. Die folgenden Jahre ließen Laban weiter gesunden und brachten ihm auch mannigfaltige Gelegenheiten, um mit einer großen Zahl von Leuten zu arbeiten und weitere Entdeckungen zu machen, was die Entwicklung seiner Ideen vorantrieb. Auch war ihm ein Buch, das alle seine Grundkonzepte enthalten sollte, nicht mehr wichtig, denn andere Publikationen waren inzwischen entstanden, in denen er versuchte, diese Grundkonzepte in ihrer Anwendung auf verschiedenen Tätigkeitsgebieten darzulegen.

Wenige Jahre nach seinem Tode gab mir Dorothy Elmhirst das Manuskript zurück und ermunterte mich, es zu veröffentlichen. Sie sowie meine Überzeugung, daß die Kenntnis des Materials für das Verständnis von Labans Arbeit unabdingbar ist, gaben mir den Anstoß, das Buch für die Öffentlichkeit vorzubereiten. Ich habe persönlich noch Bedenken, nämlich wegen meiner beschränkten Fähigkeit als Bearbeiterin. Ich hoffe, daß der Leser für irgendwelche Plumpheiten in der Präsentation Verständnis haben wird.

Zu Labans Text habe ich einen zweiten Teil hinzugefügt, da ich glaubte, daß ein systematischer Überblick der grammatischen Elemente der Raumbewegung dem Bewegungsschüler bei seinen praktischen Übungen hilfreich sein könnte.* Dieser Teil basiert ganz auf einer Zusammenstellung der von Laban entwickelten grundlegenden Bewegungsskalen und -gebilden, die von Gertrud Snell-Friedburg, seiner ehemaligen Assistentin, zu seinem fünfzigsten Geburtstag im Jahre 1929 gemacht wurde. Jedoch, der Schüler hüte sich, der Versuchung zu verfallen, Skalen und Gebilde ohne gründliche Vorbereitung zu lernen. Ein Buch kann niemals den lebendigen Lehrer ersetzen, und es hat keinen Sinn, mechanische Fertigkeit in der Ausführung zu erwerben ohne die schöpferische Einstellung, die allein zu vertieftem Verständnis der Bewegung und so zur Bereicherung und innerem Wachstum führt. Labans Überlegungen im ersten Buchteil werden zusammen mit den Zeichnungen zweifellos eine solche Einstellung begünstigen, und deshalb erachte ich es als richtig, das rohe Gerüst in seinem »Mantel« zu veröffentlichen.

Zu großem Dank verpflichtet bin ich Betty Redfern, die den Entwurf des ersten Teils mehrmals gelesen und mir unschätzbare Hilfe bei der Wiedergabe von Labans Originaltext geleistet hat. Auch bin ich dankbar für die großzügige Unterstützung von seiten einiger Kollegen, die mich bei den Illustrationen und bei den verschiedenen Abschnitten des Buches beraten haben.

---

* An dieser Stelle sei folgendes beigefügt: statt den ganzen Text von Anfang bis Ende Seite für Seite durchzuarbeiten, empfiehlt es sich, mit einzelnen Kapiteln des 2. Teils schon während der Lektüre des 1. Teils, d.h. etwa nach dem 5. Kapitel, zu beginnen. (Anmerkung des Übersetzers)

Vorwort zur deutschen Erstausgabe

Mit der vorliegenden Veröffentlichung wird das im Jahre 1966 in England erschienene Werk Rudolf von Labans, *Choreutics,* dem Leser deutscher Zunge zugänglich. Dieses Werk stellt eine Weiterentwicklung und in mancher Hinsicht eine Vervollkommnung der choreologischen Forschungsergebnisse und Grundsätze dar, die der Autor schon im Jahre 1926 in seinem Buch *Choreographie I* vorgestellt hat.

Eine bessere Übersicht, die Lisa Ullmann in ihrer Bearbeitung dem zweiten Teil von Choreutics durch Untertitel schon gegeben hat, habe ich bei der Übersetzung des ersten Teils durch zusätzliche, zusammenfassende Randbemerkungen ebenfalls zu vermitteln versucht.

Im allgemeinen fiel es mir nicht besonders schwer, den ziemlich flüssigen, allgemeinwissenschaftlichen englischen Schreibstil des Autors deutsch wiederzugeben. Besonderen Wert legte ich darauf, die passenden Worte zu finden, um nicht nur das gedankliche Verstehen zu ermöglichen, sondern auch die von Rudolf von Laban immer angestrebte Verbindung mit der körperlichen Aktivität, der Bewegungserfahrung, also auch die Empfindungstätigkeit des Lesers unvermindert anzuregen.

Für mein persönliches Verständnis und für die Einfühlung in die komplexe Materie kam mir meine langjährige Studien- und Unterrichtspraxis speziell im choreutischen, wie auch in anderen Bereichen des freien Tanzes (oder Modernen Ausdruckstanzes) nach Rudolf von Laban sehr zustatten. So gebührt hier meinen zahlreichen bisherigen Schülern wie auch meinen engsten Kolleginnen und Kollegen herzlicher Dank für ihre nicht selten aufopfernde Mitarbeit in diesem unüblichen, doch letztendlich sehr erfüllenden Fach.

Zürich, im April 1990   Claude Perrottet

Einleitung

Unsere eigenen Bewegungen und diejenigen, die wir um uns herum wahrnehmen, sind grundlegende Erfahrungen. Die Formen von Gegenständen, wie auch die Formen, die lebende Organismen einnehmen, entstehen und vergehen aufhörlich. Doch können Formen von Objekten und Lebewesen in Ruhe einen »Stillstand« vortäuschen in dem großen, endlosen Bewegungsstrom, in dem wir leben und an dem wir teilhaben. Diese Illusion eines Stillstands gründet auf der schnappschuß-artigen Wahrnehmung des Geistes, der fähig ist, bloß eine einzelne Phase des ununterbrochenen Stroms aufzunehmen. Erst unser Gedächtnis gibt der durch die »Schnappschüsse« entstandenen Illusion Dauer; doch auch das Gedächtnis selbst wächst, verändert sich und schwindet.

Formen sind eng mit Bewegung verbunden. Jede Bewegung hat ihre Form, und Formen werden gleichzeitig mit und durch Bewegung erschaffen. Die Illusion der Momente des Stillstehens läßt eine künstliche Trennung von Raum und Bewegung entstehen. Unter einem solchen Gesichtspunkt scheint Raum eine Leere zu sein, in der Gegenstände stehen und sich gelegentlich bewegen.

Leerer Raum existiert nicht. Im Gegenteil, Raum ist eine Überfülle gleichzeitiger Bewegungen. Die Illusion des leeren Raums stammt von der schnappschußartigen Wahrnehmung, die im Geist empfangen wird. Jedoch, was der Geist wahrnimmt, ist mehr als eine isolierte Einzelheit; es ist ein momentaner Stillstand des ganzen Universums. Ein solcher momentaner Blickpunkt ist, anders ausgedrückt, eine Konzentration auf eine unendlich kleine Phase des großartigen, allumfassenden Stroms.

Die Summe solcher Schnappschüsse macht jedoch nicht den Strom selbst aus. Wenn man einen Film in Stücke schneidet und die einzelnen Bilder zu einem Stapel aufeinanderhäuft, so gibt das niemals den Eindruck von Bewegung. Erst wenn wir die Bilder nacheinander abrollen lassen, wird Bewegung sichtbar. Die Schnappschüsse können auf verschiedene Arten abrollen. Wenn wir die Schnappschüsse bunt durcheinandermischen, erhalten wir einen phantastischen Film wie aus einer Traumwelt, voller unerwarteter Sprünge, Pausen, Lücken, Überschneidungen und Wiederholungen. Der Geist erkennt die Unwirklichkeit eines solchen Films. Eine Bewegung hat nur einen Sinn, wenn sie organisch verläuft, das heißt, daß Phasen ausgewählt werden müssen, die zusammen eine natürliche Abfolge bilden. Es ist deshalb wesentlich, die natürlichen Charakteristika der einzelnen Phasen herauszufinden, die wir zusammenfügen möchten, um eine sinnvolle Sequenz zu schaffen.

Wir betrachten unsere Schnappschüsse nur getrennt, um uns eine Analyse der Charakteristika des gesamten Stroms zu ermöglichen. Beim Anschauen der einzelnen

Schnappschüsse müssen wir also immer die jeweils vorangehenden und die nachfolgenden Phasen erfühlen und verstehen. Oft ist es nötig, Verbindungen aufzuspüren, die noch weiter zurück in die Vergangenheit oder vorwärts in die Zukunft des Ablaufs reichen, zu dem der Schnappschuß gehört.

Die Vorstellung des Raumes als einer Örtlichkeit, in dem Wechsel stattfinden, mag hier hilfreich sein. Gleichwohl dürfen wir den Ort nicht einfach als leeren, von der Bewegung getrennten Raum ansehen, noch Bewegung nur als gelegentliches Geschehen, denn: Bewegung ist ein kontinuierlicher Strom innerhalb der Örtlichkeit selbst, und dies ist der fundamentale Aspekt des Raumes. Raum ist ein verborgener Grundzug der Bewegung, und Bewegung ist ein sichtbarer Aspekt des Raumes.

Bewegung ist ein kontinuierlicher Strom innerhalb der Örtlichkeit, des Raums

In der Vergangenheit haben wir zu hartnäckig an einer statischen Vorstellung unserer Umgebung festgehalten, was zu einem falschen Begriff des Lebens ganz allgemein, wie auch unseres persönlichen Lebens, geführt hat. Heute sind wir vielleicht immer noch zu sehr daran gewöhnt, Gegenstände als getrennte Einheiten aufzufassen, die in stabilen Positionen nebeneinander im leeren Raum stehen. Äußerlich mag es so scheinen, aber in Wirklichkeit finden fortwährend Austausch und Bewegung statt. Nicht für einen Augenblick stehen sie vollkommen still, denn die Materie selbst ist eine Zusammensetzung von Schwingungen. Wir sprechen nur von Bewegung, wenn wir sie als ununterbrochenen Strom erlebt haben. Äußerst langsame, schwache oder verstreute Bewegungen verleiten uns zu der Annahme, Gegenstände seien in einem Zustand von Ruhe, oder seien unbewegt. Dieser Eindruck von Ruhe ist eine Illusion. Was wir nicht mit unseren Sinnen wahrnehmen können, besonders mit unserem wichtigen Tastsinn (Tastsinn siehe 3. Kapitel), bleibt für uns unwirklich – wir leugnen seine Existenz rundweg ab, bis Intuition oder Forschung die einzigartige und umfassende Rolle der Bewegung als eines sichtbaren Aspekts des Raumes entdeckt.

Es ist möglich, die kontinuierliche Erschaffung räumlicher Eindrücke durch Bewegung zu erfahren und zu begreifen. Aus der Beziehung zwischen einzelnen räumlichen Erscheinungen folgt, daß die Bewegung auf bestimmten Bahnen verläuft. Die Einheit von Bewegung und Raum kann aufgezeigt werden, indem man die einzelnen Schnappschüsse des Geistes miteinander vergleicht, wobei erkennbar wird, daß die natürliche Reihenfolge ihrer Folgen sowie unsere natürliche Orientierung im Raum ähnlichen Gesetzen gehorchen.

Wenn wir eine einzelne Einheit der Raumbewegung für sich beschreiben wollen, können wir eine Methode anwenden, wie sie ein Architekt bei der Projektierung eines Gebäudes anwendet. Er kann nicht in ein und demselben Plan alle inneren und äußeren Ansichten zeigen, sondern er ist gezwungen, einen Grundriß und mindestens zwei Seitenrisse zu zeichnen, wodurch er dem Geist ein plastisches Bild des dreidimensionalen Ganzen vermittelt.

Bewegung ist lebendige Architektur

Bewegung ist sozusagen lebendige Architektur – lebendig im Sinne von wechselnden Stellungen wie auch von wechselnden Zusammenhängen. Diese Architektur wird mit menschlichen Bewegungen erschaffen und setzt sich aus Wegen, die Formen im Raum zeichnen, zusammen; diese Formen können wir »Spurformen« nennen. Ein Gebäude

kann nur zusammenhalten, wenn seine Teile bestimmte Proportionen aufweisen, die
ihm ein gewisses Gleichgewicht inmitten der fortwährenden Schwingungen und Bewegungen des Materials, aus dem es gebaut ist, verschaffen. Die Struktur eines Gebäudes muß Stöße von fremder Seite, die beispielsweise durch den vorbeifahrenden
Verkehr oder durch Sprünge lebhafter Bewohner verursacht werden, aushalten können. Die lebendige Architektur, die aus den Spurformen menschlicher Bewegung zusammengesetzt ist, muß anderen gleichgewichtsstörenden Einflüssen standhalten, da
diese aus der Struktur selbst und nicht von außen kommen. Das lebendige Gebäude
der Spurformen, das der bewegte Körper schafft, ist an bestimmte räumliche Beziehungen gebunden. Solche Beziehungen existieren zwischen den einzelnen Teilen der
Sequenz. Ohne natürliche Abfolge innerhalb der Sequenz wird Bewegung unwirklich
und traumähnlich.

Traum-Architekturen können die Gesetze des Gleichgewichts außer acht lassen. Dasselbe gilt für Traum-Bewegungen, doch wird selbst in den fantastischsten Verirrun-
gen in die Unwirklichkeit immer ein grundlegender Gleichgewichtssinn in uns wach
bleiben.

Es leuchtet ein, daß ein Träumer und ein Mensch, der geistig an der Mechanik orientiert ist, Bewegung verschieden anschauen werden. Eine noch andere Sicht würden
die Menschen mit einer natürlichen und ungekünstelten Geisteshaltung haben – zum
Beispiel ein Kind oder ein sogenannter primitiver Mensch – die auf das Leben nicht
analytisch, sondern auf einfache und einheitliche Art und Weise zugehen.

Die unterschiedlichen inneren Einstellungen von Individuen verschaffen uns die verschiedenen Ebenen, auf welche die Schnappschüsse projiziert werden können. Beginnen wir mit der integriertesten Einstellung, so stellen wir fest, daß Kinder und primitive Menschen ein natürliches Talent für die Körperbewegung haben und ihr eine natürliche Liebe entgegenbringen. In späteren Abschnitten des individuellen Lebens
oder desjenigen eines Volksstamms wird der Mensch vorsichtig, argwöhnisch und
manchmal gar feindlich zur Bewegung eingestellt. Er vergißt, daß sie die Grunderfahrung seiner Existenz darstellt.

*Individuelle innere
Einstellungen ergeben
Projektionsebenen
der »Schnappschüsse«*

Es ist eine seltsame Tatsache, daß sich die ganze Welt nicht nur dem suchenden Geist
des Wissenschaftlers, sondern auch dem Kind und den primitiven Menschen als mit
unaufhörlicher Bewegung angefüllt eröffnet. Ein unverfälschter Geist hat keine Mühe, Bewegung als Leben anzuerkennen.

Die Personifizierung von Gegenständen und der Glaube, daß die anorganische Natur
lebt, gründen in der intuitiven Erkenntnis der allumfassenden und absoluten Gegenwart von Bewegung. Dieser primitive Gesichtspunkt ist die intuitive Bestätigung der
wissenschaftlich bewiesenen Wahrheit, daß das, was wir Gleichgewicht nennen, niemals vollständige Stabilität oder Stillstand, sondern das Ergebnis zweier kontrastie-
render Qualitäten der Bewegtheit ist.

Die Kinder und die Menschen der Urzeit sehen die Welt von einer körperlichen Perspektive aus, das heißt, durch physische Erfahrung. Sie sehen die wunderbare Einheit
aller Existenz. Der Mensch späterer Zeitalter verliert diese Sicht durch seine gedank-

lichen Täuschungen und auch wegen seiner wachsenden taktilen Unfähigkeit. Er stellt in seinem Geist die Stabilität als kontrastierenden Partner der Mobilität auf. Dieserart verliert er die Beziehung zu seiner Umgebung, die im weitesten Sinne das Universum darstellt; er verliert auch seine Persönlichkeit, die den Übertritt vom Ich zum Du braucht, damit der Mensch Teil der harmonischen Ordnung im großen allumfassenden Strom wird.

Jedoch gab es immer und gibt es auch jetzt noch Leute, die sich verpflichtet fühlen, Bewegung eingehender zu praktizieren und zu beobachten. In Kampf und Arbeit braucht man seinen Körper ausgiebig, währenddem die Bewegungslehrer den rhythmischen Fluß wechselnder Spurformen sowohl erfahren als auch erklären. In alten Zeiten wurden die Kenntnis und die Erfahrung von Bewegung durch Priester in den festgelegten Sequenzen und Mustern ihrer religiösen Riten, später durch Tanz- und Fechtmeister in ihren geselligen und erzieherischen Veranstaltungen lebendig erhalten. Da diese Leute im großen ganzen ein einfacheres und ungekünsteltes Verhältnis zur Bewegung hatten, lag ihnen der Gedanke fern, daß das Messen und Analysieren von Bewegungen und Formen ein so komplexes Unterfangen sein würde. Immer wieder gingen sie dieses Problem mutig an, und ihre Bemühungen waren, was ihre speziellen praktischen Bedürfnisse anbelangt, sogar von Erfolg begleitet.

Ein bestimmter Menschentyp wird sich für Bewegung nur aus ausgesprochenem Mißtrauen und aus Aversion heraus interessieren. Solche Leute sind zahlreicher, als man annehmen würde. Jedermann, der die Lebensrealität ausschließlich in Emotionen und Ideen sucht, neigt zu einer negativen Einstellung hinsichtlich körperlicher Bewegung.

Der Gegensatz zur Idee von der ewigen Lebensregung ist ein abstraktes Ideal der Ruhe, das ihren Anhängern eine Welt anbietet, in der die Bewegung auf eine beinahe erstarrte Form der Harmonie reduziert wird. Leute mit einer solchen Geisteshaltung stehen im extremen Kontrast zu den Unvergeistigten, die ein spontanes Gefühl für Bewegung haben.

Enthusiastische Liebhaber der Bewegung, wie es Kinder, primitive Völker und auch viele faule Leute sind, schwimmen mehr oder weniger zufrieden in dem nie endenden Strom. Was die Faulen anbetrifft, so haben sie es weniger auf das Vergnügen und die Bewegungsfreude abgesehen, als auf das Minimalisieren der Unbequemlichkeit und Anstrengung, die jede Bewegungsäußerung mit sich bringt.

Obige Gesichtspunkte stellen Grade auf einer Skala von Temperamenten von Beobachtern dar, die sich zwangsläufig im selben Fluß des Daseins bewegen, ihn aber von verschiedenen Blickwinkeln aus betrachten. Eine solche Skala hat natürlich mehr Grade als die eben beschriebenen, doch mag es für unsere Absicht, charakteristische Ansichten als Grundlage für eine umfassende Beschreibung von Bewegung zu finden, nützlich sein, die folgenden drei Gesichtspunkte auszuwählen:

1. Derjenige einer Mentalität, die sich in die nicht greifbare Welt von Emotionen und Ideen geworfen hat;

2. Derjenige des objektiven, außenstehenden Beobachters;
3. Derjenige einer Person, die Bewegung als körperliche Erfahrung genießt und sie aus dieser Haltung heraus betrachtet und erklärt.

Diese drei Gesichtspunkte kann man mit den drei Ansichten in der Architektur vergleichen: mit dem Grundriß und den beiden Seitenrissen; auf erstere projizieren wir das Bild des Gegenstands, den wir untersuchen: die Einheit Bewegung und Raum. Eine Synthese dieser drei Aspekte ist dauernd in jedem von uns am Werk. Wir sind alle emotionelle Träumer, Pläne schmiedende Mechaniker und unschuldige biologische Geschöpfe, alles gleichzeitig; manchmal schwanken wir zwischen diesen drei Geisteshaltungen hin und her und manchmal komprimieren wir sie in einen synthetisierten Akt der Wahrnehmung und Funktion.
Im Bestreben, eine Analyse von Bewegung zu machen, müssen wir uns mit den verschiedenen Schichten unseres inneren Lebens befassen, in denen diese drei Geisteshaltungen wurzeln. Jede Bewegungsbeschreibung muß sich auf ein Konzept stützen können, das die verschiedenen Arten der Mentalität in Betracht zieht. Es fällt auf, daß Leute, die Bewegung studiert haben, auch gelernt haben, mit den verschiedenen Mentalitäten umzugehen.
Die folgenden Kapitel enthalten hin und wieder Angaben über historische Versuche, eine Bewegungsschrift zu erfinden. Alle diese Notationen bestanden aus Einheiten von räumlichen Bezügen mit dynamischen und rhythmischen Eigenschaften, sowie aus emotionellen Charakteristika der Bewegung. Verschiedenartige Qualitäten wurden in ein lesbares Symbol zusammengefaßt, welches eine einzelne Phase des Bewegungsflusses beschrieb. Als bekanntes Beispiel sei die Musiknotenschrift erwähnt, in welcher Symbole für die harmonische Beziehung von Tönen, für rhythmische und dynamische Sequenzen und für die Ausdrucksgestaltung als grafische Abbilder von musikalischen Bewegungen gelten. Choreographen (Tanzschreiber) sind bei der Notierung räumlicher und rhythmischer Körperbewegungen ähnlich vorgegangen; sie fügten lediglich Zeichen für die Gliedmaßen und andere Körperteile hinzu.
Eine multilaterale Bewegungsbeschreibung – das heißt eine Beschreibung, die Bewegung von vielen Blickwinkeln her betrachtet – wird als einzige der Komplexität der fließenden Raum-Realität gerecht. So werden in den nun folgenden Kapiteln dort, wo Bewegung nicht allein mit Worten beschrieben werden kann, solche choreographischen Symbole eingesetzt. Dieserart vermag vielleicht Raumbewegung für sich selbst zu sprechen. Die Kunst oder die Wissenschaft, die sich mit der Analyse und Synthese von Bewegung befaßt, nennen wir »Choreutik«. Mittels Untersuchungen und verschiedenartigen Übungen versucht die Choreutik, den Prozeß des Zerfalls in Un-Einheit aufzuhalten. Die körperliche Perspektive, mit ihrer ganzen Bedeutung für die Persönlichkeit des Menschen, kann eine kräftebildende Wirkung auf unsere individuellen und gemeinschaftlichen Lebensformen ausüben. Durch dauernden, bewußten Gebrauch kann diese Wirkung vertieft werden, was uns hilft, die Rolle des Tanzes in verschiedenen Epochen der Zivilisation, wo noch ein hoher Grad von Harmonie waltete, zu deuten.

Beschreibung der Bewegung von vielen Blickwinkeln her

Um Spurformen von verschiedenen Blickpunkten aus zu erfahren – das heißt, Körperperspektive, das dynamische Gefühl und die Kontrollfunktionen zu integrieren –, erfordert eine gewisse spirituelle Neigung. Diese ist unerläßlich, wenn wir in die wahre Struktur menschlicher Bewegung und der Motion in der Natur vordringen wollen. Das Angehen von verschiedenen Seiten aus hat jedoch zum Ziel, eine Einheit in der Bewegung aufzuspüren. Es ist zweifelsohne so, daß eine solche Einheit in alten Zeiten existierte, nämlich in den Wegen der Gesten, die wir Spurformen nannten. Weil diese Einheit nicht erklärbar war, erhielt sie magische Bedeutung, und seltsamerweise hat sie heute immer noch diese Bedeutung, trotzdem man sie analysiert hat.

Die Choreutik umfaßt alle Arten körperlicher, seelischer und geistiger Bewegung und ihre Niederschrift. Die choreutische Synthese schließt die verschiedenen Anwendungen der Bewegung in Arbeit, Erziehung und Kunst ein, wie auch Heilprozesse im weitesten Sinne.

Dieser Aspekt der Raumbewegung kann somit »choreutischer Aspekt« genannt werden. Von alters her in praktischer Erfahrung wurzelnd, ist der choreutische Aspekt trotzdem ein moderner. Sich seiner klar bewußt zu sein, ist besonders wichtig in unserer Zeit des umfassenden Aufbruchs sowie des Liebehaß der Bewegung im Leben, in den Wissenschaften und in den Künsten.

Teil 1

Eine neue Sicht
von Raum und Bewegung

1. Kapitel

Grundsätze
der Orientierung im Raum

Die Bewegung des Menschen entspringt einem inneren Wollen und resultiert in einer Verlagerung des Körpers oder eines seiner Gliedmaßen von einer räumlichen Stellung in eine andere. Die äußere Form jeder Bewegung kann durch Stellungswechsel im Raum definiert werden. Die Begriffe der Alltagssprache reichen aus, um präzis die Stellung, in der eine Bewegung beginnt, und den Platz, den sie zu erreichen beabsichtigt oder an dem sie schließlich ankommt, zu beschreiben. Die Verbindung zwischen zwei Stellungen ist der »Weg«, den die Bewegung nimmt.

Wo immer der Körper auch steht oder sich bewegt, nimmt er Raum ein und ist von ihm umgeben. Wir müssen unterscheiden zwischen Raum im allgemeinen und dem Raum in der Reichweite des Körpers. Um letzteren vom allgemeinen Raum zu unterscheiden, werden wir ihn persönlichen Raum oder »Kinesphäre« nennen. Die Kinesphäre ist die Raumkugel um den Körper, deren Peripherie mit locker gestreckten Gliedmaßen erreicht werden kann, ohne daß man den Platz verläßt, der beim Stand auf einem Fuß als Unterstützungspunkt dient; diesen werden wir »Standort«* nennen. Wir können nun an der äußeren Begrenzung dieser vorgestellten Kugel mit unseren Füßen wie mit unseren Händen entlangfahren. Dieserart kann jeder Punkt der Kinesphäre erreicht werden. Außerhalb der Kinesphäre liegt der übrige Raum, dem man sich nur durch Wegschreiten vom Standort nähern kann. Wenn wir uns über die Begrenzung der eigenen Kinesphäre hinaus bewegen, schaffen wir uns einen neuen Standort und tragen die Kinesphäre an einen neuen Ort. Natürlich verlassen wir niemals unsere Bewegungskugel, sondern tragen sie wie eine Aura immer mit uns mit.

Der persönliche Raum, die Kinesphäre

---

* In der Terminologie der Kinetographie wird dieser Punkt »Platz« genannt.

Wenn wir einen Schritt vorwärts machen, tragen wir unsere Kinesphäre um die Länge dieses Schritts vorwärts durch den Raum. Der Standort ist immer senkrecht unter dem Gleichgewichtspunkt des Körpers, niemals seitlich, vor oder hinter ihm. Wir fühlen jeden Standort als Teil von uns, und jede neue Bewegung erwächst aus ihm.

Die drei Dimensionen als Grundelemente der Raumorientierung Die Grundelemente der Orientierung im Raum sind die drei Dimensionen: Länge, Breite und Tiefe. Jede Dimension hat zwei Richtungen. Auf den menschlichen Körper bezogen, hat die Länge oder Höhe die beiden Richtungen aufwärts und abwärts; die Breite hat die beiden Seitwärtsrichtungen links und rechts; die Tiefe hat die beiden Richtungen vorwärts und rückwärts. Das Schwerpunktzentrum des aufgerichteten Körpers ist ungefähr der trennende Punkt zwischen den zwei Richtungen jeder Dimension. So wird dieser Punkt auch zum Zentrum unserer Kinesphäre.

Die dreidimensionale Form des Würfels Die am leichtesten vorstellbare dreidimensionale Form, aus Höhe, Breite und Tiefe zusammengesetzt, ist der Würfel. Schräge Linien, die man »Diagonalen« nennen kann, führen von jeder Ecke des Würfels zur gegenüberliegenden Ecke, und jede Schräge ist eine Art Achse, die von den drei Dimensionen umgeben ist. Es gibt vier solche Raumdiagonalen im Würfel, und sie schneiden sich in einem Punkt des Körpers, der wiederum ungefähr mit dem Schwerezentrum identisch ist; dieses ist, wie oben erwähnt wurde, auch das Zentrum unserer Kinesphäre.

Die vier Diagonalen haben nicht solche klar definierten Namen wie die Dimensionen. Sie werden im allgemeinen nach den drei sie umgebenden Dimensionen benannt; beispielsweise kann eine Diagonale nach hoch-rechts-vor führen, und in die Gegenrichtung nach tief-links-zurück.

Zwischen den Diagonalen und den Dimensionalen liegen die Diameter Wir unterscheiden ferner Achsen, die in der Mitte zwischen zwei Diagonalen und zwei Dimensionen liegen. Wir können sie Durchmesser oder »Diameter« nennen und betrachten sie als von den Dimensionen oder den Diagonalen »abgelenkt«. Es hat sechs solche Diameter im Würfel; sie schneiden sich, grob gesprochen, ebenfalls im Schwerezentrum. Auch die sechs Diameter haben keine eindeutig festgelegten Namen in der Umgangssprache, jedoch können sie mit den beiden Dimensionen, zwischen denen sie liegen, bezeichnet werden. Zum Beispiel führt ein Durchmesser, der zwischen hoch und rechts liegt, nach hoch-rechts, und in die Gegenrichtung nach tief-links. Allein in der Bewegungskunst, und im besonderen im Tanz, müssen diese Raumbezeichnungen exakt definiert sein; in einem ersten Schritt zum Verständnis des neuen Bewegungs-Gesichtspunkts greifen wir jetzt auf die Terminologie des Tänzers zurück, um Beziehungen zwischen Stellungen im Raum zu beschreiben.

Die fünf Positionen des Tanzes In den bekannten fünf Positionen des Tanzes stellt der Tänzer seine Füße und seinen Körper entweder in die Richtungen der drei Dimensionen oder in die diagonalen Richtungen dazwischen. In der ersten Position werden die Füße mit den Fersen zusammen und den Zehen auseinander hingestellt. In dieser Position wird der Standort geschaffen; Bewegungen in Richtung des Standorts führen abwärts. In der zweiten Position werden die Füße seitwärts auseinandergestellt, auf einer Linie zwischen der linken und der rechten Dimensionalrichtung. In der dritten Position werden die Füße wieder in einem Winkel zueinander gestellt, aber die Ferse des einen Fußes befindet

sich am Rist des andern. Die Füße stehen auf einer schrägen Linie zwischen den zwei Raumausdehnungen der Tiefe und der Breite; beispielsweise zwischen vor und rechts, und zurück und links. In der vierten Position werden die Füße auseinandergestellt, einer hinter den andern auf einer Linie, die zwischen den Richtungen vor und zurück verläuft. In der fünften Position schließlich werden die Füße nah hintereinander gestellt. In dieser Position wird keine besondere Richtung betont, außer vielleicht diejenige nach oben, wegen der Tendenz des Körpers, sich in dieser Stellung zu strecken. Deshalb symbolisieren wir mit dem Gebrauch der fünften Position die Höhe.
Bezüglich der Bein- und Armpositionen in der Luft gibt es keine einheitliche Überlieferung. In der Bewegungsschrift, die der Autor entwickelt hat, entsprechen die Richtungen der Beine und Arme in der Luft den allgemeinen Richtungen der vorerwähnten Stellungen der klassischen Tanzpositionen der Füße.
Es können drei verschiedene Raumlagen unterschieden werden: eine am Boden, eine andere auf mittlerer Körperhöhe und eine dritte auf der Höhe der Hände, wenn diese über den Kopf erhoben sind. Wir können die folgenden Namen und Zeichen gebrauchen, um uns die Richtungen klar zu machen:
Das Schriftzeichen für die Richtung abwärts zum Standort ist

Die drei Raumlagen (Raumhöhen)

▌ »tief«

Das Richtungszeichen aufwärts über den Kopf hin ist

▨ »hoch«

Die Richtungszeichen zu den Seiten des Körpers hin sind die folgenden:

in mittlerer Lage:	*in hoher Lage:*	*in tiefer Lage:*
▷ »rechts«	▷ hoch-rechts	▶ tief-rechts
◁ »links«	◁ hoch-links	◀ tief-links

Die Zeichen für Richtungen direkt vor oder hinter dem Körper sind die folgenden:

in mittlerer Lage:	*in hoher Lage:*	*in tiefer Lage:*
▯ »vor«	▨ hoch-vor	▌ tief-vor
▯ »zurück«	▨ hoch-zurück	▌ tief-zurück

Die Zeichen für die vier schrägen Richtungen sind:

in mittlerer Lage:	*in hoher Lage:*	*in tiefer Lage:*
▱ rechts-vor	▨ hoch-rechts-vor	◣ tief-rechts-vor
▰ rechts-zurück	▨ hoch-rechts-zurück	◣ tief-rechts-zurück
▱ links-vor	▨ hoch-links-vor	◢ tief-links-vor
▱ links-zurück	▨ hoch-links-zurück	◢ tief-links-zurück

Die 27 Hauptrichtun-
gen in der Kinesphäre Die genannten 26 Richtungen strahlen vom Zentrum der Kinespäre, dem 27. Richtungspunkt (⊡), aus und errichten drei Ebenen in verschiedenen Höhenlagen: hoch, Mitte, tief.

Die Abbildungen 1, 2, 3 und 4 zeigen die verschiedenen Raumkreuze in der Beziehung zu diesen Ebenen.

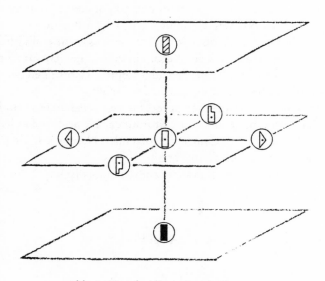

Abb. 1: Das *dreidimensionale Kreuz*

Abbildung 1 zeigt das »dreidimensionale Kreuz«. Es wird aus den sechs Hauptrichtungen gebildet:

Die sechs dimensiona-
len Richtungen die vom gemeinsamen Zentrum des Körpers und seiner Kinesphäre, der Richtung ⊡ , ausstrahlen. Wir nennen sie »Dimensionalrichtungen«.

Jede Dimensionalrichtung oder jeder »Strahl«* liegt innerhalb von vier Richtungen oder Strahlen des Diagonalkreuzes, zum Beispiel liegt:

⬚

---

*   Richtungen, die vom gemeinsamen Zentrum des Körpers und seiner Kinesphäre aus- oder in dasselbe hineinstrahlen, können wir »Strahlen« nennen.

als eine Art Achsenpunkt zwischen:

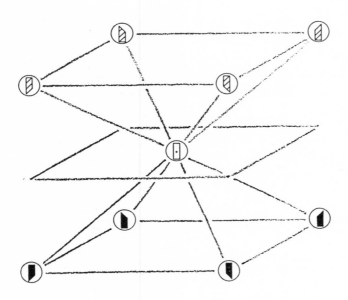

Abb. 2: Das *vier-diagonale Kreuz*

Abbildung 2 zeigt das »vier-diagonale Kreuz«. Es wird gebildet aus den acht diagonalen Richtungen:

die vom gemeinsamen Zentrum des Körpers und seiner Kinesphäre (⬚) ausstrahlen.
Wir nennen diese Diagonalen »diagonale Neigungen«* und ihre Richtungen »Diagonalrichtungen«.

Die acht diagonalen Richtungen

Jeder Diagonalrichtung liegt innerhalb dreier Richtungen oder Strahlen des dimensionalen Kreuzes; zum Beispiel: ⬚ liegt als eine Art Achse zwischen ⬚ ⬚ ◁

---

*   Der Begriff »Neigung« wurde eingeführt, um eine Abweichung von der gegebenen Norm, nämlich
      vom dreidimensionalen Kreuz, zu bezeichnen; eine solche Abweichung resultiert aus einer anderweitigen räumlichen Beeinflussung.

Abbildung 3 zeigt das »sechs-diametrale Kreuz«. Es wird aus den zwölf abgelenkten Richtungen

die vom gemeinsamen Zentrum des Körpers und der Kinesphäre (⊡) ausstrahlen,
gebildet. Wir nennen diese Diameter »diametrale Neigungen« oder primär abgelenkte

Die zwölf diametra- Neigungen* und ihre Richtungen »Diametralrichtungen«.
len Richtungen

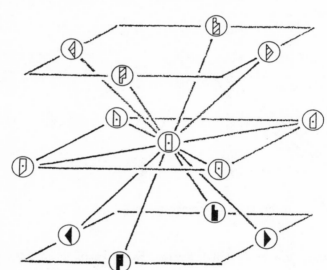

Abb. 3: Das *sechs-diametrale Kreuz*

Jede diametrale Richtung liegt zwischen zwei Strahlen des Dimensionalkreuzes und
zwei Strahlen des Diagonalkreuzes; zum Beispiel liegt

im Zentrum der vier Strahlen:

* Siehe sekundär abgelenkte Neigungen S. 74.

Abbildung 4 zeigt die drei Höhenlagen in einem Würfel in bezug auf
a) das Dimensionalkreuz,
b) das Diagonalkreuz,
c) das Diametralkreuz.

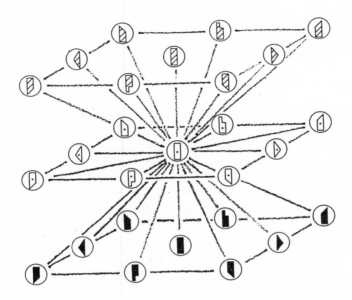

Abb. 4: Die Haupt-Richtungsstrahlen lassen drei Höhenlagen im kubischen Raum erstehen

Eigentlich sind die sechs Diameter (oder die primär abgelenkten Neigungen) diejenigen, die wir beim Beobachten und Erfahren von Bewegung am leichtesten unterscheiden. Wir können mit dem Ablenken der ursprünglichen sechs Dimensional- und acht Diagonalrichtungen fortfahren, ohne je zu einem Ende zu kommen, denn die Zahl der möglichen Neigungen ist unendlich.

Erste Tatsache der Raumbewegung

Unzählige Richtungen strahlen vom Zentrum unseres Körpers und seiner Kinesphäre in den unendlichen Raum aus.

2. Kapitel

Der Körper und die Kinesphäre

Sich im Raum auszudehnen ist eine Grundfunktion der Materie. Lebendige Materie ist in körperlichen Einheiten organisiert und besitzt, neben der natürlichen Ausdehnung des Wachstums, die Gabe, diese körperlichen Einheiten auszudehnen und zusammenzuziehen. Eine solche körperliche Einheit ist der Körper einer sich bewegenden Person; er folgt dem inneren Impuls eines mysteriösen autonomen Willens. Die Richtungen von Zusammenzug und Ausdehnung können variieren und werden durch den Willen bestimmt. Der menschliche Körper ist so konstruiert, daß Ausdehnung und Zusammenzug der Gliedmaßen in gewissen Richtungen begünstigt werden, doch können alle Punkte der Kinesphäre mittels einfacher Bewegungen wie Beugen, Strecken und Verdrehen, oder durch Kombinationen von diesen, erreicht werden. Die kugelige Form der Kinesphäre wird durch unsere kubische Raumvorstellung vereinfacht. Wir sehen, daß der Würfel in der Kinesphäre die wichtigsten Raumrichtungen enthält. Der wirkliche Bau des menschlichen Körpers jedoch führt uns zu einer noch viel einfacheren Form, als der Würfel es ist.

Drei durch die Körperstruktur bedingte Ausdehnungen Die einfache, eindimensionale Vertikale (oder wenn der Körper auf dem Boden liegt, die Horizontale) ist strukturbedingt und ist die grundlegende Ausdehnung des Körpers. Es ist interessant, daß wir, wenn wir in Bewegung sind, die Richtung unseres Kopfes als Höhe und die Richtung unserer Füße als Tiefe empfinden. Es ist der Anfang einer intellektuellen Verwicklung, wenn wir dieses Grundgefühl der Dimensionalität auf das Schwerezentrum der Erde und auf unsere Umgebung beziehen, statt auf unseren eigenen Körperbau.

Die zweite Ausdehnung, die wir fühlen, entspringt der bilateralen Anordnung unseres Körpers, die sich in der spiegelartigen Struktur der rechten und der linken Seite offenbart. Die vertikale und die bilaterale Ausdehnung ergeben zusammen das Gefühl der Zweidimensionalität. (Dieses wird durch die Vorstellung des Tänzers von der »zweiten Position« ausgedrückt.) Von diesem Gesichtspunkt aus sind wir flache Geschöpfe, die der flächenartigen Gestalt der Blätter von Pflanzen ähneln (siehe Abb. 5). Die Plastizität des Körpers ist in seinem anatomischen Bau nur schwach akzentuiert, und die dritte Dimension tritt nur in der Bewegung zutage – für gewöhnlich im Alltagsleben, also wenn wir schreiten, nach etwas die Hand ausstrecken, oder Gegenstände fassen und handhaben (vergleiche die »vierte Position« des Tänzers).

Zwischen der bilateralen Körperausdehnung und der Bewegung in die dritte Dimension besteht ein Übergangsstadium, das über die Diagonalrichtungen führt (vgl. die »dritte Position« des Tänzers). Dieses Stadium tritt ein, weil wir, wenn wir vorwärts gehen oder nach etwas vor uns greifen, eine Körperseite ein wenig unserem Ziel zuwenden; dann geben wir den zweidimensionalen Charakter unserer bilateralen Körperstruktur vorübergehend auf. Eine Seite wird aktiv und die andere bleibt mehr oder weniger ruhig oder passiv.

Unsere flache Körperstruktur ermöglicht eine Aufteilung in fünf Hauptzonen: die Zone des Kopfes, die zwei Zonen der Arme und die zwei Zonen der Beine.

Körperstruktur und fünf Hauptzonen des Umraums

Abbildung 5 zeigt eine Grundstellung. Beide *Füße* unterstützen das Gewicht des Körpers in den entsprechenden Richtungen

◀ und ▶ ;

die beiden *Arme* sind in die entsprechenden Richtungen

◁ und ▷

ausgebreitet, und der *Kopf* wird gerade und aufrecht in der Richtung

▯

getragen.

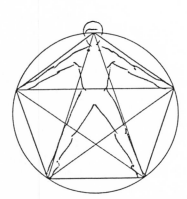

Abb. 5: Eine flache pentagonale Pose des Körpers

In dieser fünfeckigen Pose gleicht unser Körper einem Stern mit fünf gleichen Spannungen zu fünf Punkten der Kinesphäre. Manchmal herrscht ein Bewußtsein für die ausgestreckten Arme und Beine vor; durch leichtes Anheben der Arme wird die Spannung in den Extremitäten erhöht. In diesem Zustand sind wir uns der vertikalen Richtung weniger bewußt, sondern haben eher das Gefühl einer viereckigen Struktur. Diese Spannung begünstigt in uns ein ekstatisches Gefühl, während diejenige, welche die fünfeckige Haltung begleitet, mit einem Zustand der intellektuellen Gewißheit verbunden zu sein scheint.

Eine interessante Raumspannung entsteht im Durch-die-Luft-Fliegen, wobei die Bewegung durch einen Zug in vier Richtungen geprägt wird. Ein Bein mag beispielsweise abwärts in Richtungen des Standorts gehen (▌), während das andere Bein sich in die schräge Richtung ◻ streckt, und die Arme sich in die Richtungen ◻ und ◻ der hohen Ebene öffnen.

Diese Spannung hat die Form eines Tetraëders, das die einfachste plastische Form mit vier Ecken darstellt. Das Gefühl der Plastizität wird manchmal durch eine Rückwärts-Wölbung von Kopf und Rumpf erhöht.

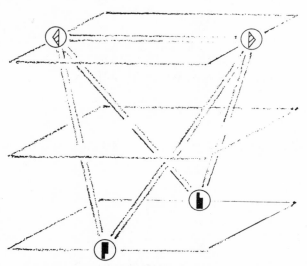

Abb. 6: Eine tetraëdrale Form stellt die Plastizität einer körperlichen Pose dar

Abbildung 6 stellt ein regelmäßiges Tetraëder dar, das aus der Vor-rück-Position der Füße und den Seit-hoch-Richtungen der Arme entsteht. Fast alle Stellungen des Körpers können auf tetraëdrische Formen zurückgeführt oder bezogen werden, da diese plastische Variationen des flachen Vierecks sind. Die Grundposen in den heiligen Tänzen orientalischer Völker enthalten häufig regelmäßige fünfeckige, viereckige oder vierflächige (tetraëdrische) Formen.

Die räumliche Spannung einer plastischen Stellung oder Bewegung des ganzen Körpers ist auf eine der folgenden Arten erkennbar:

1. *Vier Richtungen.* Bei der Abstützung auf einem Bein ist eine dieser Richtungen immer selbstverständlich, da sie zum Standort führt und deshalb nicht mitgezählt werden muß. So haben wir es nur mit einer dreifach gerichteten Bewegung oder Pose zu tun.

2. *Fünf Richtungen.* Wenn wir wiederum die eine, die zum Standort geht, abziehen, können wir lediglich eine vierfach gerichtete Bewegung oder Pose erkennen.

3. *Sechs und mehr Richtungen.* Eine Flugbewegung ist wahrscheinlich vielfach gerichtet, doch brauchen wir hier wie auch in anderen komplizierten Bewegungen
oft eine Reihe sekundärer Spannungen, ausgeführt von kleineren Teilen des Körpers, seiner Glieder oder seines Rumpfs. Nichtsdestoweniger ist in diesen vielfach
gerichteten Bewegungen ein tetraëdischer Kern als grundlegender Ausdruck des
ganzen Spannungsgebildes erkennbar.

Der Wechsel von einer Pose zur andern kann auf zwei verschiedene Arten vollzogen
werden. Entweder bewegt man sich mit einem Körperglied oder -teil auf einmal in eine
neue Raumrichtung, oder zwei oder mehr Glieder oder Teile des Körpers führen den
Raumwechsel gleichzeitig aus. Die erste Bewegungsart nennt man »monolinear«, die
zweite »polylinear«. Eine Folge jeder dieser beiden Bewegungsarten schafft Wege im
Raum. Diese Wege können geschlossene Linien sein, die wir »Kreisläufe« oder
»Ringe« nennen, da sie zum Anfangspunkt zurückkehren – oder offene Linien oder
Kurven, die von einem Punkt der Kinesphäre zu einem andern führen.

Monolineare und polylineare Bewegung

Der Weg einer Bewegung kann von irgendeinem Teil oder einer Zone der Kinesphäre
ausgehen und zu irgendeinem anderen Teil von ihr führen. Wir sprechen nicht nur
von Richtungspunkten, sondern auch von Zonen, weil die Bewegungen des Körpers
und seiner Gliedmaßen im allgemeinen nicht auf geraden Linien, sondern auf Bogen
verlaufen, die durch Zonen hindurchgehen, und diese wiederum sind Anhäufungen
von Punkten, die am äußeren Rand der Kinesphäre liegen.

Jedes Körperglied hat seine eigene Zone; als eine solche betrachten wir denjenigen
Teil der Kinesphäre, der nur durch das betreffende Glied ohne viel zusätzliche Körperbewegung erreicht werden kann. Ein trainierter Tänzer kann sein Bein sehr hoch
heben, manchmal bis zum dimensionalen Strahl ⬚ , doch schließt die normale Zone
des Beins solche außerordentlichen Ausdehnungen nicht ein; diese können eben nur
durch besonderes Training oder durch individuelle Geschicklichkeit erreicht werden.
Die Normalzone des rechten Beins kann durch einen Kreislauf, der die folgenden
Richtungen umfaßt, umgrenzt werden:
tief – tief-vor – vor – rechts-vor – rechts – rechts-zurück – zurück – zurück-tief und
wieder zu tief (siehe Abbildung 7). Diese Linie können wir so darstellen:

▌ ⋯ ▙ ⋯ ▙ ⋯ ◁ ⋯ ▷ ⋯ ◹ ⋯ ◶ ⋯ ▛ ⋯ ▐

Beachte: der Strich | wird als eine Art Taktstrich verwendet, der den Anfang oder
das Ende einer Bewegung kennzeichnet. Die Punkte zwischen den Richtungssymbolen bedeuten die Kontinuität der Zeit. Sie können auch zur Angabe der zeitlichen
Dauer verwendet werden. Die Anzahl der Punkte zwischen den Richtungszeichen
würden dann die Anzahl der Zeiteinheiten angeben.
Den in Abbildung 7 gezeigten Kreislauf nennt man die »Normalzone des rechten
Beins«. In der Terminologie des klassischen Tanzes ist er bekannt als ein »rond de
jambe«.

Die Normalzone des linken Beins wird durch einen entsprechenden Kreislauf auf der anderen Seite des Körpers umschrieben:

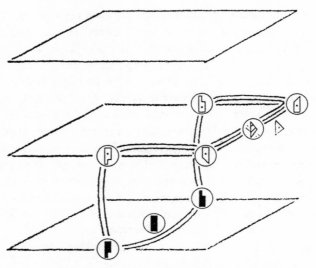

Abb. 7: Normalzone des rechten Beins

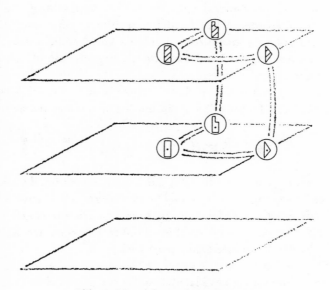

Abb. 8: Normalzone des rechten Arms

Abbildung 8 zeigt den Kreislauf, der die Normalzone des rechten Arms umreißt:

$$\text{\it ♭} \cdots \text{\it ♭} \cdots \text{\it ♭} \cdots \text{\it ♭} \cdots \text{\it ♭} \cdots \text{\it ♭} \cdots \mid \text{\it ♭}$$

Diese tritt in einer Geste zutage, die in der Ballett-Terminologie als »port de bras« bekannt ist. Die Zone des linken Arms umschreibt ein entsprechender Kreislauf auf der anderen Seite des Körpers.

Abbildung 9 stellt eine Zone dar, die vom Rumpf leicht begangen werden kann:

$$\text{\it ♭} \cdots \text{\it ♭} \cdots \text{\it ♭} \cdots \text{\it ♭} \cdots \mid \text{\it ♭}$$

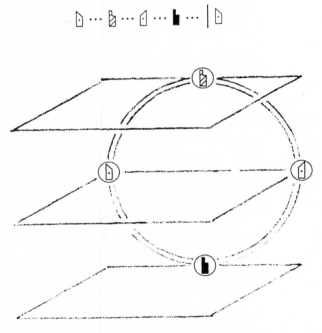

Abb. 9: Eine leichte Zone für den Rumpf

Dieser Ring ist der Prototyp eines tetragonalen – oder viereckigen – Kreislaufs, in dem die Richtung viermal geändert wird.

Mit jedem Körperglied können wir dem Umkreis von drei-, vier-, fünf-, sechs-, sieben-, acht- usw. -eckigen Zonen folgen. Wenn wir die Bewegungen von Rumpf und Gliedern kombinieren, so erreichen wir Punkte, die einen viel größeren Bereich als die *Normalzone und* Normalzone umfassen; auf diese Weise bilden wir eine »Superzone«. *Superzone*

Wenn wir den Rumpf seitlich abwärts beugen und gleichzeitig verdrehen, können wir mit unserer rechten Hand ▶ erreichen, und wenn wir Körper und Arm weiterführen und dabei den Rumpf heben und weiter drehen, bilden wir ohne Schwierigkeit die sechseckige (hexagonale) Superzone. Diese ist dargestellt in Abbildung 10, mit dem folgenden Kreislauf:

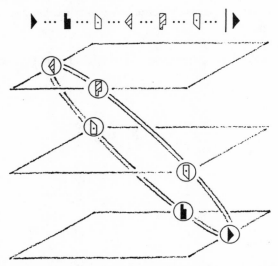

Abb. 10: Eine sechseckige Superzone für eine kombinierte Rumpf- und Armbewegung

Eine geschlossene Linie oder ein Ring, der eine siebeneckige Superzone des rechten Arms umreißt, ist in Abbildung 11 dargestellt, mit dem Kreislauf:

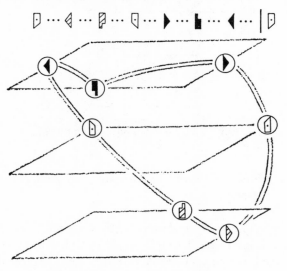

Abb. 11: Eine siebeneckige Superzone

Diese Superzone mit ihren sieben einzelnen Richtungen stellt die Grundlage für eine harmonische Ordnung der Neigungen dar. Wir nennen solche Ringe siebeneckige (heptagonale) Ketten oder Kreisläufe.

Natürlich haben auch die Beine Superzonen. Beispielsweise ist der in Abbildung 12 gezeigte Kreislauf eine achteckige (oktogonale) Superzone des rechten Beins, was so dargestellt werden kann:

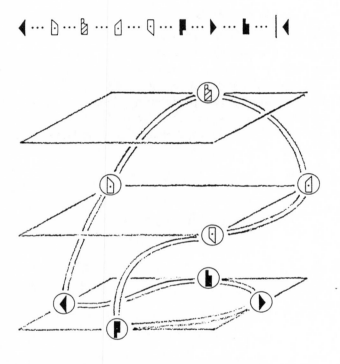

Abb. 12: Eine achteckige Superzone für das rechte Bein

Der Bau des Körpers erlaubt es uns, gewisse Punkte der Kinesphäre leichter zu erreichen als andere. Ein intensives Studium der Beziehung zwischen der Architektur des menschlichen Körpers und seinen Wegen im Raum ermöglicht das Auffinden harmonischer Bewegungsmuster. Wenn wir die Regeln der harmonischen Beziehungen im Raum kennengelernt haben, können wir den Fluß unserer Bewegtheit kontrollieren und formen.

Diese Wissenschaft der harmonischen Kreise entwickelte sich aus der Entdeckung der Gesetze, die in der Architektur des Körpers walten. Es ist klar, daß harmonische Bewegung entlang denjenigen Kreisen verläuft, die unserem Körperbau am ehesten angepaßt sind.

Unser Geist scheint Raum im Lichte dieser Gesetze der Struktur zu sehen und zu begreifen. Wir entdecken ferner, daß dieselben Gesetze nicht bloß den Bau von Lebewesen beherrschen, sondern ebenso die Struktur jeder anorganischen Materie und ihrer Kristallisation. Diese Entdeckung mag zu der Erkenntnis führen, daß die gesamte Natur den nämlichen choreutischen Gesetzen unterworfen ist, den Gesetzen von Kreisen, die voneinander abhängig sind.

Zweite Tatsache der Raumbewegung

Unser Körper ist der Spiegel, durch den wir uns der immerfort kreisenden Motionen im Universum und ihrer polygonalen Rhythmen bewußt werden. Polygone sind Kreise, in denen ein Raumrhythmus existiert, im Gegensatz zum Zeitrhythmus. Ein Dreieck betont drei Punkte auf der Linie eines Kreises, ein Viereck vier Punkte, ein Fünfeck fünf Punkte und so weiter. Jede Betonung bedeutet ein Anhalten der Linie des Kreislaufs und das Auftauchen einer neuen Richtung. Diese Richtungen folgen einander mit unendlichen Variationen, Ablenkungen und Umwegen.

3. Kapitel

Die Erforschung der Dynamosphäre

Im Bewegungsstudium befaßt man sich mit der räumlichen Ordnung der von den Gliedmaßen des Körpers in der Kinesphäre beschriebenen Wege und mit dem Zusammenhang zwischen der äußeren Bewegung und der inneren Haltung des Bewegenden. Diese Haltung zeigt sich nicht nur in der Wahl eines bestimmten Wegs oder in der Verwendung eines bestimmten Körperteils, sondern sie wird auch durch die Wahl von dynamischen Betonungen charakterisiert.

Bewegungen können mit unterschiedlichen Graden der inneren Teilnahme und mit größerer oder kleinerer Intensität ausgeführt werden. Sie mögen durch das übertriebene Verlangen, ein Ziel zu erreichen, beschleunigt oder durch eine vorsichtige, zweifelnde Einstellung verlangsamt werden. Der Bewegende mag sich ganz auf eine Bewegung konzentrieren und den gesamten Körper in einem Akt des kraftvollen Widerstands einsetzen, oder er mag eher leger nur einen Teil des Körpers mit feinem Gefühl gebrauchen. Auf diese Weise stellen sich dynamische Qualitäten ein. Eine der grundlegenden Erfahrungen mit der Dynamik von Bewegungen ist, daß ihre verschiedenen räumlichen Nuancen immer klar unterscheidbare geistige und emotionale Haltungen offenbaren. Es ist möglich, das Gefühl, das die bewegende Person für die Dynamik hat, mit der räumlichen Harmonik innerhalb der Spurformen und mit den Zonen, durch die die Spurformen führen, in Beziehung zu setzen.

Einige einfachste Beziehungen zwischen Raum und Ausdruck können ohne jede Kenntnis der räumlichen Grundgesetze beschrieben und begriffen werden. Ein Beispiel: Eine Bewegung wird von einer sekundären Bewegung, die ein anderer Körperteil in die entgegengesetzte Richtung führt, begleitet. Es ist leicht einzusehen, daß die sekundäre Bewegung die Hauptbewegung behindern oder stören könnte. Sie könnte die der Hauptbewegung eigene Geschwindigkeit herabsetzen, ihre dynamische Kraft vermindern und ihre Richtung ablenken. Auf diese Art können manchmal dynamische Nuancen mit der räumlichen Beeinflussung zweitrangiger Bewegungen und Spannungen erklärt werden.

Jede Bewegung braucht eine gewisse Zeit zu ihrer Vollendung, und wir unterscheiden in jeder Bewegung verschiedene Phasen ihres Wegs. Ein Teil entschwindet in die Vergangenheit, ein zweiter Teil ist momentan gegenwärtig, und ein dritter Teil wird voraussichtlich nachfolgen und die Bewegung vollenden. Nach dieser dritten Phase verschwindet die Bewegung. Ihre Spuren bleiben noch im Gedächtnis haften oder sind äußerlich sichtbar, entweder als Ortsveränderung eines Gegenstands im Raum oder als neue Stellung der Körpergliedmaßen. Unzählbare Stellungen werden laufend neu hervorgebracht und gewechselt; wenn es zu einer neuen Stellung kommt, ist die vorhergehende schon verschwunden.

Dieser Zeitfluß kann so als eine unendliche Zahl wechselnder Situationen verstanden werden. Da es aber unmöglich ist, sich über jeden allerkleinsten Teil einer Bewegung Rechenschaft zu geben, sind wir genötigt, die Vielzahl von Situationen durch einige ausgewählte »Spitzen« von besonderer Eigenschaft innerhalb der Spurform auszudrücken. Die charakteristischsten sind natürlich diejenigen, die wegen ihrer räumlichen Erscheinung ins Auge stechen, doch müssen wir uns der Tatsache bewußt sein, daß die zur Beschreibung ausgewählten Spitzen durch zahllose Zwischenstellungen miteinander verbunden sind.

Neben den unzähligen wechselnden Situationen in einer Bewegung gibt es auch die unendlichen Möglichkeiten der Neigung sowie der Variation ihrer Spurformen (siehe Ende des 1. und 2. Kapitels). Wir sind fähig, unendlich viele Spurformen zu machen, *Die zwei Unendlich-* und jede dieser Spurformen besteht aus unendlich vielen einzelnen Teilen oder Situa- *keiten der Anzahl der* tionen. Diese beiden Unendlichkeiten müssen in Betracht gezogen werden, wenn es *Spurformen und der* darum geht, Bewegung zu verstehen und zu beschreiben. *Anzahl einzelner*
Teile Die erste Unendlichkeit (die unendliche Anzahl von Spurformen) kann als eine Art Reservoir aufgefaßt werden, aus dem die zweite Unendlichkeit (die unendliche Anzahl einzelner Teile) hervorgeht durch die Wahl von Situationen, die der beabsichtigten Bewegung entsprechen. So enthält der Weg der Bewegung unzählige Stellungen im Raum mit einigen charakteristischen Spitzen zwischen ihrem Erscheinen und ihrem endlichen Verschwinden. Wir könnten auch sagen: der Weg besteht aus unendlich vielen Vorgängen des Erscheinens und Verschwindens, die wir Zeitfluß nannten. Obgleich wir die Ganzheit einer Spurform in der Bewegung erfahren können, werden wir nicht aller ihrer Einzelheiten gewahr, es sei denn, wir untersuchen jeden Teil Stück für Stück.

Alles, was wir mit unseren Augen wahrnehmen, besteht aus im Raum angeordneten Gegenständen oder Bewegungen. So verhält es sich auch mit unserer akustischen Wahrnehmung, dem Hören. Töne sind räumliche Anordnungen – Schwingungen oder Erschütterungen –, die unseren Ohren auf dieselbe Art und Weise entschwinden wie die sichtbaren Bewegungen, die vor unseren Augen vergehen. Wir können gleichzeitig verschiedene Bewegungen sehen oder verschiedene Töne hören. Beispielsweise sehen wir in einem Regenbogen verschiedene Farben nebeneinander, wobei jede eine gewisse Anzahl Schwingungen von Lichtstrahlen enthält. Wir nehmen die verschiedenen Arten der Sinneserregung durch Schwingungen wahr, die auf unsere Augen wegen einer seltsamen Gegebenheit des Raums wirken. Diese Gegebenheit ermöglicht uns das Sehen; wir nennen sie Licht.

In all diesen Phänomenen erkennen wir, daß die Zahl der Schwingungen innerhalb einer gewissen Zeiteinheit in regelmäßigem Verhältnis variiert, was bedeutet, daß eine Farbe oder ein Ton eine gewisse Anzahl Schwingungen besitzt, und eine andere Farbe oder ein Ton die doppelte, dreifache, vierfache usw. Anzahl besitzen kann. Schwingungsverhältnisse, die sich in ganzen Zahlen ausdrücken lassen, machen auf unsere Sinne einen Eindruck der Ausgeglichenheit. Dies nennen wir Harmonie. Beispielsweise hat in der Musik die Oktave das Verhältnis 1:2, was heißt, daß der um eine Oktave höhere Ton doppelt so viele Schwingungen hat wie der tiefere. Es gibt auch Zahlenverhältnisse zwischen den Hauptfarben rot, blau und gelb, und es liegt in der Absicht der vorliegenden Untersuchung, die Möglichkeit aufzuzeigen, ähnliche Verhältnisse in den Spurformen der Bewegung aufzudecken.

Wenn wir über die Dauer von Bewegungen Vergleiche anstellen, verwenden wir eine herkömmliche Zeiteinheit, die Sekunde; sie entspricht etwa einem Herzschlag. Dieser ist ein Zusammenzug eines Teils des Körpers und als solcher der Akt eines Körperteils mit der Wirkung einer Raumveränderung. Alle Raumveränderungen, die wir sehen, hören, riechen oder schmecken, sind buchstäblich taktile Eindrücke. Alle unsere Sinne sind Spielarten des umfassenden Berührungs- oder Tastsinns. Zwei sich einander nähernde Gegenstände berühren einander, wenn sie schließlich ohne wirklichen Raum zwischen ihnen aufeinandertreffen; sie stoßen so aufeinander. Dies geschieht in jeglicher sich verdichtenden Materie: die äußeren Teile bewegen sich zum Zentrum hin, wie zum Beispiel in der Kristallisation. Jeder einzelne Teil nähert sich seinem Nachbarteil, bis die beiden aufeinandertreffen und einen Stoß oder Druck erzeugen. Es ist Raum, der zwischen und um die Gegenstände herum, wie auch in den Bewegungen der Partikel des Gegenstands, sich breit macht und wieder verengt.

Alle Sinne sind Variationen des Tastsinns

Wie schon erwähnt wurde, ist die Kinesphäre derjenige Teil des Raumes, der mit den Extremitäten erreicht werden kann. Die Unterteilungen der Kinesphäre, die man als Orte ober- oder unterhalb des Körperzentrums, oder links oder rechts davon, fühlt und sich denkt, sind alles mögliche Bewegungsziele. Die Zonen der Kinesphäre werden ersichtlich und fühlbar in dem Augenblick, wenn sie vom bewegenden Körper berührt werden. Intensität, Spannung, Schwergewicht und Energie, welche durch die verschiedenartigen Zusammenzüge des Körpers unseren Wahrnehmungsorganen vermittelt werden, sind andere Begriffe für eine weitere Funktion des Raumes, nämlich diejenige der Verdichtung. Bei einer Verdichtung (oder Kondensation) im Raum haben wir den Eindruck einer einzelnen Spitze, oder eines ausgewählten Teils, innerhalb des unendlichen Stroms der Zeit; dieser erweist sich eigentlich als verschwindender Raum. Er befähigt uns, neue Stellungen, Begegnungen und Zusammenstöße, neue Berührungen und Spielarten der taktilen Erfahrung zu machen, dies innerhalb des Körpers selbst und in Beziehung zu seiner Umgebung. Dazu befähigt uns die Muskelenergie oder Kraft.

Als verschiedene Offenbarungen des Raumes hängen Kraft und Zeit auf komplizierte Art und Weise zusammen. Überlieferte Methoden der Beobachtung und in der Übermittlung von Bewegung haben aber zu relativ einfachen Auslegungen dieser zwei Begriffe geführt. Im Tanz ist eine Terminologie für die offensichtlichsten räumlichen Gegebenheiten entwickelt worden. Man fand elementare Gegensätze zwischen Grundformen der dynamischen Bewegung, wie zum Beispiel Schlagen, Peitschen und

Kraft und Zeit als Manifestationen des Raumes

Gleiten, die in der französischen Ballett-Terminologie *battu, fouetté und glissé* heißen.

Es besteht eine große Zahl von Variationen natürlicher dynamischer Tätigkeiten. Diese können, wie die Richtungen, Dimensionen und Neigungen auch, zu Gruppen zusammengestellt werden; wir können Zusammenhänge zwischen bestimmten Raumrichtungen, besonders den Diagonalen einerseits und dynamischen Grundaktionen andererseits feststellen. Neben Peitschen und Gleiten sind andere wie Drükken, Wringen, Schweben, Stoßen, Flattern, Tupfen Alltagshandungen mit klarem dynamischem Inhalt. In dem Teil des choreutischen Studiums, den wir früher Eukinetik* nannten, kann die dynamische Struktur dieser Bewegungen genau festgelegt werden. Das Ergebnis ist ein Schema, das sich mit derjenigen der Orientierung im Raum *»Dynamosphäre« ist* vergleichen läßt. Den Raum, in dem unsere dynamischen Aktionen stattfinden, kön-
der Raum dynami- nen wir »Dynamosphäre« nennen.
scher Aktionen Der Körper und seine Glieder sind fähig, gewisse dynamische Nuancen in der Bewegung in gewissen Zonen des Raumes besser auszuführen als in anderen. Die Örtlichkeiten, die für die hauptsächlichen dynamischen Aktionen am vorteilhaftesten sind, können in einem Würfel aufgezeigt werden. Das folgende ist ein Versuch, diesen Würfel der Dynamosphäre zum Würfel der Kinesphäre in Beziehung zu setzen.

Es ist unmöglich, die dynamischen Aktionen auf der Grundlage von Zeit und Kraft allein vollständig und umfassend zu erklären. Ein weiterer dritter Begriff, der sich von räumlichen Einflüssen herleitet, muß mitberücksichtigt werden.
Sechs elementare dy- Auf diese Art und Weise ergeben sich sechs elementare Unterscheidungen; wie die
namische Nuancen Erfahrung zeigt, haben sie eine deutliche Beziehung zu den sechs fundamentalen Richtungen im Raum: hoch und tief, links und rechts, rückwärts und vorwärts. Wenn wir uns in diese Richtungen bewegen, macht sich im Körper eine Art sekundärer Tendenz bemerkbar, nämlich eine dynamische Qualität, die von einem Zuschauer nicht immer klar definiert werden kann, aber für den Bewegenden Realität ist. So läßt sich folgendes Schema festlegen:

1. Ein Gefühl der Leichtigkeit, des Kraft-Abgebens entspricht dem Sich-nach-oben-Strecken bis zu dem Punkt, wo der Arm oder der Körper sich anschickt, sich zu entspannen und zur Erde zurückzufallen. Somit korreliert Leichtigkeit mit einer Tendenz aufwärts.
2. Eine starke, feste Bewegung entspringt immer einer vitalen Verbindung mit dem Standort. Unmittelbar spüren wir, daß eine starke Bewegung in Beziehung zu einem tief liegenden Ankerpunkt steht. Somit korreliert Stärke mit einer Tendenz abwärts.

---

* Laban führte diesen Begriff vor vielen Jahren ein, als er die harmonischen Gesetze innerhalb der kinetischen Energie erforschte. Später weitete er dieses Studiengebiet aus und nannte es »Effort« (inneren Bewegungs-Antrieb). Die oben erwähnten acht Tätigkeiten wurden als die acht Grundaktionen des Bewegungsantriebs bekannt.

3. Eine Bewegung, die über den Körper kreuzt, bringt eine räumliche Einengung für den bewegten Körperteil mit sich, was uns den Raum nur begrenzt nützen läßt. Somit korreliert eine gerade, direkte Bewegung mit einer Tendenz, den bewegten Körperteil zur seitlichen Richtung gegenüber seiner eigenen Seite zu führen.

4. Eine Bewegung des Körperteils auf seiner eigenen Seite schafft räumliche Freiheit, die uns den Raum krumm und flexibel nutzen läßt. Somit korreliert eine flexible Bewegung mit einer Tendenz zur seitlichen Öffnung.

5. Eine schnelle, plötzliche Bewegung ist mit einem gewissen Zusammenzug verbunden. Die natürliche Richtung einer Kontraktion im ganzen Körper tendiert rückwärts, wie man es beispielsweise im Schock tut, wo Angst die Gegend des Körperzentrums zu ruckartigen Rückzug veranlaßt. Somit korrelieren schnelle, plötzliche Spannungen mit Bewegungen in eine Rückwärts-Richtung.

6. Eine langsame Bewegung scheint in die Gegenrichtung zu gehen, nämlich in die Gegend vor dem Körper; somit korrelieren Langsamkeit und allmählich sich entwickelnde Bewegungen mit der Strebung in eine Vorwärts-Richtung.

Dieses vereinfachte Schema bildet die Grundlage für gewisse Zusammenhänge zwischen dynamischen Nuancen und räumlichen Richtungen; die so entstehende wechselseitige Beziehung bestimmt die harmonische Bewegung in der Kinesphäre. Man sollte sich aber darüber klar sein, daß die Korrelation zwischen Dimensionalbewegungen und dynamischen Betonungen am besten in der frei fließenden Bewegung spielt, und daß bei zurückgehaltenem Fluß andersgeartete Korrelationen auftreten. Bewegungen jeder dynamischen Schattierung können natürlich in jede beliebige Richtung ausgeführt werden; als grundlegendes Training empfehlen wir folgendes auszuführen:

1. Leichte Bewegungen (in denen der Körper oder Teile desselben mit der feinstmöglichen Spannung getragen werden) ... in Aufwärts-Richtungen

2. Starke Bewegungen (die den Widerstand gegen die Schwerkraft stark betonen) ... in Abwärts-Richtungen

3. Gerade Bewegungen (die ihr Ziel auf unabgelenkte, direkte Weise erreichen) ... in seitwärts gekreuzte Richtungen

4. Krumme Bewegungen (in denen räumliche Freiheit durch Flexibilität im Körper herbeigeführt wird) ... in seitwärts offene Richtungen

5. Schnelle Bewegungen (die einen plötzlichen Stellungswechsel bewirken) ... in Rückwärts-Richtungen

6. Langsame Bewegungen (deren Kontinuität sich über einen relativ langen Zeitraum erstreckt) ... in Vorwärts-Richtungen

Zusammensetzungen dieser Nuancen, welche die acht dynamischen Hauptaktionen bilden, liegen in Gegenden der Dynamosphäre, die annähernd den acht Diagonalrichtungen der Kinesphäre entsprechen. Sie bilden »sekundäre« Spurformen, die man normalerweise bezeichnet, indem man die Richtungszeichen der Kinesphäre benutzt und den Buchstaben »S« dazusetzt.

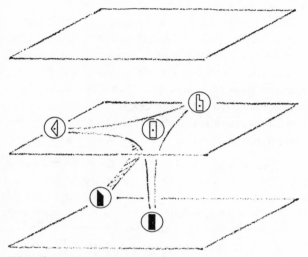

Abb. 13: Kinesphärische Richtung für »Drücken« mit einem rechten Körperglied

Abbildung 13 zeigt die kinesphärische Richtung der dynamischen Aktion des »Drükkens«, und zwar mit einem rechten Körperteil ausgeführt.

Im *Drücken* (oder Schieben) wird eine konzentrierte Kraft aufrecht erhalten, und die Bewegung ist relativ

$$
\left.\begin{array}{l}
\text{langsam} \\
\text{stark} \\
\text{gerade}
\end{array}\right\} S \quad \text{und} \\ \text{und}
$$

Die Gegend, in die der Druck mit der rechten Körperseite ausgeführt wird, liegt um die Diagonalrichtung ▮ , welche die Achse der drei Strahlen

darstellt.

Drücken als sekundäre Spurform kann somit durch das Symbol der entsprechenden Diagonalrichtung ausgedrückt werden: .

In einer Aktion des *Wringens* (oder Ziehens) der rechten Körperseite ist die Bewegung relativ

langsam ⬚ ⎫
stark ▮ ⎬ S und   was durch das Symbol der Diagonal-
krumm ⬚ ⎭   richtung ◣s ausgedrückt wird.

Gleiten ist eine glatte, streichelnde Bewegungsart und ist relativ

langsam ⬚ ⎫
leicht ⬚ ⎬ S und   was durch das Symbol der Diagonal-
gerade ◁ ⎭   richtung ⬚s ausgedrückt wird.

Schweben ist eine zart rührende Bewegungsart und ist relativ

langsam ⬚ ⎫
leicht ⬚ ⎬ S und   was durch das Symbol der Diagonal-
krumm ⬚ ⎭   richtung ⬚s ausgedrückt wird.

Die eben erwähnten vier stellen langsame, allmählich sich entwickelnde Aktionen dar. Begriffe für sie lassen sich nicht leicht finden, weil unsere Sprache nicht reich an klar definierten Wörtern für Bewegungen und Handlungen ist, besonders nicht für diejenigen, die mit der Erfahrung der sich bewegenden Person verknüpft sind. Schnelle Aktionen sind sogar noch schwieriger in Worten zu beschreiben. Dieser ist eine der Hauptgründe, weshalb eine Beschreibung von Bewegung mittels Zeichen notwendig ist. Es gibt jedoch zwei Aktionen, die vergleichsweise leicht verständlich sind, nämlich »Peitschen« und »Stoßen«.

Peitschen ist eine rasche Handlung, aufs Geratewohl ausgeführt, und ist relativ

schnell ⬚ ⎫
stark ▮ ⎬ S und   was durch das Symbol der Diagonal-
krumm ⬚ ⎭   richtung ◤s ausgedrückt wird.

Stoßen ist eine zielstrebige, schnelle Aktion und ist relativ

schnell ⬚ ⎫
stark ▮ ⎬ S und   was durch das Symbol der Diagonal-
gerade ◁ ⎭   richtung ◥s ausgedrückt wird.

Die beiden schnellen und leichten Handlungen, die man »Tupfen« und »Flattern« nennen kann, sind wie folgt beschreibbar:

Tupfen ist eine zitternde, tätschelnde Bewegungsart und ist relativ

schnell · · · und
leicht · · S und · · · · · was durch das Symbol der Diagonal-
gerade · · · · · · · · · · · · · · · richtung · · s ausgedrückt wird.

Flattern ist eine ruckartige, klapsende Bewegungsart und ist relativ

schnell · · · und
leicht · · S und · · · · · was durch das Symbol der Diagonal-
krumm · · · · · · · · · · · · · richtung · · s ausgedrückt wird.

Weitere Kombinationen, wie beispielsweise diejenigen, die in den abgelenkten Richtungen enthalten sind, können auf genau dieselbe Art und Weise in der Dynamosphäre gebildet werden. Die Kombinationsmöglichkeiten lassen sich endlos fortsetzen. Für einfache praktische Ziele genügen die in diesem Kapitel aufgezählten Beziehungen. Es sind dies die Nuancen, die am leichtesten unterscheidbar sind. Jede Spurform hat verborgene dynamische Verbindungen, denen die sich bewegende Person intuitiv folgt. Diese verborgenen Bezüge aufzudecken, ist eines der Ziele des choreutischen Studiums und der Bewegungskunst.

Musikalische Zeichen für Zeit- und Kraftqualitäten einer Bewegung

Die allgemeinen rhythmischen und dynamischen Qualitäten einer Bewegung können mit musikalischen Zeichen festgehalten werden. Zeichen wie ♩♩♩, und o geben die relative Dauer einer Handlung an, und die Taktstriche markieren die Plazierung von Betontheit und Unbetontheit innerhalb einer Sequenz. Jedoch fehlt in der Musiknotenschrift jeder Bezug zur räumlichen Qualität der Bewegung im Sinne des direkten oder flexiblen Fortschreitens. Diesem Bedürfnis kommt die Bewegungsschrift entgegen, die ihrerseits Angaben über die rhythmischen und dynamischen Qualitäten einschließt und so einen Modus zur Aufzeichnung von Bewegungssequenzen komplexer Natur darstellt.

Wenn wir den Rhythmus einer Bewegung untersuchen, haben wir auch das Tempo zu beachten, das heißt, die Unterschiede zwischen Schnelligkeit und Langsamkeit. Beim Spielen eines Instruments fühlen wir Schnelligkeit deutlich in Klanggesten wie Schlagen, Hauen, Antippen und Zupfen, und Langsamkeit in Aktionen des Ziehens, Gleitens, Schwebens und Drückens.

Gewisse musikalische Zeichen und Begriffe wie *sostenuto, presto, forte, piano, glissando, staccato* usw. geben die Stimmung dieser Aktionen im dynamosphärischen Sinne wieder, das heißt, die Art der körperlichen Spannung, mit der das Instrument gespielt werden soll.

Wenn wir arbeiten, spielen, tanzen, kämpfen usw., verwenden wir den Körper als Instrument. Die Handhabung dieses Instruments kann entweder durch unser Gefühl oder unseren Geschmack bestimmt werden oder aber durch eine Anregung oder klar umrissene Angabe in bezug auf die Hauptmerkmale der Bewegung; dabei kann sich die Bewegungsschrift als nützlich erweisen.

Mit der Notation von dynamosphärischen und kinesphärischen Spurformen werden der Ausdrucksgehalt wie auch die äußerlichen Attribute von Handlungen genau bezeichnet. Jedoch, die innere Bedeutung von Bewegung kann vielleicht mit speziellen dynamosphärischen Symbolen noch deutlicher wiedergegeben werden als mit räumlichen – ja, sogar mit Worten, da feststeht, daß Bewegungsformen mit dynamosphärischen Tendenzen nicht immer von denjenigen im kinetischen Raum abgeleitet sind. Es könnte auch das Gegenteil zutreffen.

Dritte Tatsache der Raumbewegung

Obgleich dynamosphärische Strömungen hinsichtlich ihrer räumlichen Sichtbarkeit sekundär sind, können sie als der primäre Faktor in der eigentlichen Entstehung unserer Bewegungen angesehen werden, das heißt, in der Entstehung sichtbarer räumlicher Gestalten und eindeutiger Richtungssequenzen, mit denen sie eine Einheit bilden. In Wirklichkeit sind die beiden voneinander gänzlich untrennbar. Doch durch unsere Absicht, die verwirrende Vielzahl von möglichen Kombinationen zu begreifen, wird es notwendig, sie von zwei unterschiedlichen Blickwinkeln her zu betrachten, nämlich demjenigen der Form und demjenigen der dynamischen Schattierung.

4. Kapitel

Natürliche Sequenzen und Skalen im Raum

Es existiert eine Reihe natürlicher Bewegungssequenzen, denen wir in unseren verschiedenartigen Alltagstätigkeiten folgen. Solche Sequenzen, die man, wie es scheint, seit den frühesten Zeiten der Zivilisation bewußt benutzt hat, ergeben sich aus der anatomischen Struktur unseres Körpers. Diese Folgen oder Skalen verbinden immer die verschiedenen Zonen des Körpers und seiner Glieder auf eine logische Art und Weise. In der Alltagshandlung hat Bewegung immer ein praktisches Ziel, beispielsweise wenn wir im Schwimmen das Wasser wegstoßen oder im Kampf einen Gegner angreifen und uns verteidigen. Besonders im Schwertkampf bemerken wir eine sehr klare Folge von sechs Bewegungen, die unserer grundlegenden Orientierung im Raum ziemlich genau entsprechen.

Jeder Kampf trägt Merkmale der Abwehr

In jeder Art Kampf, die wir in der Natur beobachten, sind gewisse Merkmale der Abwehr zu erkennen, da alle höher organisierten Lebewesen einige besonders verwundbare Körperteile aufweisen. Diese Bereiche sind:

1. die Sinnesorgane, die im Kopf konzentriert sind;
2. die rechte Flanke zwischen Hüftknochen und Rippen;
3. die Schlagader auf der linken Seite des Halses;
4. die rechte Halsschlagader;
5. die linke Flanke;
6. der Bauch.

Schutz besonders verwundbarer Stellen

Der Mensch schützt diese sechs verwundbaren Stellen durch sechs besondere Bewegungen:

1. Die Verteidigung des Kopfes erfordert das Aufwärtsheben des rechten Arms in die Vertikale: .
2. Die Abwehr der rechten Flanke verlangt eine Bewegung seitlich abwärts: .
3. Die linke Halsschlagader wird geschützt durch eine Bewegung des rechten Arms kreuzweise nach links: .
4. Die Waffe des Angreifers wird von der rechten Halsschlagader seitlich nach rechts abgewehrt: ▷.
5. Die linke Flanke wird geschützt durch eine die angreifende Waffe abwehrende Bewegung kreuzweise über den Körper: ▯.
6. Der Bauch wird gedeckt durch eine den Angreifer zurückdrängende Vorwärts-Bewegung: ▯.

In dieser Beschreibung wird vorausgesetzt, daß der Verteidiger seine rechte Körperseite nach vorne richtet. Für gewöhnlich setzt ein Mensch einem Gegner die Oberflächen seines Rumpfs aus, und diese sind seine Seiten; der Körper ist ja am schmalsten in einer flachen Ebene gebaut, ähnlich den Blättern einer Pflanze, wie schon im 2. Kapitel erwähnt wurde. Rechtshändige Leute kämpfen mit der rechten Seite und drehen deshalb die rechte Seite nach vorne.

Die Verteidigungsbewegungen (in der Fechtkunst Paraden genannt) sind zu einer bestimmten Sequenz geordnet, die mit der obigen Beschreibung identisch ist. Die Parade Nummer eins wird in der französischen Fecht-Terminologie »prime« genannt. Das ist das Heben des rechten Arms. Die Parade Nummer zwei heißt »seconde«, das Senken des rechten Arms. Die Parade genannt »tierce« ist die Einwärts-Bewegung des rechten Arms nach links; die »quarte« das Auswärts-Anheben des rechten Arms nach rechts; die »quinte« ist das Rückwärts-Führen des rechten Arms über die linke Körperseite, und die »sixte« das Vorwärts-Schlagen mit dem rechten Arm. Der rechte Arm schwingt durch diese Sequenz in der Abfolge:

| aufwärts | abwärts | einwärts | auswärts | rückwärts | vorwärts | aufwärts |
| | | (links) | (rechts) | | | |

(Statt »links« und »rechts« sind die Ausdrücke »einwärts« und »auswärts« verwendet worden, was dem Körpergefühl während der Bewegung entspricht.)

Ein linkshändiger Mensch würde in Verteidigung und Angriff seinen linken Arm benutzen und seine linke Seite nach vorne drehen. Er würde dieselbe Sequenz spiegelbildlich mit dem linken Arm ausführen. Der Angriff ist das Gegenstück zur Abwehr. Die Hiebe des Angreifers kommen aus dem Umkreis der Kinesphäre und sind auf den zentralen Bereich des gegnerischen Körpers gerichtet; so kommt beispielsweise der Angriff auf den Kopf von oben her.

Es ist spannend, die Stöße und Abwehrbewegungen zweier Kampfpartner als Auseinandersetzung ihrer beiden Kinesphären zu betrachten. Die allgemeine Raumorientierung des Angreifers weist ein Zusammenströmen seiner Bewegungen in der Gegend vor ihm auf, aus welcher Richtung sie auch immer kommen. Die räumliche Orientierung des Verteidigers ist in eine Anzahl Richtungen seiner Kinesphäre aufgesplittert. Die Kinesphäre des einen überschneidet zeitweilig diejenige des andern, da der Angreifer immer versucht, den Körper seines Gegenspielers mit seinen Hieben zu treffen, und er deswegen oft einen oder zwei Schritte auf ihn zu macht.

Die grundlegende Raumorientierung der Abwehrhandlungen des Verteidigers ergibt sich aus den Richtungen, die von seinem Zentrum ausstrahlen nach:

Jedoch folgt der Schwung der Körperextremität (in diesem Fall des rechten Arms) einer komplizierteren Spurform. Vom Zentrum zur Peripherie der Kinesphäre ausstrahlende Wege, oder deren Umkehrung, müssen unterschieden werden von kurvigen Wegen, die um das Zentrum herum, das heißt entlang der Begrenzung der Kinesphäre, gehen.

Der Weg der Verteidigungs-Sequenz Die folgende Beschreibung gibt annähernd den Weg oder die Spur der ganzen Verteidigungssequenz wieder. Die Beschreibung ist vereinfacht und nur auf die Dimensionalrichtungen bezogen. In Wirklichkeit geht die Bewegung kompliziertere Wege. Wie oben festgestellt wurde, führt die Bewegung der »prime« nach hoch, ▯ . Vom Punkt vorwärts aus, ▯ , wo die »sixte« abschloß, weicht man vom direkten Weg nach ▯ über das Zentrum, ▯ , das beiden, Körper und Kinesphäre, gemeinsam ist, ab, und zwar aufgrund der Schwungaktion des Arms. Auf diese Weise entsteht ein über das Zentrum führender Bogen, den man »zentralen Bogen« nennen mag:

von ▯ über ▯ nach ▯

Von da aus führt die »seconde« nach tief, ▮ , wobei man einen Umweg entlang der Peripherie über die rechte Seite, ▷ , nimmt, was einen »peripheren Bogen« ergibt:

von ▯ über ▷ nach ▮

Man beachte, daß wir diesen Bogen »Umweg« nennen, was bedeutet, daß man aus einem gewissen Grund einen Umweg über einen bestimmten Punkt der Kinesphäre macht.

Die »tierce« macht einen Umweg über das Zentrum und bildet einen weiteren zentralen Bogen:

von ▮ über ▯ nach ◁

Die »quarte« macht einen Umweg entlang der Peripherie und bildet einen weiteren peripheren Bogen:

von ◁ über ▯ nach ▷

Die »quinte« macht einen Umweg über das Zentrum und bildet einen weiteren zentralen Bogen:

von ▷ über ▯ nach ▯

Die »sixte« macht einen Umweg entlang der Peripherie und bildet einen weiteren peripheren Bogen:

von ⎕ über ▌ nach ⎕

Die ganze Linie verläuft wie in Abbildung 14 vorgezeichnet; hier ist der annähernde Verlauf der Verteidigungsskala mit ihren durch Raumpunkte beeinflußten kurvigen Wegen wiedergegeben. Ähnliche Umwege können in den Angriffsbewegungen beobachtet werden.

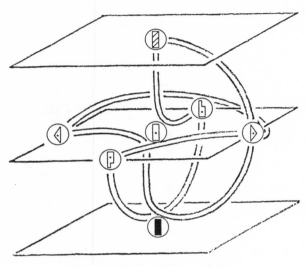

Abb. 14: Die Verteidigungsskala

⎕ ··· (⎕ ···) ⧄ ··· (▷ ···) ▌ ··· (⎕ ···)
◁ ··· (⎕ ···) ▷ ··· (⎕ ···) ⎕ ··· (▌ ···) ⎹⎕

Besonderheit ausstrahlender Bewegungen

Eine Besonderheit von ausstrahlenden Bewegungen sollte erwähnt werden. Üblicherweise gehen sie zur Peripherie der Kinesphäre in der normalen Ausdehnung, aber die Strahlung kann auch vermindert oder erweitert werden. Wir können diese verschiedenen Grade der Ausdehnung als in einer größeren oder kleineren Kinesphäre stattfindend auffassen. Die möglichen Nuancen sind wiederum unendlich. Für die praktische Choreutik genügen jedoch die folgenden speziellen Stadien:

1. Das Zeichen für räumliche Beschränkung ist

$$\mathsf{X}\ (\text{»eng«})$$

und bedeutet, daß sich die Bewegung in einer kleineren Kinesphäre abspielt.

2. Das Zeichen für räumliche Erweiterung ist

$$\mathsf{И}\ (\text{»weit«})$$

und bedeutet, daß sich die Bewegung in einer Kinesphäre abspielt, die größer ist als die normale. Wir nennen diese zwei Zeichen der Gradierung der räumlichen Ausdehnung »Raummaßzeichen«.[*]

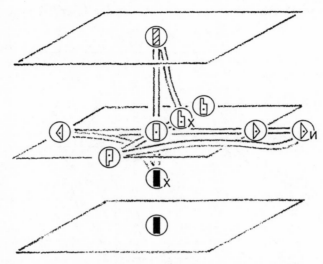

Abb. 15: Spurform mit beschränkten und erweiterten Strahlungen

Abbildung 15 zeigt das Beispiel einer Spurform, die verminderte und erweiterte Strahlungen enthält. In dieser Spurform bedeuten die Zeichen » X « und » И « neben Richtungssymbolen, daß die zweite und die sechste Bewegung der Sequenz zu Punkten nahe beim Körper hinführen, also die Kinesphäre reduzieren, während die vierte weit weg von ihm führt und so die Kinesphäre erweitert.

Die Vorstellung einer sich vermindernden und einer wachsenden Kinesphäre, zusätzlich zur normalen, ermöglicht es uns, unzählige Variationen von Spurformen zu beschreiben.

Variation der Verteidigungsskala Die Verteidigungsskala erhält einen etwas veränderten Ausdruck, wenn die Hauptrichtungen durch primär abgelenkte Richtungen ersetzt werden (siehe 1. Kapitel). Zum Beispiel zeigt

[*] Für weitere Einzelheiten zum Gebrauch dieser Zeichen sei auf das *Handbuch der Kinetographie Laban* von Albrecht Knust verwiesen (Beispielband: Northcote House, Plymouth; Textband: Folkwang-Hochschule, Essen), sowie auf Ann Hutchinsons *Labanotation* (Dance Notation Bureau, New York).

oftmals die folgende Form:

$$\flat \cdots \blacksquare \cdots \text{◗} \cdots \blacktriangleright \cdots \text{◖} \cdots \text{◑} \cdots$$

die wir als abgelenkte Variation der natürlichen Verteidigungsskala bezeichnen
mögen.

Ein weiterer Unterschied im Ausdruck ergibt sich, wenn die Richtungen der Sequenz
in reine Diagonalrichtungen verwandelt werden; doch bleibt der allgemeine Charakter der Folge – hier der Abwehr-Charakter – bestehen. Wir erhalten die folgende
Form:

$$\text{◪} \cdots \blacksquare \cdots \text{◪} \cdots \blacksquare \cdots \text{◪} \cdots \blacksquare \cdots$$

Die reine diagonale Natur dieser letzten Version gibt der Sequenz einen fließenderen
Ausdruck und macht, daß sie der praktischen Verteidigung weniger nützt. Es ist eine
tanzähnliche Variation der Kampfskala.
Folgen, in denen verschiedene Arten der Ablenkung mit verschiedenen Graden der
Ausdehnung vermischt werden, führen zu zahlreichen unterschiedlichen Bewe-
gungswegen. Es folgt eine weitere Variation der Verteidigungsskala:

$$\text{◪}_x \cdots \blacksquare_\textit{н} \cdots \text{◗} \cdots \blacksquare_\textit{н} \cdots \text{◗}_x \cdots \text{◑} \cdots$$

Beachte, daß die Schritte im Fechten immer ungefähr nach vorwärts, ◖ , oder rückwärts, ◗ , führen. Wird der Kampf als eine Art tänzerisches Spiel ausgeführt, besteht
natürlich die Möglichkeit, die Armbewegungen mit irgendwelchen Schritten oder
Gesten zu begleiten. Die äußerst wichtige Frage, wie die Gliedmaßen in ihrer Beziehung zueinander funktionieren, wird im nächsten Kapitel eingehend erörtert.
Kämpfen kann als recht allgemein verbreitete Bewegungsart angesehen werden. Man
könnte fast sagen, daß alle unsere Alltagstätigkeiten, besonders in der Arbeit, Formen
des Kämpfens sind: Kampf mit Gegenständen, mit Material, mit Werkzeugen. Dane-
ben gibt es jedoch eine ganz andere Art der Betätigung, nämlich die Fortbewegung,
der Prozeß der Bewegung an einen andern Ort im allgemeinen Raum, bestehend aus
Gehen, Laufen, Springen, Schwimmen oder ähnlichen Aktionen.
Wenn wir die Aktion des Schwimmens untersuchen, stoßen wir auf zahlreiche Arten
der Sich-durch-das-Wasser-Bewegens. Am gebräuchlichsten sind das Brustschwimmen und der Crawl. Jede dieser beiden Methoden erheischt einen anderen Körperein-
satz. Im Brustschwimmen ist die Bewegung des Körpers symmetrisch, während der
Crawl aus asymmetrischen Körperspannungen besteht, weil sich die rechte und die
linke Seite abwechseln. In beiden Fällen folgen die Bewegungen einer bestimmten
Reihe von Raumrichtungen, die nach den schon erwähnten Prinzipien analysiert werden können.

*Symmetrie und
Asymmetrie der
Bewegungen des
Schwimmens*

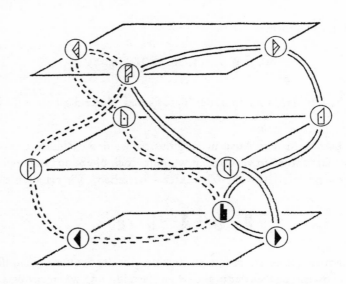

Abb. 16: Spurform einer »crawl-ähnlichen« Bewegung

Rechter Arm:
Linker Arm:

Abbildung 16 zeigt die Spurform einer crawl-artigen Bewegung beider Arme in einer aufrechten Stellung. Wenn man sich im Crawl durch das Wasser stößt, führt jeder Arm eine gewundene Schlinge wie dargestellt aus, wobei ein Arm beginnt und der andere später einsetzt, ähnlich einem musikalischen Kanon. Wenn der erste Arm die Hälfte der Schlinge ausgeführt hat, beginnt der andere mit seiner entsprechenden Bewegung. Die Beine machen nur kleine Bewegungen, so etwas wie Schritte im Wechsel zwischen vor- und rückwärts, und der obere Teil des Rumpfs begleitet mit flexiblen Bewegungen den Ablauf der Spurform.

Man mag sich nun fragen, warum man im Crawl diese besondere Sequenz von Raumrichtungen begeht und nicht eine andere. Die kanon-artige Reihe von Bewegungen ist nicht die solistische Tätigkeit einer Körperseite allein, wie im Fechten, sondern ein Duett von beiden. Im Fechten ist jede Bewegung durch die Bedürfnisse der Verteidigung oder des Angriffs bestimmt worden. Die Sequenz hatte eine feststehende und zielgerichtete Form von der ersten Bewegung bis zur sechsten und letzten. Ebenso ist hier der bestimmende Faktor dieser besonderen Bewegungsanordnung das Ziel der Bewegung, das darin besteht, den Widerstand des Wassers mit größter Antriebsökonomie zu überwinden. Dies erfordert eine Anpassung der Bewegung an die Struktur des Körpers, die, wie wir gesehen haben, auf den harmonischen Raumgesetzen beruht, sowie ein Eingehen auf den flüssigen Zustand des den Körper umgebenden Elements.

Die Bewegung selbst ist flüssig und viel mobiler als diejenige des Fechtens, wo die
feste Erdgebundenheit sie relativ statisch erscheinen läßt. Doch ist dies nicht der einzige Unterschied zwischen den Bewegungen des Fechtens und denen des Schwimmens. Die Bewegungen des Crawl sind im wesentlichen peripher, das heißt, sie weiten
sich bis an die Peripherie der Kinesphäre aus, wobei die Extremitäten die Muskelkraft
erzeugen; im Fechten dagegen sind die Bewegungen eher zentralisiert, das heißt: die
Energie konzentriert sich um das Zentrum der Kinesphäre, in der Attacke wie in der
Verteidigung ihres Kerns, des Körpers.

Im Vergleich der in den untersuchten zwei Tätigkeiten benutzten Gliederzonen (siehe
2. Kapitel), fällt auf, daß im Fechten die Dimensionalrichtungen vorherrschen, während beim Crawlen die Schlingen mehr in diagonal gelegene Gegenden tendieren.

Die zwei kontrastierenden Grundprinzipien, auf denen die ganze choreutische Har-   *Zwei Grundprinzi-*
monik basiert, sind die dimensionale Spannung und die diagonale Spannung. Nach   *pien der choreutischen*
diesen zwei Prinzipien können grundlegende Sequenzen aufgebaut werden. Weil sie   *Harmonik*
auf natürlicher Bewegung im Bezug zur Körperstruktur fußen, mögen solche Skalen
»natürliche Sequenzen« im Raum genannt werden.

Durch die Übung von Bewegungen, die dem Crawl mit seiner gewundenen Schlinge
als Spurform ähnlich sind, nähern wir uns stark den verschiedenen Schwungbewe-
gungen, die wir auch im Tanz vorfinden. Sie können an verschiedene Orte der normalen, der beschränkten oder der erweiterten Kinesphäre führen und einer großen Vielfalt von Richtungen folgen.

Vierte Tatsache der Raumbewegung

Es liegt in der Natur aller lebenden Organismen, beim Kämpfen die einfachsten und
leichtesten Wege zu begehen; dies jedoch nicht nur dann, wenn es um Leben und Tod
geht, sondern auch in anderen Aktivitäten. Arbeiten ist nämlich eine Art Kämpfen
und Sich-Abmühen mit Gegenständen und Materialien. Überall ist Antriebsökonomie am Werk, auch in allen Formen der körperlichen Fortbewegung.

In der Kunst der Bewegung, besonders im Tanz, ist die Antriebsökonomie entweder
mit einem Spiel gekoppelt, das die Betonung auf Gleichgewicht-Halten oder -Aufge-
ben legt, oder mit einer verfeinerten Nutzung harmonischer Kombinationen der
dynamischen Muster, die auch in der Alltagsbewegung vorkommen.

5. Kapitel

Der Körper und Spurformen

Wenn wir einen Arm aus seiner seitlich hängenden Stellung heben, zeichnen wir eine Form ähnlich derjenigen eines sich öffnenden Fächers. Unsere Schulter ist der Griff des Fächers, und die Hand beschreibt die Linie des äußeren Halbkreises. Es verhält sich gleich bei den Bewegungen der Beine, wenn diese gestreckt in irgendeine Raumrichtung gehoben werden. Auch der Rumpf kann solche fächerartigen Bewegungen machen, beispielsweise in der Vorwärts-Beugung. Der Unterschied zwischen dem Öffnen eines Fächers und der Bewegung eines Körperteils ist, daß die Reihe der sich öffnenden Fächerrippen nach Beendigung der Bewegung immer noch sichtbar ist, während die Schlußstellung des Arms oder des Beins für unsere Augen der allein verbleibende Teil der Bewegung ist.

Zwischenstadien einer Bewegung sind wichtig Bei der Beobachtung einer Bewegung müssen wir alle Zwischenstadien ihres Ablaufs im Auge behalten. Bei der Bewegungsbeschreibung müssen wir uns die wichtigsten Zwischenstellungen merken. Dieses Vorgehen haben wir schon in vorangehenden Kapiteln angewendet, bei der Analyse und Beschreibung der Fecht- und anderer Bewegungen. Es ist auch möglich, dreidimensionale oder plastische Modelle anzufertigen, die jedes Stadium der sich entwickelnden Bewegung festhalten. Oft sehen wir solche Formen im Tanzen mit Röcken, oder wenn ein weite Ärmel tragender Arm hochgehoben wird. Formationen liegen nicht nur in flachen Ebenen, sondern bilden, ähnlich den Flügeln der Fledermaus, recht komplizierte gebogene Oberflächen und Serpentinen. Alle Beuge- und Streckbewegungen irgendeines Gliedteils, beispielsweise des Unterarms oder des Unterschenkels, der Hände, des Kopfs (der Fortsetzung der Wirbelsäule), zeichnen immer solche fächerartigen Muster.

Wenn wir eine konische Spurform mit einem unserer Gliedmaßen bilden, so genügt es, sich nur drei bis vier Rippen oder Speichen der Form zu merken. Im Normalfall wird die Bewegung fließend, als kontinuierliche Kurve, ausgeführt werden. Wenn wir eckige Abschnitte machen wollen, müssen wir jeden Abschnitt besonders akzentuieren.

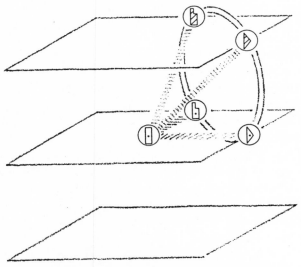

Abb. 17: Konische Spurform mit gleichmäßiger Rundung

Abbildung 17 stellt eine konische Spurform dar mit den Richtungen ⌐, ⌐, ⌐, ⌐, und zurück zu ⌐, die fließend und als fortlaufendes Kreismuster auszuführen ist. Dieselbe Spurform, auf gebrochene oder eckige Art und mit fast unmerklichen Pausen nach jedem Abschnitt ausgeführt, ist in Abbildung 18 gezeigt.

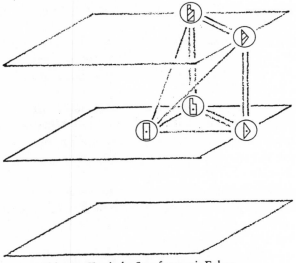

Abb. 18: Konische Spurform mit Ecken

Das komplexe Gefühl, das wir haben, wenn wir eine Bewegung sehen oder ausführen, kann nicht mit Worten beschrieben werden. Es ist jedoch möglich, den wesentlichen Willensakt, der in einer Bewegung enthalten ist, zu beschreiben. Am besten trennt man die Muster der Linien und Formen, die der sich bewegende Körper im Raum zeichnet, von den übrigen Komponenten der Bewegung. Die Aktion des Körpers als Ganzes oder verschiedener Teile desselben scheint allein durch den Willen ingang-gesetzt zu werden. Jeder Schritt und jede Geste ruft eine Reihe von Zusammenzügen und Ausdehnungen in den Muskeln selber sowie durch die Verlagerung des Körpers oder seiner Gliederteile an einen andern Ort hervor. Alle diese Tätigkeiten brauchen Raum wie Zeit. Jedoch entspringen sie für gewöhnlich einem Gedanken, oder einer Absicht, die rein praktischer Natur sein kann, zum Beispiel dem Wunsch, in unserer gegenwärtigen Lage oder in unserer Umgebung eine Veränderung herbeizuführen.

»Aktion« als Verän-derung der gegen-wärtigen Lage oder Umgebung

Wir nennen dies eine »Aktion«, wobei wir das Wort in einem bestimmten Sinne ge-brauchen, da, im weiteren Sinne genommen, auch eine Gewichtsverlagerung oder auch nur das Spiel der Muskeln in Wirklichkeit eine Aktion ist. Wir sind nicht einmal sicher, ob der Entschluß zu einer Bewegung an sich nicht schon eine Aktion ist, deren wir bewußt werden können und die wir auch kontrollieren können. Auf alle Fälle hat jede Bewegung, außer daß sie eine neue Situation in Zeit und Raum schafft, noch andere inhärente Qualitäten.

Der Wille oder die Entscheidung zu einer Bewegung entspringt unserem innersten Wesen. Durch unsere Aktivität verändern wir nicht nur unsere Körperstellungen und unsere Umgebung, sondern geben unseren Bewegungen aufgrund unserer Psyche zu-sätzlich eine Farbe. Wir sprechen dann von einem Gefühl oder Gedanken als Anstoß zur Bewegung oder als ihre Begleiterscheinung.

Ein Beobachter der sich bewegenden Person wird sich nicht nur der Wege und Rhyth-men der Bewegung, sondern gleichzeitig auch der Stimmung, die die Wege in sich ber-gen, bewußt; dies deshalb, weil die Formen der sich in den Raum hinaus entwickeln-den Bewegungen immer mehr oder weniger durch ein Gefühl oder eine Idee gefärbt sind. Der Inhalt von Ideen und Gefühlen, die wir bei der Beobachtung oder der Aus-führung von Bewegung haben, kann ebenso wie die Formen und Linien im Raum ana-lysiert werden. Zu diesem Zweck kann man sich der Sprache der Psychologie oder der Philosophie bedienen. Allgemein können Linien und Formen mit der Sprache der Mathematik und der Geometrie leicht erfaßt und verstanden werden. Die Choreutik stellt hier mit ihrer eigenen Sprache und Notation (Choreologie und Choreographie)

Choreutik als Grund-lage einer Bewe-gungsschrift

für die Bewegungsanalyse und -beschreibung einen Sonderfall dar. Sie ist die Grund-lage einer Schrift nicht nur für Tänze, sondern für Bewegung schlechthin.

Wenn wir Schriftzeichen aus alten Zivilisationen – denken wir an die chinesische, indische, keltische, germanische oder aztekische Kultur – genauer betrachten, so scheint es, daß eine Art choreutischer Symbolschrift in jenen Zeiten weit verbreitet war, jedoch heute praktisch vergessen ist.

Unmöglichkeit der Trennung der geistig-emotionellen von den räumlichen Teilen der Bewegung

Die Trennung der körperlichen Funktionen (d. h. anatomischer und physiologischer Art) von der räumlichen Aktivität (d. h. derjenigen, die Formen und Linien im Raum schafft) ist in Wirklichkeit ebenso ein Ding der Unmöglichkeit wie die Trennung der geistigen und emotionalen Teile der Bewegung von den Raumformen, in denen sie sichtbar werden. Wir können jedoch mit Sicherheit sagen, daß nicht nur der Zuschauer, sondern auch die sich bewegende Person den emotionalen Inhalt einer Bewegung oft erst nach ihrer Beendigung erkennt. Eine vollständig willentliche Bewegung, in der jedes Detail vorausgeplant und kontrolliert ist, bringt dem Tänzer oder Schauspieler nur sehr selten Erfüllung. Der wahre Künstler nähert sich, vorsichtig ausgedrückt, dieser Vollkommenheit, während der Durchschnittsmensch oft weit von ihr, oder von jeglichem bewußten Ausdruck überhaupt, entfernt ist. Er ermangelt der Form oder der Stimmung, oder meistens beider Dinge. Es ist interessant festzustellen, daß Leute mit übermäßig kontrollierten Bewegungen, zum Beispiel schlechte Schauspieler, ihre beabsichtigte Einstellung nicht vermitteln können, so daß wir unweigerlich an der Aufrichtigkeit ihrer Handlungsweise zweifeln. Nur wenn ein Teil der Bewegung unbewußt ist, oder sagen wir, so zu sein scheint, sprechen wir von einem natürlichen oder wahren Ausdruck.

Vom choreutischen Standpunkt aus ist es nicht nötig, in jedem Fall anzugeben, welches Körperglied eine bestimmte Spurform auszuführen hat. Eine Spurform vermittelt eine gewisse Inspiration, wie eine Melodie es tut; die Einzelheiten der körperlichen Ausführung können oft dem individuellen Geschmack des Bewegenden überlassen werden. Nichtsdestoweniger gibt es die natürlichen Gliederzonen (wie erwähnt im 2. Kapitel), die nicht außer acht gelassen werden sollten.

Angabe des ausführenden Körperteils in der Choreutik nicht immer nötig

Wenn wir einer Spurform folgen, ob mit einem einzelnen Körperglied oder mit mehreren zusammen, lassen sich darauf all die wohlbekannten Aktionen des Greifens, Springens und Drehens, sowie die verschiedenen Stellungen des Kniens, Liegens, Stehens und Sitzens aufbauen. Diese sämtlichen Aktionen können durch Raumzeichen ausgedrückt und ferner entweder als polylineare Bewegungen verstanden werden (wobei mehrere Körperglieder oder Teile desselben gleichzeitig in mehrere Richtungen gehen) oder als monolineare Bewegungen (wobei ein Körperglied oder ein Teil desselben allein in eine Richtung geht). Wenn wir über den Körper und die Spurformen sprechen, müssen wir die spezifischen Funktionen der Glieder untersuchen. Für die Arme sind die offensichtlichsten Tätigkeiten »schöpfende« und »streuende« Bewegungen, und für die Beine die Schritte. Alle diese, eingeschlossen die vorbereitenden Beinbewegungen im Schreiten, laufen in den den betreffenden Gliedern zugeordneten Zonen ab. Schöpfen oder Ergreifen wird für gewöhnlich mit einem Auswärtsdrehen der Handfläche zum Körper hin verbunden, und die Kontrastbewegung, Streuen oder Abstoßen, mit einem Einwärtsdrehen der Handfläche.

»Schöpfende« und »streuende« Bewegungen der Arme

Die Zonen können entweder mit auswärtsgedrehter oder mit einwärtsgedrehter Handfläche umfahren werden. Die Stellung der Hand braucht nicht durch straffe Regeln eingeschränkt zu sein, da sie allein vom Zweck der Bewegung abhängt. Diese mag lediglich Nützlichkeitswert haben, wie im Ergreifen eines Gegenstands, oder mag als rein künstlerische Geste wirksam sein, wobei das Ausmaß der Bewegung von den Erfordernissen der zum Ausdruck gebrachten Idee abhängt. Obgleich wir uns mit einer Kunstform höchster Gewichtung befassen, sollen auch hier individuelle Stiltendenzen niemals zu standardisierten Regeln für den allgemeinen Gebrauch werden.

Im Schöpfen hat der Körper ein Gefühl des Sich-Zusammenziehens, während das

Gegenteil, das Streuen, ein Gefühl des Sich-Öffnens und Sich-Ausweitens vermittelt. Sobald sich der Rumpf oder die Schultern an der Bewegung beteiligen, wird sie komplexer; die verschiedenen Körperteile können sich an der Schaffung einer einzigen Spurform beteiligen, oder sie können unterschiedliche Spurformen beschreiben. Die äußeren Linien dieser Formen sind immer gebogen, was bedingt ist durch die Art und Weise, wie die Gliedmaßen oder anderen Teile mit dem übrigen Körper verbunden sind. Die Bogen entlang dem äußeren Rande der Kinesphäre können entweder im Uhrzeigersinn oder im Uhrzeigergegensinn befahren werden. Diese Kreisrichtungen beziehen sich auf einen Richtungsstrahl in der Kinesphäre, der ihnen als Achse dient. Somit ergeben sich grundlegende Varianten, die in den nachfolgenden Abbildungen 19a–f dargestellt sind:

Raumform bedingt durch die Verbindung der Gliedmaßen untereinander

1. Eine einzelne Spurform wird im Uhrzeigersinn befahren (Abbildung 19a).
2. Dieselbe Spurform wird im Uhrzeigergegensinn befahren (Abbildung 19b).
3. Zwei Spurformen werden im Uhrzeigersinn befahren (Abbildung 19c).
4. Dieselben Spurformen werden im Uhrzeigergegensinn befahren (Abbildung 19d).
5. Eine einzelne Spurform wird teilweise im Uhrzeigersinn und im Uhrzeigergegensinn befahren (Abbildung 19e).

   Zwei verschiedene Spurformen werden teilweise im Uhrzeigersinn und im Uhrzeigergegensinn befahren (Abbildung 19f).

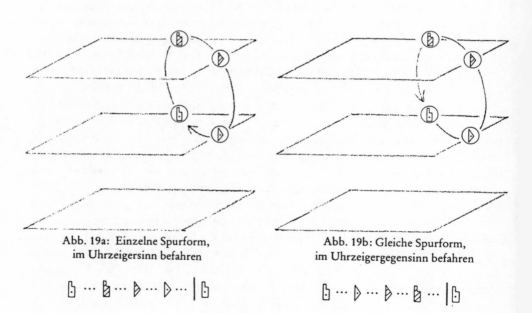

Abb. 19a: Einzelne Spurform, im Uhrzeigersinn befahren

Abb. 19b: Gleiche Spurform, im Uhrzeigergegensinn befahren

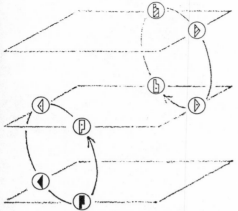

Abb. 19c: Verschiedene Spurformen, im Uhrzeigersinn befahren

P ··· ◁ ··· ◀ ··· ▮ ··· |P

▯ ··· ▱ ··· ▷ ··· ▷ ··· |▯

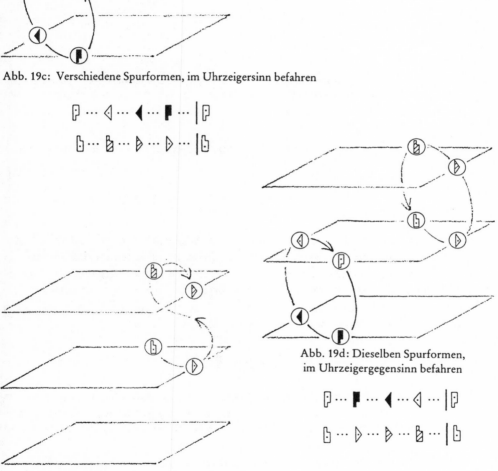

Abb. 19d: Dieselben Spurformen,
im Uhrzeigergegensinn befahren

P ··· ▮ ··· ◀ ··· ◁ ··· |P

▯ ··· ▷ ··· ▷ ··· ▱ ··· |▯

Abb. 19e: Einzelne Spurformen, zuerst im Uhrzeigergegensinn, dann im Uhrzeigersinn befahren

▯ ··· ▷ ··· ▱ ··· ▷   beginnt im Uhrzeigergegensinn
                        und fährt im Uhrzeigersinn fort

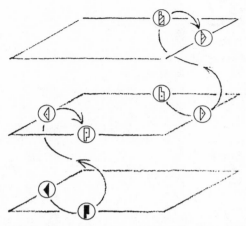

Abb. 19f: Verschiedene Spurformen, teilweise im Uhrzeigersinn und teilweise im Gegenuhrzeigersinn befahren (in jedem Fall wird die Bewegung vom Zentrum der Kinesphäre aus betrachtet)

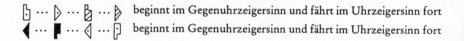

beginnt im Gegenuhrzeigersinn und fährt im Uhrzeigersinn fort
beginnt im Gegenuhrzeigersinn und fährt im Uhrzeigersinn fort

Wir müssen daran denken, daß, wie im 2. Kapitel gesagt wurde, die Körperglieder
neben ihren Normalzonen auch Superzonen haben, was bedeutet, daß sie auch in
Nachbarzonen hineingehen können. Spurformen sind nicht an irgendeine Körper-
zone gebunden, sondern können sich auf mehrere Nachbarzonen ausdehnen.

Spurformen und Körperhaltungen scheinen je ein unabhängiges Leben für sich zu
führen; eine Spurform für den rechten Arm wie:

die normalerweise als Schöpfbewegung ausgeführt würde, könnte auch mit auswärts
gedrehter Handfläche, wie im Streuen, vollzogen werden. Jedoch, diese Unabhängig-
keit ist nicht Realität. (Mögliche Fehler bei der Wahrnehmung wie bei der Analyse
von Bewegung sind im 8. Kapitel beschrieben.)

Die besondere Art von Gliederführung, die durch einen äußeren Anlaß zum Handeln
oder durch ein inneres Ausdrucksbedürfnis bestimmt wird, bringt eine sekundäre
Spurform hervor, die sich in den Muskeln des Körpers entfaltet. Diese muskuläre
Spurform bildet zur Gestenlinie im Raum eine Art Kontrapunkt. Die sekundäre
Spurform könnte man mit den Begleitfiguren in der Musik und die andere mit der
melodischen Linie vergleichen.

Die in der Kinesphäre verlaufenden Bewegungen der Körperglieder müssen von den *Unterschied zwischen*
Aktionen in der Dynamosphäre unterschieden werden. Obschon diese beiden nur *Bewegungen in Kine-*
zusammen auftreten, geschehen dynamische Aktionen wie Wringen, Drücken usw. *sphäre und in Dyna-*
innerhalb des Körpers (siehe 3. Kapitel). *mosphäre*

Dynamosphärische wie kinesphärische Aktionen sind irgendwo im Raum lokalisiert;
sie bestehen aus richtungsmäßigen Tendenzen und Polaritäten. Man nimmt an, daß
ein elektromagnetischer Strom die physikalische Triebkraft der Erregung ist, welche
die Absicht, den Entschluß und zuletzt die Handlung selbst verursacht. Wir glauben,
daß die Ursache der Erregung generell ein Eindruck von außen ist, auf den wir reagieren, indem wir uns zur Bewegung entscheiden. Beide Dinge, der tatsächliche oder der
erinnerte Eindruck, sind wiederum räumliche Geschehnisse.

Der erste Impuls zu solch einer Reihe von Eindrücken und Reaktionen liegt in unendlich fernem Zeit-Raum und ist gänzlich unkontrollierbar. Die Rolle, die die Zukunft
in dieser Verkettung von Ereignissen spielt, wird begreifbar durch die Tatsache, daß
jede Bewegung auf die Schaffung einer neuen Situation hin tendiert. Jede Körperaktion ist nur ein Schritt auf ein unendlich letztes Ziel im zukünftigen Zeit-Raum zu, das
für unseren Geist ebenso unfaßbar und unkontrollierbar ist wie die allererste Ursache.

Fünfte Tatsache der Raumbewegung

Jede Körperbewegung ist eingebettet in eine Kette endlosen Geschehens; in dieser
Kette unterscheiden wir nur die unmittelbar vorangehenden und zeitweilig auch die
folgenden Schritte.

In jeder durch den Körper geschaffenen Spurform sind zwei Dinge, nämlich Unendlichkeit und Ewigkeit, verborgen. Manchmal scheint sich der Schleier für einen Augenblick zu heben. Inspiration, Sehergabe und erhöhtes Bewußtsein können durch
diesen Spalt in den Teil der Welt vorstoßen, den wir als Ewigkeit ansehen. So werden
Körperaktionen und Spurformen zu Mitteln, um Momente der Ekstase und der sehe-
rischen Konzentration hervorzubringen. Wir sollten nie vergessen, daß jede Geste
und Handlung unseres Körpers ein tiefverwurzeltes Mysterium ist, und nicht bloß
eine äußerliche Handhabe oder ein Trick, wie es viele Leute der modernen Zeit haben
wollen. So könnte das Purzelbaum-Schlagen oder das Kopfstehen einmal heiliges
Spiel gewesen sein.

6. Kapitel

Natürliche Sequenzen der Dynamosphäre

Die natürlichen Sequenzen der Dynamosphäre bestehen aus Ketten dynamischer Aktionen mit ihren entsprechenden inneren Stimmungen. Da sie ihren Ursprung in der Person selbst haben und so geistige und emotionale Qualitäten besitzen, also rein expressiver Natur sind, dürfen wir sie als »Aktionsstimmungen« bezeichnen. Es steht uns nicht vollständig frei, die im 3. Kapitel erwähnten acht Aktionen auf jegliche nur wünschbare Art zu verbinden. Beispielsweise geht der Übergang von einer drückenden zu einer wringenden Bewegung leicht und ohne spürbare Pause vonstatten, aber es ist unmöglich, einen ebenso fließenden Übergang von einer drückenden zu einer peitschenden Bewegung zu machen. Doch ist der Übergang vom Wringen zum Peitschen, oder umgekehrt, wieder leichter auszuführen. Wir sehen also, daß gewisse Aktionsstimmungen eng aufeinander bezogen sind, daß einige eher lose verbunden sind, und andere wieder einander diametral gegenüberstehen.

»Aktionsstimmungen« sind rein expressiver Natur

Es ist eine der schlagendsten Entdeckungen in der Domäne der Choreutik, daß eine Ungleichheit und eine Verwandtschaft zwischen Aktionsstimmungen existieren und daß diese Beziehungen mittels Raumsymbolen ausgedrückt werden können. Diejenigen Diagonalrichtungen, die verwandte Aktionsstimmungen charakterisieren, liegen enger beieinander im Raum als die Richtung von Aktionsstimmungen, die nicht so leicht verbunden werden können.

Räumliche Nachbarschaft verwandter Aktionsstimmungen

Eine bemerkenswerte Tatsache ist, daß verwandte Aktionsstimmungen im kinesphärischen Raum sich nahe beieinander befinden und daß mit wachsender innerer Verfremdung auch der äußere Abstand zwischen den Aktionsstimmungen zunimmt.

Acht hauptsächliche dynamische Aktionen

Jede der acht hauptsächlichen dynamischen Aktionen ist von drei dynamischen Gegebenheiten geprägt: Geschwindigkeit, Kraft und Richtungsstrom. Diese dynamischen Grundmerkmale besitzen unterschiedliche Grade der Intensität, was je zwei kontrastierende Elemente zur Folge hat. Schnelligkeit ist ein höherer Grad der Geschwindigkeit als Langsamkeit. Stärke ist ein höherer Grad der Kraft als Schwachheit. Direktheit ist ein höherer Grad des Richtungsflusses als Rundheit.

Die Aktionen sind durch die Intensitätsgrade der dynamischen Merkmale, d.h. durch ihre Elemente, charakterisiert. Zum Beispiel: Wenn ein rechtes Körperglied führt, besteht   ▮$_s$ (Drücken) aus ▯$_s$ (langsam), ▮$_s$ (stark), ◁$_s$ (gerade),

und   ◀$_s$ (Wringen) aus ▯$_s$ (langsam), ▮$_s$ (stark), ▷$_s$ (krumm),

Drücken und Wringen haben dieselbe Geschwindigkeit (▯$_s$) und dieselbe Kraft (▮$_s$), aber sie unterscheiden sich im Grade des Richtungsstroms: während ▮$_s$ (Drücken) ◁$_s$ (gerade) ist, ist ◀$_s$ (Wringen) ▷$_s$ (krumm). So läßt sich sagen, daß das Drücken sich vom Wringen im Grad eines Grundmerkmals, nämlich desjenigen des Richtungsflusses, unterscheidet, dessen Element der Direktheit durch dasjenige der Rundheit ersetzt ist.

Es gibt Aktionen, die nur ein Element gemeinsam haben und sich somit in zwei Aspekten voneinander unterscheiden. Diejenigen, die sich in allen drei Elementen voneinander unterscheiden, sind vollständige Kontraste.

Die Erfahrung lehrt, daß äußerste Kontraste von dynamischen Aktionen, wo alle drei Grundmerkmale – Geschwindigkeit, Kraft und Richtungsstrom – gegensätzliche Elemente aufweisen, vom Körper nicht unmittelbar nacheinander ausgeführt werden können. Es müssen Übergangsbewegungen dazwischengeschaltet werden. Ein Beispiel:

Übergangsbewegungen zwischen kontrastierenden Aktionen

Eine stoßende Bewegung ▮$_s$ mit einer schwebenden Bewegung ◿$_s$ zu verbinden, ist ohne Zwischenpause ganz unmöglich. Deshalb müssen zwei Zwischenbewegungen eingefügt werden. Stoßen ▮$_s$, von einem Teil der rechten Körperseite ausgeführt, besteht aus:

▯$_s$ (schnell), ◁$_s$ (gerade), ▮$_s$ (stark).

Wenn wir nun die Geschwindigkeit von ▯$_s$ (schnell) zu ▯$_s$ (langsam) wechseln, erhalten wir:

▯$_s$ (langsam), ◁$_s$ (gerade), ▮$_s$ (stark);

das ist Drücken ▮$_s$, ein erster Zwischenschritt zur schwebenden Bewegung, in die wir wechseln wollen.

Wenn wir nun den Grad eines andern Merkmals, beispielsweise des Richtungsstroms, wechseln, gelangen wir wieder zu einer Aktionsart:

▯$_s$ (langsam), ▷$_s$ (krumm), ▮$_s$ (stark);

das heißt, wir gelangen zu Wringen ◀$_s$, einer zweiten Zwischenstufe, die sich vom ursprünglichen Stoßen durch zwei Elemente unterscheidet: Es weicht vom angestrebten Schweben nur noch im Grad eines einzigen dynamischen Merkmals ab, nämlich der Kraft.

Der Wechsel des Intensitätsgrads der Kraft, des dritten Grundmerkmals, von ▮ₛ (stark) zu ▱ₛ (leicht) ergibt

$$\cdot\text{▱}_S \text{ (langsam)}, \quad \triangleright_S \text{ (krumm)}, \quad \text{▱}_S \text{ (leicht)};$$

dies ist nunmehr Schweben ▱ₛ. Somit ist die ursprüngliche stoßende Bewegung ▮ₛ mit der gegensätzlichen schwebenden Bewegung ▱ₛ über die Zwischenstufen ▮ₛ (Drücken) und ▮ₛ (Wringen) verbunden worden.

»Natürliche Sequenzen« in der Dynamosphäre

Abfolgen mit derartigen, zwischen vollständigen Kontrasten eingefügten Zwischenstadien können wir von nun an »natürliche Sequenzen in der Dynamosphäre« nennen. Jedes Aktionspaar kann durch eine Reihe von Zwischenbewegungen miteinander verbunden werden. Zwischen einer Aktionsstimmung und ihrem äußersten Gegenteil gibt es sechs mögliche Verbindungsreihen, die zusammen eine einzige natürliche Sequenz bilden können. Als Beispiel zeigt Abbildung 20 die natürliche Sequenz in der Dynamosphäre zwischen den kontrastierenden Aktionsstimmungen ▮ₛ (Stoßen) und ▱ₛ (Schweben). (Ein Teil davon, nämlich die erste Hälfte der dritten »Schlinge«, wurde weiter oben ausführlich beschrieben.)

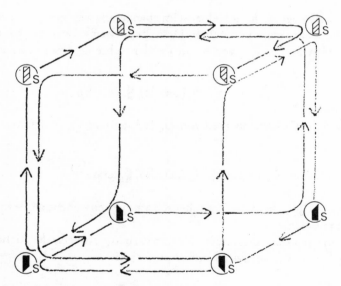

Abb. 20: Natürliche Sequenz in der Dynamosphäre – zwischen Stoßen und Schweben

$$\text{▮}_S| \cdots (\text{▱}_S \cdots \text{▱}_S \cdots) \text{▱}_S| \cdots (\text{▱}_S \cdots \text{▱}_S \cdots) \text{▮}_S|$$
$$\text{▮}_S| \cdots (\text{▮}_S \cdots \text{▱}_S \cdots) \text{▱}_S| \cdots (\text{▮}_S \cdots \text{▮}_S \cdots) \text{▮}_S|$$
$$\text{▮}_S| \cdots (\text{▮}_S \cdots \text{▮}_S \cdots) \text{▱}_S| \cdots (\text{▱}_S \cdots \text{▮}_S \cdots) \text{▮}_S|$$

(Beachte: Die Zwischenbewegungen sind in Klammern.)

Die Verbindung irgendwelcher Aktionsstimmungen ruft eine Art Spurform hervor, die nicht immer eine bestimmte kinesphärische Form annimmt, sondern den dynamischen Ausdruck des Bewegungsablaufs beeinflußt. Wir könnten sie als eine »Schattenform« ansehen, welche die Verbindung zwischen der zentralen Lebensenergie und den Aktionen im kinesphärischen Raum herstellt. Ein Beispiel dafür ist in Abbildung 21 gegeben, wo drei Diagonalen in der Eigenschaft von Achsen für Schattenformen dargestellt sind.

»Schattenform« einer kinesphärischen Spurform

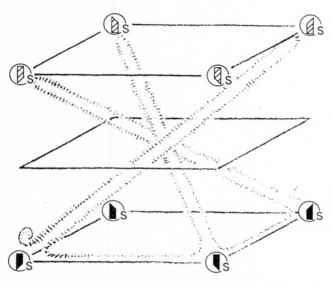

Abb. 21: Diagramm einer *Schattenform*, die drei Achsen enthält

Im Gegensatz zu Abbildung 21 zeigt Abbildung 22 eine einzelne Schlinge der Schattenform der natürlichen Sequenz zwischen den zwei Aktionsstimmungen Drücken und Schweben; hier entfaltet sich die Schattenform völlig im kinesphärischen Raum (vgl. Abb. 20).

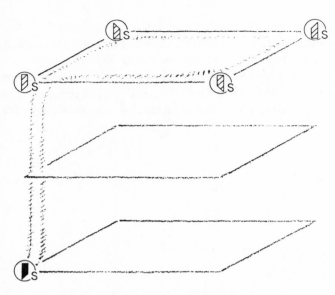

Abb. 22: Die Schlinge der sichtbar gemachten Schattenform in der natürlichen Sequenz

$$| \, \mathbb{P}_s \cdots \mathbb{P}_s \cdots \mathbb{P}_s \cdots \mathbb{P}_s \cdots \mathbb{P}_s \cdots \mathbb{P}_s \cdots \, | \, \mathbb{P}_s$$

Die drei anderen Paare von Aktionsstimmungen, in denen jede einzelne Aktion im äußersten Gegensatz zu seinem Partner steht, sind:

$\blacksquare_s$ (Peitschen) – $\mathbb{P}_s$ (Gleiten)

$\blacktriangleleft_s$ (Wringen) – $\mathbb{P}_s$ (Tupfen)

$\blacksquare_s$ (Drücken) – $\mathbb{P}_s$ (Flattern)

Sie haben Verbindungsreihen, die denjenigen in Abbildung 20 ähnlich sind. In diesen Sequenzen finden sich alle natürlichen Verbindungen, die durch die körperliche Ausführung von einfachen dynamischen Aktionsstimmungen entstehen.

Im 3. Kapitel wurde darauf hingewiesen, daß weitere Beziehungen in der Dynamosphäre entwickelt werden können, so beispielsweise diejenigen zwischen abgelenkten Richtungen. Wie diese bestehen die ihnen entsprechenden dynamosphärischen Ge- *Unvollständige* genstücke nur aus zwei Komponenten. In der Verbindung zweier solcher »unvoll- *Aktionsstimmungen* ständiger« Aktionsstimmungen, zum Beispiel $\mathbb{P}_s$ (leicht/langsam) mit $\mathbb{P}_s$ (leicht/krumm), ist der sich ergebende Wechsel ein artmäßiger und kein gradmäßiger; das heißt, man wechselt von einem Geschwindigkeitsgrad zu einem Grad des Richtungsstroms, wobei der Kraftgrad konstant bleibt. In diesem Fall werden die Übergangsbewegungen, die in den natürlichen Sequenzen spielen, entweder ausgelassen oder soweit unterdrückt, daß sie kaum mehr wahrnehmbar sind.

Solche Kombinationen, die nicht zu den natürlichen Sequenzen gehören, können als Spielarten oder Mischungen betrachtet werden.

Der Mensch ist in seiner Wahl und Verwendung von Aktionsstimmungen vollständig frei. Doch ist er nicht fähig, zwei Aktionsstimmungen, die in den natürlichen Sequenzen nicht enge Nachbarn sind, direkt und ohne mehr oder weniger wahrnehmbaren Übergang zu verbinden.

Indem wir Aktionsstimmungen auf eine Art und Weise, in der sie natürlichen Bezug zueinander haben, aufreihen, schaffen wir echte dynamische Sequenzen. Die Sequenzen können sich als wirkliche Linien offenbaren, die den Kanten eines – wie man es nennen könnte – kubischen »Gerüsts« der Dynamosphäre folgen.

Wir können diese dynamischen Spurformen in der Ausführung vergrößern und sie so in die Kinesphäre übertragen, wo sie als sichtbare Schwünge und Schwingungen von Körper und Gliedern erscheinen. Wir verwandeln dieserart die Schattenformen von Aktionsstimmungen in reale Spurformen; deren emotionaler Gehalt, der nach einem bestimmten Gesetz ständigem Wechsel unterliegt, wird dergestalt sichtbar.

Die natürlichen Skalen in der Kinesphäre zeigten die Auseinandersetzung des Körpers mit äußeren Gegebenheiten auf, als da sind die Materie, der Angriff eines Gegners oder das Zurücklegen von Distanzen in der Fortbewegung. Die natürlichen Skalen der Dynamosphäre lassen uns Bewegungseigenschaften erkennen, die im inneren Kampf in der Welt der Emotionen zum Tragen kommen, ja die selbst Ausdruck dieses Kampfes sind.

Die dynamischen Qualitäten von Spurformen treten in den Spannungen des Körpers und seiner Glieder zutage, in Spannungen, die aus einer inneren Haltung heraus erwachsen. Wesentliche Qualitäten, die wir von der Musik her kennen, wie *rallentando*, *crescendo*, *sforzando* und dergleichen, können in der Analyse beobachtet werden; in den Aktionsstimmungen jedoch erfahren sie eine Synthese.

Zusammenhängende Reihen von Aktionsstimmungen scheinen der sicht- und tastbare Ausdruck des inneren Flusses der Emotionen zu sein. Die Erfahrung zeigt, daß wir die Fähigkeit haben, unzähligen Gefühlsschattierungen und Wertvorstellungen in Bewegungskombinationen und -sequenzen Ausdruck zu geben. Bestimmte Emotionen machen den Charakter des Gehalts von bestimmten Reihen von Aktionsstimmungen aus. Verallgemeinerungen auf diesem Gebiet mögen gewagt erscheinen, doch können wir das Risiko eines Irrtums auf ein Minimum herabsetzen, indem wir uns die Erfahrungen aus dem Tanz und der Schauspielkunst zunutze machen und zudem die emotionalen Werte erkennen, die mit gewissen Alltagshandlungen verbunden sind: sich mit einem Gefühl der Angst oder Furcht von einer Gefahr jäh wegdrehen; mit entspanntem Körper und Geist auf Dinge, Situationen oder Leute, die uns wohlgesinnt sind, zugehen; sich in Erwartung oder im Stolz anspannen und versteifen; den Körper im Zorn oder im Angriff zusammenziehen und verdrehen; in friedlicher oder unbeschwerter Stimmung den Körper mit einer schwebenden Bewegung erheben –

Unzählige Gefühlsschattierungen und Vorstellungen in Bewegungssequenzen ausdrückbar dies sind einige emotionale Aktionen, die dem Bereich des Lebens wie demjenigen der Bühne entnommen sind.

Jede emotionale Aktion hat Variationen des Ausdrucks

Jede dieser Aktionen – eng mit psychischer Erregung verknüpft – hat nicht bloß eine, sondern viele verschiedene Grade und Variationen des Ausdrucks, die unmöglich mit Worten vermittelt werden können. Diese Variationen sind mit ähnlichen Variationen der Schattenformen verknüpft. Manchmal haben diese und die äußeren kinesphärischen Formen dieselbe Gestalt. Wir können von der Übertragung einer Schattenform auf die Kinesphäre oder von einer Übertragung einer äußeren Spurform auf die Dynamosphäre sprechen.

Übertragung von Schattenform in äußere Spurform und umgekehrt

Wenn wir das Sich-Zusammenziehen und Verdrehen des Körpers im Zorn oder in Kampfstimmung analysieren, bemerken wir, daß es ein erwartungsvolles Tiefgehen und einen Rückzug des Körpers erfordert. Das gibt uns die räumliche Tendenz der Emotion, nämlich abwärts und rückwärts: ▐ .

Wir erhalten eine weitere Raumangabe, wenn wir darauf achten, aus welcher Richtung die Bewegung des Zusammenziehens und der Angriffsvorbereitung kommt und wo sie beginnen muß. Dies wird ohne Zweifel die Gegenrichtung sein, nämlich auf- und vorwärts: ▓ .

Gegenrichtung als Ursprung der Hauptrichtung einer Bewegung

Der Diameter ▓ … ▐ enthält aber noch keine Angabe über die verwendete Aktionsstimmung oder die dynamische Qualität, da diese durch eine Diagonale ausgedrückt wird. Es gibt nur zwei Diagonalen, von denen der Diameter ▓ … ▐ abgelenkt werden kann, nämlich ▓ … ▐ und ▓ … ◀ .

Eine Vorbereitung zum Angriff wird mit dem rechten Arm gerne als offene Drehung nach rechts vollzogen, während sie mit dem linken Arm als Linksdrehung ausgeführt wird. Wir wollen hier die Bewegung mit der rechten Seite betrachten.

Die Diagonale, die ein auf ▓ … ▐ bezogenes Sich-gegen-außen-Öffnen ermöglicht, ist also ▓ … ▐ . Aus der Wechselwirkung zwischen den beiden Spannungen, der zweifach gerichteten und der dreifach gerichteten, resultiert eine Zwischenspannung, entweder zwischen ▓ und ▐ oder zwischen ▓ und ◀ . Beide lassen Bewegungen entstehen, die eine angreifende und zornig zusammengezogene Aktionsstimmung, im Zusammenhang mit der Diagonale ▓ … ▐ , widerspiegelt.

Im 5. Kapitel wurde das Beispiel einer Variation der natürlichen Verteidigungsskala vorgestellt, die nur aus diagonalen Richtungen besteht:

$$ ▓ \cdots ▐ \cdots ▓ \cdots ◀ \cdots ▓ \cdots ◀ $$

und es wurde dort erklärt, daß diese Skala nicht so sehr ein Ausdruck richtigen Kämpfens ist, sondern eher eine tänzerische Auslegung dieser Aktion. Mit dieser Bemerkung war der emotionale und expressive Inhalt gemeint, denn die Sequenz befähigt uns, durch die Übertragung in die Dynamosphäre tatsächlich gewisse Gegebenheiten der emotionalen Elemente innerhalb der natürlichen dynamosphärischen Sequenzen zu klären.

Die erste Bewegung ⧄ ... ▌ in der obigen Analyse der »verdrehten, zusammenge-
zogenen Haltung in der zornigen Vorbereitung zum Angriff« wandert die Diagonalachse entlang. Sie stellt die Aktionsstimmungen ⧄$_s$ ... ▌$_s$ dar, zwischen denen wir den
größtmöglichen Grad des Abstands in der Dynamosphäre finden.

Wir wissen, daß es sechs verschiedene Wege gibt, um zwei Kontraste via zwei Zwischenbewegungen miteinander zu verbinden. Drei davon liegen im Gebiet der normalen Zonen für die Gliedmaßen der rechten Seite, und drei in den Zonen für die
Gliedmaßen der linken Seite. Mit der rechten Seite als der aktiven haben wir im folgenden Schema ein Beispiel der rechtsseitigen »natürlichen« Wege:

$$⧄_s \cdots ◤_s \cdots ◣_s \cdots ▌_s$$
$$⧄_s \cdots ⧄_s \cdots ◣_s \cdots ▌_s$$
$$⧄_s \cdots ⧄_s \cdots ◲_s \cdots ▌_s$$

Der zweite Weg:

$$⧄_s \cdots ⧄_s \cdots ◣_s \cdots ▌_s$$

scheint der ausgewogenste zu sein.

Wenn wir diese Linie, zusammen mit dem entsprechenden Ausdruck, in der Kinesphäre ausführen:

$$⧄ \cdots ⧄ \cdots ◣ \cdots ▌$$

realisieren wir, daß dies die typischste Bewegung für die vorerwähnte emotionale
Aktion ist: »verdrehte, zusammengezogene Haltung in zorniger Vorbereitung zum
Angriff«.

Wie schon oft erwähnt, haben Worte lediglich erklärenden Wert in der Choreutik.
Unsere Zeichen sind ein einfacheres Mittel, um das Vorhandensein eines harmoni-
schen Flusses von Emotionen deutlich zu machen. Sie stellen ein Mittel dar, sogar eine
Art dynamischer Grundskala zu konstruieren, deren Kette harmonisch verbundener
Emotionen zu einer kinesphärischen Spurlinie derselben Form in Beziehung steht.
Eine solche Kette ist in Abbildung 23 gezeigt. (Beachte: Die Aktionsstimmungen in
Klammern führen nicht in Diagonalrichtungen, sondern in abgelenkte Neigungen.
Ihr Ausdruck ist also nicht rein im Sinne der acht Grund-Aktionsstimmungen, da er
nicht vollständig ist.)

Diese Sequenz von Aktionsstimmungen kann annähernd mit Worten erklärt werden.
Wenn die dynamische Linie in die Kinesphäre übertragen wird und die Zwischenver-
bindungen der gegensätzlichen Aktionsstimmungen betont werden, können die
Übergänge – mit der rechten Seite ausgeführt – folgendermaßen beschrieben werden:

Zeichen als Mittel zur
Darstellung des har-
monischen Flusses
von Emotionen

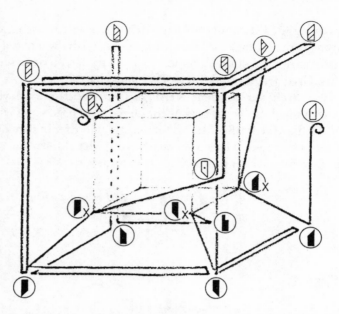

Abb. 23: Kette innerer Haltungen, sichtbar gemacht im kinesphärischen Raum

»Lebhafte, enthusiastische Geste, ein Emporstreben in ruhiger Gelöstheit einleitend«,

»erregter Wechsel in eine geballte Stellung, gleichsam als Vorbereitung zu zornigem Angriff«,

»jähe Wendung, gleichsam in der Flucht vor Gefahr, endend mit einer Geste vorsichtigen Sich-Schützens«,

»entschlossene Bewegung als Vorbereitung zu einer Geste stolzen Trotzes«,

$$\blacksquare_s \cdots \blacksquare_s \cdots \blacksquare_s \cdots \blacksquare_s \cdots \blacksquare_s$$

»schroffes Zurückziehen und Zittern wie im Schock, dann zu Stein erstarren«,

$$\blacksquare_s \cdots \blacksquare_s \cdots (\,\blacksquare_s\,) \cdots \blacksquare_{sx} \cdots \blacksquare_s \cdots \,\big|\, (\,\blacksquare_s\,)$$

»überschwengliche Gebärde intensiven Gefühls, gleichsam jemand oder etwas mit Sympathie angehen, und in entspannter Weise abschließen«.

Wir ersetzen jetzt die Übergangsstadien (Aktionsstimmungen) dieser Linie durch die dimensionale Tendenz, die jedem Abschnitt innewohnt:

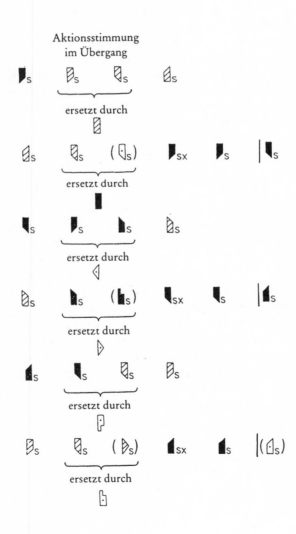

und erhalten so das dimensionale Schema der Verteidigungsskala und eine sekundäre (Schatten-) Linie, die einen passenden dynamischen Ausdruck andeutet:

Beinahe jede kinesphärische Spurform kann von jeder dynamophärischen Sequenz begleitet werden. Die einen Kombinationen passen besser zueinander, während andere schier unvereinbar scheinen. Variationen einer natürlichen Sequenz in der Kinesphäre können durch ein und dieselbe Schattenform in der Dynamosphäre begleitet werden; Variationen in der Dynamosphäre können durch ein und dieselbe Spurform in der Kinesphäre begleitet werden. Damit soll gesagt sein, daß der dynamophärische Einfluß einer Aktionsstimmung oder einer Schattenform (Reihe von Aktionsstimmungen) überall, in jeder Richtung der Kinesphäre, gefühlt werden kann. Doch ist es oft der Fall, daß die kinesphärischen Gebilde mit ihren dynamosphärischen Entsprechungen zusammenfallen. In einem solchen Fall können wir von der Übertragung der dynamosphärischen Schattenform in die Kinesphäre sprechen, oder umgekehrt, wie schon früher erwähnt wurde.

Sechste Tatsache der Raumbewegung

Unser inneres Wesen tut sich kund in beinahe unsichtbaren Schattenformen, die mehr durch emotionale Farbe als durch räumliche Form geprägt sind. Sie treten in sehr kleinen Ausdrucksbewegungen des Gesichts, der Hände und anderer Körperteile zutage, haben nichtsdestoweniger eine räumliche Architektur, die sowohl kontrolliert als auch untersucht werden kann. Da sie Bewegungen sind, haben die Sequenzen der Emotionen einen wahrnehmbaren Fluß, in dem sich gewisse harmonische Entwicklungen bemerkbar machen. Diese fast unsichtbaren Schattenformen können wir mit den beinahe unhörbaren Obertönen in der Musik vergleichen.

Wenn ein Ton erklingt, setzt eine Reihe von verwandten Schwingungen ein, die als ganz leise Obertöne hörbar werden. Als erstes nimmt man die Oktave wahr, der eine Anzahl anderer Obertöne folgen. Viele von ihnen sind klar zu erkennen, während eine endlose Folge jeder denkbaren Nuancierung immer leiser und leiser wird, bis das Ohr nichts mehr zu hören vermag.

Wenn wir eine Bewegung machen, findet ein ähnlicher Vorgang statt. Es scheint aber, daß das, was geschieht und wir wahrnehmen, in umgekehrter Reihenfolge abläuft. Währenddem in der Musik der Ton und seine Oktave zuerst kommen und dann die übrigen Nuancen, nehmen wir in der Bewegung die feinen Nuancen der Schattenform zuerst wahr, und erst wenn die emotionale Färbung oder Aktionsstimmung stattgefunden hat, wird die richtige Spurform in der Kinesphäre für uns sichtbar.

Der Einfluß, den eine Schattenform auf eine Spurform ausübt, kann durch die Analyse und Erfahrung der Struktur der Spurform herausgearbeitet werden. Schattenformen verlangen den Einsatz unserer ganzen Persönlichkeit, dadurch daß ihr struktureller Verlauf geklärt sowie fließend vorgetragen wird. Beide Dinge, der innere Impuls und die äußere Kundgebung, können, wie es scheint, von einer Person, die eine besondere Gabe für Ausdrucksbewegungen hat, rascher gefühlt werden. Jedoch kann fast jedermann einen gewissen Grad der Wahrnehmungsfähigkeit in bezug auf die Wechselwirkung von Motion und Emotion erwerben, und zwar durch dazu geeignete Übungen. Der Ausdruck wird immer mehr oder weniger persönlich ausfallen, doch scheinen die wesentlichen Reaktionen verschiedener Leute auf denselben Impuls alle einige typische Charakteristika aufzuweisen; diese beruhen auf den harmonischen Gesetzen, die jeglicher Raumbewegung innewohnen.

Die Überlieferung des Schaffens und Aufzeichnens von künstlerischer Bewegung in Tanz und Pantomime könnte uns helfen, die Beziehung zwischen dynamosphärischen und kinesphärischen Sequenzen zu klären. Die Ordnung, die man in den verschiedenen Aktionsstimmungen als existierend annehmen kann wie auch in den aus ihnen resultierenden Schattenformen, kann mit den Begriffen der räumlichen Harmonie ausgedrückt werden. Ein Gesetz der Proximität (Nähe) kann ausgemacht werden; die Proximität von Aktionsstimmungen macht Schattenformen mehr aufeinander bezogen, während sie bei Distanz ihrer Bezogenheit verlustig gehen. Ein Körpergefühl für harmonische Bewegung erlaubt keinen unmittelbaren Übergang zwischen einander in der Dynamosphäre fernstehenden Aktionsstimmungen. Besagte Ordnung kann auch durch eine passende Beschreibung des emotionalen Charakters von Bewegungen ausgedrückt werden, die in einer festen Schattenform miteinander verbunden sind.

Wir stehen erst am Beginn eines tieferen Bewußtseins für dieses ganze Gebiet und für seine Wichtigkeit. Die bisherigen Erfahrungen mit dynamosphärischen und kinesphärischen Sequenzen und ihrer wechselseitigen Abhängigkeit hat uns gezeigt, daß die herkömmliche Idee, Raum sei ein Phänomen, das von Zeit und Kraft und vom Ausdruck getrennt werden könne, ganz und gar ein Irrtum ist.

7. Kapitel

Die Urskala

Zwei Haupttypen von Spannungen im kinesphärischen Gerüst

Es drängt sich nun auf, der Struktur des kinesphärischen »Gerüsts« nähere Beachtung zu schenken. Dieses ist durch zwei Haupttypen von Spannungen gekennzeichnet:

1. diejenigen zwischen den Oberflächenlinien oder Kanten, und

2. diejenigen zwischen den Linien, die das Gerüst durchmessen.

»Transversalen« gehen nicht durchs Zentrum

Betrachten wir zuerst den zweiterwähnten Spannungstyp. Ihm gehören die Dimensionen, die Diagonalen, die Diametralen und die »Transversalen« an. Letztere unterscheiden sich dadurch, daß sie sich, im Gegensatz zu den anderen Linien, nicht im Zentrum der Kinesphäre schneiden (siehe 1. Kapitel). Sie liegen zwischen drei Diagonalen oder drei Dimensionalen, oder genauer gesagt, quer zu ihnen, und bilden deshalb mit keiner von ihnen eine Ebene. Wir betrachten sie als »sekundäre Ablenkungen« der Diagonalen und Dimensionalen. Sie verbinden immer zwei Endpunkte zweier verschiedener Diameter (Durchmesser). Nie verknüpfen sie Endpunkte von Dimensionalen oder Diagonalen oder bilden sie Oberflächenlinien des Gerüsts.

24 Oberflächenlinien im kinesphärischen Gerüst

Das Gerüst der Kinesphäre hat, so weit wir es bis jetzt kennen, 24 Oberflächenlinien, die zu den sechs primär abgelenkten Neigungen, die wir Diameter nennen, parallel verlaufen. Jeder Diameter hat vier parallele Oberflächenlinien. Zum Beispiel:

der Diameter ◀ ▷ ist parallel zu

◖ ··· ◗ , ▮ ··· ◖ , ◗ ··· ◖ , ▮ ··· ◖

Ein »Bündel« und ein »Gürtel« umgeben je eine Diagonale

Jede Diagonale ist umgeben von einer Kette von sechs Transversalen (einem »Bündel«), von einer Kette von sechs Oberflächenlinien (einem »Gürtel«) und von zwei »polaren Dreiecken«, die die Endpunkte der das Bündel bildenden Transversalen miteinander verbinden.

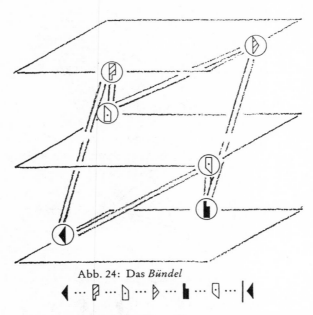

Abb. 24: Das *Bündel*

Nehmen wir als Beispiel die Diagonale ▮ ··· ◻ . Um sie gruppiert sich ein Bündel,
wie in Abbildung 24 dargestellt. Dieselbe Diagonale ist vom in Abbildung 25 gezeigten Gürtel und weiter von den zwei in Abbildung 26 gezeigten polaren Dreiecken umgeben, wobei die gestrichelten Linien die Transversalen des Bündels kennzeichnen,
welche die beiden Dreiecke miteinander verbinden.

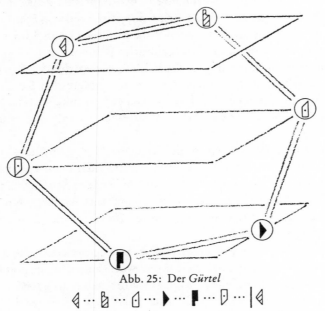

Abb. 25: Der *Gürtel*

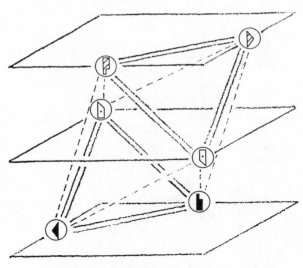

Abb. 26: Die zwei polaren Dreiecke

[Abb. 26]

(i)   ◀ ⋯ ▯ ⋯ ▮ ⋯| ◀

(ii) ▷ ⋯ ▯ ⋯ ▯ ⋯| ▷

In ihrer Eigenschaft als Achse eines Bündels läßt sich eine Diagonale mit der Achse der Erde vergleichen, während der Gürtel dem Äquator entspricht. (Es sei noch erwähnt, daß, während sich die Erde um ihre Achse dreht, ihre geneigte Achse sich auf einem Kreisweg so fortbewegt, daß sie eine doppelte konische Spurlinie hinterläßt. Wir können die beiden oben erwähnten polaren Dreiecke als Linien auffassen, an denen entlang die Achse des Bündels auf ähnliche Weise kreist.)

Gegensätzliche Bewegungsarten des Bündels und Gürtels
Beiden Ketten, dem Bündel wie dem Gürtel, können wir in der Bewegung folgen. Bewegungen aus der Kette des Bündels können in der Natur bei Tieren in Gefangenschaft beobachtet werden oder im Schwanken eines Betrunkenen oder bei jemandem, der müde ist oder einschläft. Es sind dies im allgemeinen unbewußte und unwillkürliche Bewegungen.

Dagegen können wir Bewegungen aus der Kette des Gürtels in Gesten und Aktionen der Betonung und des Nachdrucks beobachten. Es sind dies im allgemeinen willkürliche Bewegungen. Das Betonen enthält jedoch einen gewissen Zusatz der unbewußten Aufgeregtheit, doch ist diese Aufgeregtheit eher eine Art Tagtraum. Der Mensch ist wach in der »Äquatorialbewegung«, er schläft nicht wie in den achsen-nahen Bündel-Bewegungen der »Achse«.

Aus der Kreuzung dieser zwei gegensätzlichen Bewegungsarten, der automatischen, schlafähnlichen und der vom Geist gelenkten, wachsamen, entspringt ein dritter Bewegungsmodus, der nicht so leicht mit einem Wort zu beschreiben ist wie die beiden anderen. In diesem Modus folgt der Mensch einer Reihe von Verbindungsketten in

Spurformen, die wie elektrische Ladungen zwischen Bündel und Gürtel hin und her pendeln. In unseren alltäglichen Arbeitsverrichtungen und in der Fortbewegung benutzen wir diese Zwischengattung von Spurketten, bald in automatische Bewegung verfallend, bald in Aktionen des Nachdrucks. Im Tanz und im Kampf tendiert der Mensch hauptsächlich zur betonenden (emphatischen) Bewegung. Bei Gefühlsausbrüchen springt er oft unkontrolliert vom Nachdruck auf den Automatismus über und läßt so den Modus aus, der in seinen täglichen Arbeitsverrichtungen und in der gewöhnlichen Fortbewegung vorherrscht. Mit andern Worten: bei Gefühlsausbrüchen brauchen wir abwechslungsweise Bündel- und Gürtel-Spurformen ohne verbindende Übergänge.

Dritte Bewegungsart in verbundener Oberflächenlinie

Diese Verbindungen stellen den dritten Bewegungsmodus dar, der sich als einfache Oberflächenlinie herausstellt, die vom Bündel zum Gürtel überleitet. Sie beginnt an einem Punkt auf dem Gürtel und wandert zum nächsten im Bündel, und so weiter hin und her, bis die ganze Abfolge fertig ist. Die Folge berührt zwölf Punkte. Abbildung 27 ist ein Beispiel mit einer sich um die Diagonalachse ▌⋯◖ drehenden Kette.

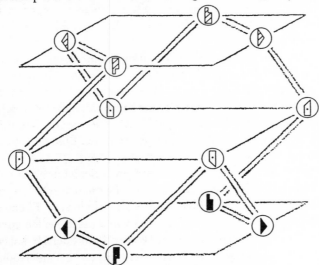

Abb. 27: Kette von zwölf Oberflächenlinien – periphere Grundskala – mit Drehung
um die Achse ▌ ⋯ ◖

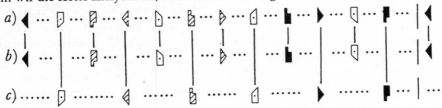

Wenn wir die Kette analysieren, erhalten wir das folgende Bild:

Die erste Sequenz (a) stellt die vollständige Kette dar. Die zweite Sequenz (b) gibt die der Kette des Bündels entnommenen Punkte an, und die dritte Sequenz (c) zeigt die der Kette des Gürtels entnommenen Punkte auf. Daraus kann man ersehen, daß, wenn man beispielsweise bei einem Punkt des Bündels beginnt, jeder zweite Schritt wieder zu einem Punkt des Bündels führt, im Wechsel mit den Punkten des Gürtels. Dies alles hat eine tiefere Bedeutung. Die unbewußte Automatik, die dem Bündel anhaftet, findet ihr Gegengewicht in der wachsamen Nachdrücklichkeit, die mit dem Gürtel einhergeht. Daher werden Bewegungen, die weder automatisch noch emphatisch sind, in Spurformen der Zwölfer-Kette verlaufen, die der Prototyp aller einfachen Bewegungsketten ist und somit als die »Urskala« angesehen werden kann.

»Urskala« als Proto-typ der einfachen Bewegungsketten

Diese Urskala kann sich um verschiedene Achsen mit unterschiedlicher Lage drehen, aber ihre Form bleibt immer dieselbe. Die innere Ursache eines Achsenwechsels ist eine Stimmungs- oder Gefühlsveränderung, oder ein neues praktisches Ziel. Beispielsweise bewirkt das Bedürfnis oder der Entschluß, jemanden anzugreifen oder sich zu verteidigen, eine Steigerung der Beweglichkeit beziehungsweise der Standfestigkeit.

Reihen von geistigen und seelischen Nuan-cierungen spiegeln sich in Achsenlage

Es sei daran erinnert, daß sich Reihen von weiteren Nuancierungen, nämlich solcher geistiger oder seelischer Natur, in der besonderen Lage der Achse widerspiegeln (siehe 3. und 4. Kapitel).

Die Urskala ist besonders nutzbringend, da wir in ihr eine Reihe von Formen versammelt vorfinden, welche die Grundelemente fast aller in der Bewegung verwendeten Spurformen darstellen. Jede Kette von zwölf Verbindungen kann in sechs, vier, drei oder zwei Teile geteilt werden. Wenn die Trennungspunkte dieser Abschnitte zusammengefügt werden, bilden sie regelmäßige Vielecke: Sechsecke, Vierecke und Dreiecke, und, im Falle von zwei Punkten, eine gerade Linie. Eine ungerade Teilung der Kette würde unregelmäßige Vielecke ergeben.

Möglichkeiten der Unterteilung von Zwölferketten

Diese Vielecke, besonders die regelmäßigen, stehen in Beziehung zu den Spurformen gewisser charakteristischer Bewegungen. Da diese Formen durch Bewegung im dreidimensionalen Raum gezeichnet werden, sind es oft nicht in einer Ebene liegende geometrische Formen. Wie die Praxis zeigt, gibt es von einigen verschiedene plastische Variationen. Wenn wir beispielsweise jeden zweiten Punkt der Urskala nehmen (das heißt, sie in sechs Teile teilen und die Trennungspunkte aneinanderreihen), erhalten wir, wie wir vorher gesehen haben, die Linien des Gürtels oder des Bündels. Beides sind Sechsecke. Das Sechseck des Gürtels liegt in einer Ebene. Die Sechser-Kette des Bündels hingegen bildet eine Zickzack-Linie im dreidimensionalen Raum und ist somit eine plastische Variation des Sechsecks.

Geometrische Form der Vielecke und ihre plastischen Variationen

Die Umfanglinien des flachen Sechsecks des Gürtels und des plastischen Sechsecks des Bündels haben je eine eigene Beziehung zur Diagonale, die sie umgeben, und zu den drei Dimensionen. Als Erklärung für diese Beziehungen könnten wir sagen, daß die Neigungen der Umfanglinien als durch eine Dimensionale bewirkte Ablenkung der Diagonale aufgefaßt werden können.

24 Transversalen im Gerüst

Es gibt 24 Transversalen im Gerüst. Diese stellen zwölf sekundär abgelenkte Neigungen dar (vgl. primär abgelenkte Neigungen im 1. Kapitel), da immer zwei parallel zueinander verlaufen. Jeder der sekundären Ablenkungen ist zu einer Dimensionalen und gleichzeitig auch zu einer Diagonalen geneigt. Der Wert ihrer Ablenkung kann folgendermaßen veranschaulicht werden:

Dimensionen:	Diagonalen:	Transversalen und ihre Parallelen oder sekundäre Ablenkungen:	Entsprechende Diameter oder primäre Ablenkungen:

Auch eine Diagonale kann abgelenkt werden:

a) zur Vertikalen; das heißt, in die Richtungen einer Bewegung des sich aufwärts streckenden oder in die Tiefe sinkenden Körpers (Höhe); solche Ablenkungen werden »steil« genannt;

b) zur Vor-Rück-Horizontalen, das heißt, in die Richtungen des Vorrückens oder Zurückziehens des Körpers (Tiefe); solche Ablenkungen werden »schwebend« genannt;

c) zur seitlichen Horizontalen, das heißt, in die Richtungen des Öffnens oder Schließens des Arms (Breite); solche Neigungen werden »flach« genannt.

Auch »abgelenkte Diagonalen« schneiden das Zentrum

Beachte: »Abgelenkte Diagonalen« gehen durch das Zentrum der Kinesphäre, die erwähnten Transversalen aber stehen parallel zu ihnen und haben somit auch einen steilen, schwebenden oder flachen Charakter.

Wenn wir der Linie des Bündels im Uhrzeigersinn entlangfahren, finden wir wieder dieselbe Reihenfolge der drei Arten der Ablenkung. Nach einer vertikalen Ablenkung zu Beginn gehen wir in eine Vor-Rück-Ablenkung und zuletzt in eine seitliche Ablenkung über. Als Beispiel dient uns die Sequenz der Transversalen im Bündel

steil	◀ ⋯ ▱	tendiert zur Höhe	▰ ⋯ ▱
schwebend	▱ ⋯ ▯	tendiert zur Tiefe	▯ ⋯ ▯
flach	▯ ⋯ ▷	tendiert zur Breite	◁ ⋯ ▷
steil	▷ ⋯ ▰	tendiert zur Höhe	▱ ⋯ ▰
schwebend	▰ ⋯ ▯	tendiert zur Tiefe	▯ ⋯ ▯
flach	▯ ⋯ ◀	tendiert zur Breite	▷ ⋯ ◁

Die Neigungen der Oberflächenlinien des Gerüsts, welche die Grenzlinien des Gürtels im folgenden Beispiel bilden:

Oberflächenlinien haben dieselbe Neigung wie Diameter

folgen einander in derselben Reihenfolge wie die Linie des Bündels, nämlich zur Höhe, zur Tiefe und dann zur Breite tendierend. Doch sind sie keine Transversalen, sondern haben dieselbe Neigung wie die Diameter. Im Schema auf Seite 79 zeigten wir die Beziehungen zwischen transversalen und diametralen Neigungen auf.

Wenn wir jeden dritten Punkt nehmen (das heißt, die ganze Skala in 4 Teile teilen), so ist das Ergebnis ein Viereck, genauer gesagt ein Quadrat. Die Unterteilung kann von jedem Punkt der Skala aus erfolgen, so zum Beispiel:

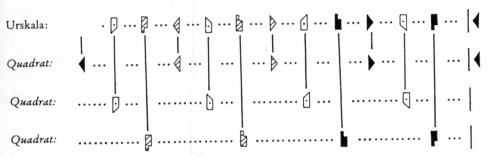

Etwas Ähnliches ergibt sich, wenn wir jeden vierten Punkt zusammenfassen (das heißt, die Skala in drei Teile teilen); es resultiert ein Dreieck:

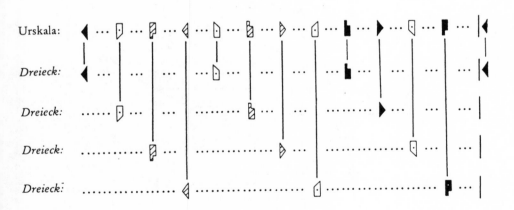

Während die Dreiecke in parallelen Ebenen liegen und sich auf den Gürtel beziehen, überschneiden sich die Vierecke, bilden zusammen eine plastische Form und beziehen sich auf das Bündel.
Die Beziehung der Dreiecke zum Gürtel ist trennender Natur: die Ebenen und Begrenzungslinien der vier Dreiecke stehen parallel zu Ebene und Begrenzungslinie des Gürtels (siehe Abb. 28).

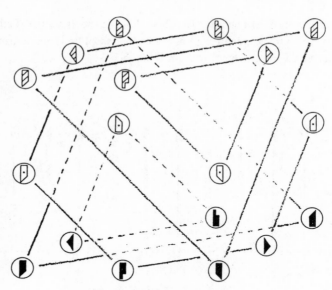

Abb. 28: Dreiecke mit Gürtel

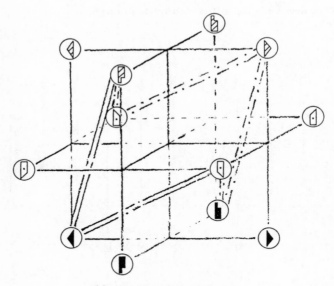

Abb. 29: Vierecke mit Bündel

Wenn wir die Urskala in zwei Teile teilen, erhalten wir zwei Punkte, deren Verbindung eine gerade Linie, oder einen Diameter, bildet. Vergessen wir nicht, daß es im Gerüst sechs Diameter gibt. Drei Diameter liegen in der Ebene des Gürtels und drei in einer plastischen (dreidimensionalen) Form über dem Bündel. Die Diameter im Gürtel sind:

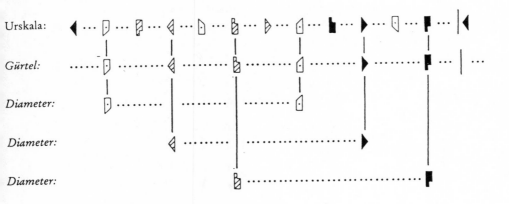

Die Diameter im Bündel sind:

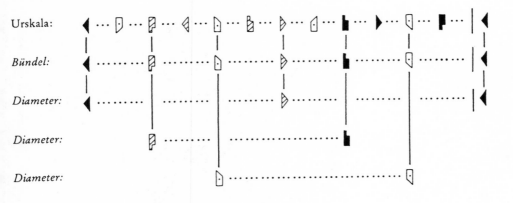

Wenn wir dem Lauf der Urskala im Uhrzeigersinn folgen, und dies mehrere Male tun, aber bei jedem fünften Punkt anhalten, so erhalten wir eine Kette von zwölf transversalen Verbindungen. Diese Linie stellt das innere Gegenstück der außen verlaufenden Urskala dar und wird deshalb die »transversale« oder »innere« Grundskala genannt.[*] Es folgt ein Beispiel des inneren Gegenstücks der Oberflächen-Grundskala, die alle fünften Punkte der letzteren miteinander verbindet:

Innere Grundskala, aus Urskala entwickelt

---

[*] Analog dazu wird die Urskala auch »periphere« oder »äußere« Grundskala genannt. (Vergleiche dazu II. Teil, 15. Kapitel, S. 178. Anmerkung des Übersetzers.)

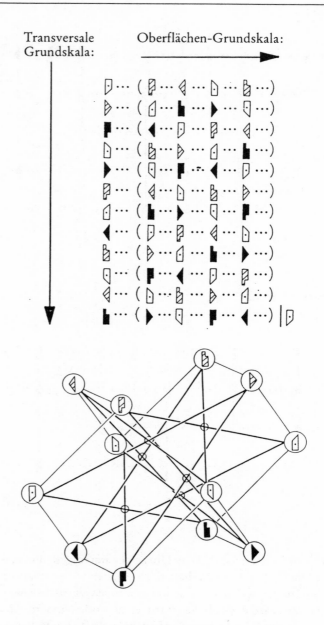

Abb. 30: Transversale Grundskala mit Drehung um die Achse ⬚ … ◤

In Abbildung 30 ist die »innere« oder »transversale« Grundskala dargestellt.

Es ist eine seltsame Tatsache, daß der Mensch seine spiegelartigen symmetrischen Bewegungen der linken und der rechten Seite als identisch auffaßt, obwohl ihre Neigungen völlig verschieden sind. Wenn jemand mit dem rechten Arm der Spurform der äußeren Grundskala, die sich um die Achse

Bewegungen der linken und der rechten Seite scheinen identisch

$$\blacksquare \cdots \square$$

legt, entlang fährt und dann aufgefordert wird, dieselbe Bewegung mit dem rechten Arm zu wiederholen, wird er nicht derselben Spurform, sondern ihrer Spiegelform folgen, nämlich einer Grundskala mit der Achse

$$\blacksquare \cdots \square$$

Dieses Gefühl der Einförmigkeit in einer spiegelartigen Aktion ist bemerkenswert. Es ist weiter interessant, daß die beiden Achsen, deren zwei Spurformen als identisch empfunden werden, in einer Ebene liegen, die sich von links nach rechts erstreckt und nach zurück-hoch geneigt ist:

die zwei anderen Würfelachsen bilden die andere seitensymmetrische Ebene, die nach vor-hoch geneigt ist:

Um die zwei Diagonalen $\square \cdots \blacksquare$ und $\blacksquare \cdots \square$ herum liegen äußere Grundskalen, die wie eine Art Antwort auf die erstgenannten aussehen. Um das Gefühl einer Antwort-Form oder Echo-Form zu erklären, müssen wir einen Blick auf eine Besonderheit der inneren Grundskala tun.

Wenn die transversale Grundskala mit großen, geschlungenen Schwüngen ausgeführt wird, bekommt sie in ihrer ersten Hälfte einen Ausdruck, der demjenigen der Verteidigungsskala im Kampf ähnlich ist (vgl. 4. Kapitel).

Ähnlichkeit der transversalen Grundskalen mit der dimensionalen Verteidigungsskala oder der Angriffsskala

$\square \cdots \square$ ist einer rechten prime-Abwehr für den Kopf ähnlich.

$\square \cdots \blacksquare$ ist einer seconde-Abwehr für die rechte Flanke ähnlich.

$\blacksquare \cdots \square$ ist einer tierce-Abwehr für die linke Seite des Halses ähnlich.

$\square \cdots \blacktriangleright$ ist einer quarte-Abwehr für die rechte Seite ähnlich.

$\blacktriangleright \cdots \square$ ist einer quinte-Abwehr für die linke Flanke ähnlich.

$\square \cdots \square$ ist einer sixte-Abwehr für den Bauch ähnlich.

Die transversale Grundskala um die nach vor-hoch geneigte Achse ⊘ ... ▌ herum fühlt sich als Antwort- oder Echoform zu obigem an und enthält deshalb anstelle einer Reihe von Verteidigungsbewegungen eine Reihe von Bewegungen des Angriffs. Nehmen wir an, die Neigungen der Abwehrbewegungen rund um unseren Körper könnten im Raum festgemacht werden. Wenn wir uns nun um 90 Grad wenden, entdecken wir, daß die Skala zur Angriffsskala geworden ist. Jene ist genau an demselben Ort im umgebenden Raum geblieben, aber durch die Drehung hat sich ihre Beziehung zum Körper verändert.

Erste transversale Grundskala (mit Verteidigungscharakter) und ihre Echo-Skala (mit Angriffscharakter)

Im gemeinsamen Tanz zweier Personen, die voreinander stehen und sich die rechte Hand geben, kann die eine die ursprüngliche transversale Grundskala (mit Verteidigungscharakter) und die andere die Echoskala (mit Angriffscharakter) ausführen, ohne daß die Hände losgelassen werden müssen – so genau ist die Übereinstimmung der Neigungen und der erreichten Punkte in dieser Art der echo-mäßigen Ausführung. Diese mag man als eine weitere Form der Symmetrie ansehen.

Parallelität zwischen erster und zweiter Hälfte jeder Grundskala

Eine dritte Art der Symmetrie kann man in den Parallelen finden, die innerhalb jeder inneren Grundskala selbst existieren, nämlich zwischen ihrer ersten und ihrer zweiten Hälfte:

	Erste Hälfte		*Zweite Hälfte*
⌐ ... ⊳	ist parallel zu	◁ ... ◀	
⊳ ... ▐	ist parallel zu	◀ ... ⊘	
▐ ... ⌐	ist parallel zu	⊘ ... ⌐	
⌐ ... ▶	ist parallel zu	⌐ ... ◁	
▶ ... ⊘	ist parallel zu	◁ ... ▙	
⊘ ... ⌐	ist parallel zu	▙ ... ⌐	

Hier liegen die Neigungen der zweiten Skalenhälfte parallel zu denjenigen der ersten Hälfte; der Körper folgt ihnen aber in umgekehrter Richtung.

Unser Intellekt unterscheidet zwischen drei Formen der Symmetrie im Raum: hoch und tief, links und rechts, vorwärts und rückwärts; jedoch, wenn der Körper Spurformen nachfährt, anerkennt er lediglich die Rechts-Links-Symmetrie. Es wäre interessant, psychologisch die Ursachen und Wirkungen dieser Tatsache zu untersuchen.

Fassen wir kurz zusammen: die Oberflächen- oder äußere Grundskala hat Formen und Beziehungen, die denjenigen der transversalen oder inneren Grundskalen ähnlich sind. Dazu existieren die Links-rechts-Version, die Echo-Version und der Parallelismus zwischen erster und zweiter Hälfte jeder Skala.

Eine Oberflächen-Grundskala besteht aus Neigungen, die parallel zu dreien der sechs Durchmesser verlaufen:

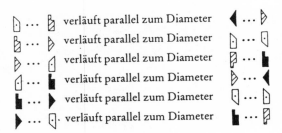

Die letzten drei Durchmesser sind dieselben wie die ersten drei, nur verlaufen sie in umgekehrter Richtung. Die letzten drei Neigungen des aufgeführten Teils (erste Hälfte) der Oberflächen-Grundskala sind parallel zu den ersten drei; auch sie werden in umgekehrter Richtung begangen. (Im 2. Teil dieser Grundskala finden wir die nämlichen Parallelismen.) Der Körper ist sich der wunderbaren Ordnung bewußt, die in der Entstehung von Spurformen herrscht. Dieser Sinn für Harmonie wird sicht- und tastbar in jeder Bewegung. Es ist notwendig, die Nuancen dieses Gefühls wahrzunehmen und zu verstehen. Wie es auch in der Musik der Fall ist, kann eine direkte Vermittlung des harmonischen Gefühls nicht in Worten, sondern nur durch einfühlendes Verstehen musikalischer, hier choreutischer Symbole erreicht werden.

Siebente Tatsache der Raumbewegung

Die zwölf Bewegungen zu den zwölf Punkten der Kinesphäre ermöglichen nicht nur eine Einteilung des Raumes, sondern sie sind auch an sich Einheiten harmonischer Wechselbeziehungen. Das Kriterium für die Wertung von harmonischen Beziehungen besteht in den Grundskalen, welche die zwölf Punkte des Gerüsts verbinden und ihnen Akzente verleihen. Sie mögen »Signalpunkte« genannt werden.

Unter diesem Blickpunkt dürfen wir hoffen, daß die Grundskalen zuerst als Experiment, später dem Bewußtsein der seltsamen Welt der Strukturen dienen, die das Fundament jeden Eindrucks und Ausdrucks in unserem Leben bildet.

8. Kapitel

Körperperspektive

Vier grundlegende Die Tradition des Tanzes zählt vier grundlegende Spurformen auf, die folgenderma-
Spurformen im Tanz ßen aussehen und die nach der Terminologie des klassischen Balletts benannt werden:

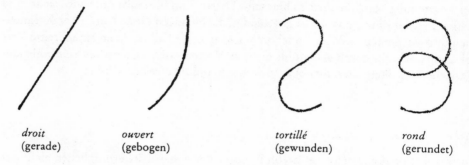

| *droit* | *ouvert* | *tortillé* | *rond* |
| (gerade) | (gebogen) | (gewunden) | (gerundet) |

Dies sind Grundformen, die in allen menschlichen Bewegungen, einschließlich der in Skalen geordneten, anzutreffen sind; sie können sich räumlich über eine oder mehrere Gliederzonen erstrecken.

Alle Spurformen können als aus diesen vier grundlegenden Formelementen bestehend aufgefaßt werden. Um sich davon zu überzeugen, kritzelt man am besten eine ununterbrochene Linie auf ein Stück Papier. Bei näherer Betrachtung der Teile dieser Linie wird man bemerken, daß das Gekritzel aus Abschnitten besteht, die den arabischen Ziffern 1, 2, und 3 ähneln. Die Gestalt dieser Ziffern hat folgenden Bezug zu den erwähnten Elementen: die 1 stellt das *droit* oder, wenn leicht gebogen, das *ouvert* dar, während die 2 mit ihrer Doppelwelle dem *tortillé* und die 3 dem *rond* entspricht.

Diese hingekritzelten Formen werden manchmal durch Winkel durchbrochen, so daß zum Beispiel die 2 als Zickzack herauskommt. Oft sind ihre Teile auch schlecht proportioniert: zum Beispiel kann einer der Bogen der 3 sehr klein sein, der andere übermäßig groß. Die Bewegung, die zu dem Gekritzel führte, erscheint aber doch ausschließlich als eine Zusammensetzung aus den drei Elementen, nämlich der einfachen Linie, ╱ oder ╲, der Doppelwelle, ∿, und dem Rund, ○.

Es ist spannend zu entdecken, daß alle Alphabete, Zeichen für Zahlen und andere Symbole aus diesen vier formalen Grundelementen aufgebaut sind. So zeigen die schon erwähnten drei arabischen Ziffern 1, 2 und 3 oder Zeichen der griechischen Schrift, wie das Anhauchzeichen ' oder die Buchstaben α und β die Hauptformen körperlicher Bewegung. Form wird durch Bewegung der Körperglieder hervorgebracht und ist deren anatomischer Struktur unterworfen; diese Struktur wiederum erlaubt nur einen bestimmten Bereich von Bewegungen, nämlich derjenigen, die sich aus den Funktionen des Beugens, Streckens, Verdrehens und möglicher Kombinationen ergeben.

Graphische Zeichen und Symbole zeigen Hauptformen körperlicher Bewegung

All dies beeinflußt die schreibende und zeichnende Tätigkeit unserer Hände und scheint jene auf die vorerwähnten vier Formelemente zu beschränken – als eine Gestaltungs-Grundlage, auf der aber unzählige Kombinationen gemacht werden können.

Eigentlich sind die vier Formgestalten alle Teile oder Metamorphosen einer grundlegenden Spurform, der Spirale. Teile der Grundskala (siehe vorangehende Kapitel) sind spiraloide Bogen. Durch unsere »Körperperspektive« jedoch sehen wir Unterschiede in der spiraloiden Beugung der Linie. Wir erwähnten in der Einführung, daß, wenn der Mensch eine Form vom Körperinnern, also vom Bewegungsimpuls her, anschaut, er einen ganz anderen Eindruck hat, als wenn er die Form von einem äußeren Standpunkt aus betrachtet. Die Sicht von innen nennen wir »Körperperspektive«.

Vier Formelemente sind Metamorphosen der Spirale

»Körperperspektive« als Sicht von innen

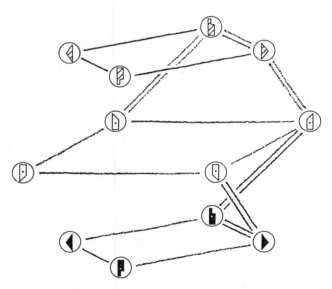

Abb. 31: Teil der Grundskala mit der Form eines *tortillé*

Die in Abbildung 31* veranschaulichte Spurform, welche die halbe Grundskala, wie im 7. Kapitel beschrieben, darstellt, gibt uns in der Ausführung ein klares Gefühl des *tortillé*, das heißt, einer sich windenden, wellenartigen Bewegung. Im Raum jedoch ist es eine Spirale, oder ein Wirbel, der sich um eine Achsenlinie schlingt. Mit andern Worten: In der Betrachtung von außen her erkennen wir deutlich ihren spiraloiden *Von außen her spira-* Charakter, während sie sich von innen als wellenartige Form anfühlt. Dieses Gefühl *loid, von innen her* wird durch die Unterbrechung des Flusses in den Muskeln hervorgerufen; in der *wellenartig* Verdrehung des Unterarms ist der Körper gezwungen, vom Uhrzeigersinn zum Uhrzeigergegensinn zu wechseln, da es für unsere Arme unmöglich ist, einer so weit über die Oberfläche reichenden Spirale nachzufahren, ohne sich zu drehen oder zu verdrehen.

Solche Einzelheiten des Formgefühls scheinen bei alten Völkern erforscht worden zu sein. Die Griechen entdeckten Regeln für verdrehte Linien; Spuren dieser alten Lehre sind heute noch in der Tradition des klassischen Balletts erkennbar.

Wie wir gesehen haben, hat der Körper die Tendenz, einer Spirale oder einem gerundeten Weg mit einer wellenartigen Bewegung *(tortillé)* zu folgen. Eine typische flache *Die »Lemniskate« –* Form, die solche Wellen enthält, ist die Figur der 8. Vor nicht langer Zeit wurde das *die Figur der 8*

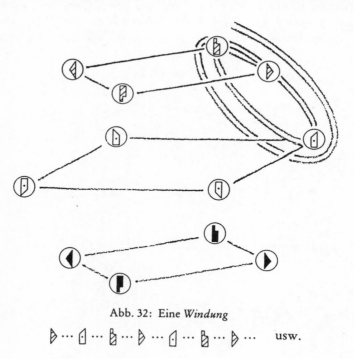

Abb. 32: Eine *Windung*

usw.

---

* Beachte, daß diese und einige weitere hier folgende Darstellungen von Spurformen sich auf die zwölf »Signalpunkte« beziehen. Diese bilden, untereinander verbunden, das Kuboktaëder (siehe 10. Kapitel, Abb. 41).

mathematische Gesetz dieser zur Geometrie der Bogenlinien gehörenden Form aufgestellt und die Form selber »Lemniskate« genannt.*

Es gibt verschiedene andere Bewegungskombinationen, die auf zwei unterschiedliche Arten gesehen und aufgefaßt werden können. Wenn wir beispielsweise mit dem rechten Arm wiederholt einen Kreis beschreiben und dabei gradlinig vorwärtsschreiten, erzeugen wir eine zylindrische Spirale im Raum, und eigentlich nicht den einfachen Kreis, wie wir uns einbilden (siehe Abbildung 32). Unser Bewußtsein für die in Wirklichkeit erzeugte Raumform können wir läutern, indem wir Bewegung und Schritte mit geschlossenen Augen ausführen und uns auf den Formfluß der Linie konzentrieren.

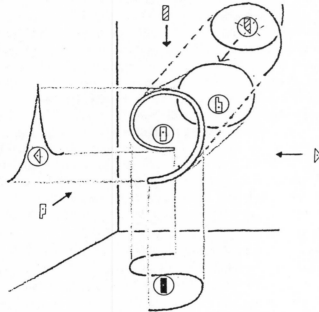

Abb. 33: Eine plastische Spirale, auf drei Koordinationsebenen projiziert

In Abbildung 33 ist ein interessanter Versuch veranschaulicht: Eine plastische Spirale dreht sich um ein Zentrum und wird auf drei aufeinander abgestimmte Ebenen projiziert.

Die plastische Spirale um [·] , gesehen von

  a) ▷   und auf eine Ebene in ◁   projiziert, bildet ein doppeltes *ouvert*.

  b) [·]   und auf eine Ebene in [·]   projiziert, bildet ein geschlossenes *rond*.

  c) ▨   und auf eine Ebene in ▮   projiziert, bildet ein *tortillé*.

  d) ▨   bildet ein *rond*.

---

* Die Entdeckung der Lemniskate und ihre Darstellung in algebraischer Form wird Jakob Bernoulli zugeschrieben, der aus einer berühmten Familie von Schweizer Mathematikern stammte und ein Zeitgenosse Isaac Newtons war (vgl. Fußnote* auf S. 101).

Es bestehen auch Unterschiede der Wahrnehmung, die auf dynamosphärischen Einflüssen beruhen. Wenn wir zum Beispiel unser Augenmerk an den Anfang einer Spurform richten, so erfahren wir ihre Dynamik ganz anders als wenn wir sie in der Bewegung betrachten, und unsere Erfahrung ist wieder eine andere, wenn wir das Ende derselben Spurform ins Auge fassen. Diese drei Erfahrungen könnten heißen: die der Vergangenheit (den Beginn der Bewegung anschauen), die der Zukunft (das Ziel der Bewegung anschauen) und die der Gegenwart (sich auf den Ablauf konzentrieren). Die Erfahrung der Vergangenheit, der Gegenwart oder der Zukunft, hervorgerufen durch eine körperliche Haltung (d. h. mit Blickrichtung auf verschiedene Teile einer Spurform) eröffnet uns einen Aspekt der Zeit, der sich wesentlich von einem andern Zeitaspekt abhebt. Diesen können wir hauptsächlich in einer Körperaktion beobach-

Unterschied zwischen Zeitmaß und zeitlicher Ausdehnung der Bewegung ten; es ist das Zeitmaß: Schnelligkeit und Langsamkeit. Es ist ein grundlegender Unterschied, ob wir eine Aktion zu einem bestimmten Zeitpunkt innerhalb eines gegebenen Zeitabschnitts ansetzen – will sagen, am Anfang, am Ende, oder in jedem Moment seines Andauerns –, oder ob wir die Ausdehnung zwischen Anfang und Ende der Aktion durch schneller oder langsamer werdende Bewegungen willentlich verkürzen oder verlängern. Es hat den Anschein, daß, wenn wir unsere Aufmerksamkeit auf das Ende einer Spurform oder eines Wegs richten, wir leichter eine schnelle Bewegung hervorzubringen vermögen, als wenn wir uns auf den Anfang der Spurform konzentrieren, was den Fluß eher zu verlangsamen scheint. Wenn wir uns nun die im 3. Kapitel gemachten Untersuchungen vergegenwärtigen, wo wir die Beziehung zwischen der Vorwärts- Rückwärts-Dimension und dem Intensitätsgrad der Geschwindigkeit *Zeit als Funktion des Raumes* klarlegten, so haben wir hier einen weiteren Beweis von der Zeit als einer Funktion des Raumes.

Der Unterschied zwischen Eindrücken, die sich aus der Sicht von innen – eben durch die Körperperspektive – ergeben, und Eindrücken vom äußeren Blickwinkel her scheint in die dynamosphärische Erfahrung hineinzureichen. Daher sind über die Empfindungen der Zeit und die ihr zugrundeliegenden dynamosphärischen Gegebenheiten ganz allgemein weitere, ausführliche Ermittlungen erforderlich. Die wenigen Angaben hier und im 3. Kapitel erheben keinen Anspruch auf vollständige Klärung dieser Beziehungen.

Wenn wir uns an die neue Auffassung von Zeit als einer Funktion des dynamischen Raums gewöhnen, der durch seine Übertragung in den kinesphärischen Raum sichtbar gemacht werden kann, müssen wir uns klarwerden, in welcher Hinsicht die zwei Konzeptionen von Raum sich für unser Körpergefühl unterscheiden. Kinesphärischer Raum wird erschaffen, indem Spurformen um den Körper herum gelegt werden. Wenn er den dynamischen Raum spürt, erfährt der Körper in erster Linie das Ge-
Dynamische Impulse mit ihren räumlichen Beiordnungen deuten Wechsel von Gefühlen an triebensein durch immerfort wechselnde, dynamische Impulse und ist sich feststehender Raumpunkte eigentlich nicht bewußt. Den dynamischen Impulsen sind komplizierte räumliche Strukturen beigeordnet, die wiederum wechselhafte, nur angedeutete Gefühle zur Folge haben. Solche Gefühle erwachsen am häufigsten aus Bewe-

gungen, die unter diagonalem Einfluß stehen; sie haben eine Tendenz zu wirklicher Beweglichkeit, indem sie den Körper in Lagen versetzen, die des vertikalen Stützpunkts ermangeln. In diagonalen Neigungen fliegt oder fällt der Körper, während er in dimensionalen Spannungen stabil ist und immer mit dem senkrecht unter ihm befindlichen Stützpunkt in Verbindung steht.

Unsere Geisteskräfte verwenden geometrische Symbole, um die Orientierung im Raum auszudrücken; jedoch, unser Gefühl faßt lebendige Bewegung nicht als in geometrischer Plastizität existierend auf. Der Mensch kann sich aber daran gewöhnen, die zwei verschiedenen Gesichtspunkte von Körper und Geist gleichzeitig zu sehen bzw. zu fühlen.

Gleichzeitigkeit von körperlichem Fühlen und geistigem Sehen

Diese einheitliche Warnehmung erfordert Übung; sie befähigt uns, geistig die neue Auffassung von Zeit zu assimilieren und die Bezüge zwischen Dynamosphäre und Kinesphäre klarer zu verstehen, sowie diese Erkenntnisse im Training unserer Ausdrucksbewegung in körperlicher Tat umzusetzen.

In jeder einseitigen Wahrnehmung gibt es schlimme Fallen, zum Beispiel, wenn man sich dabei in Worten ausdrückt. Das trifft auch für die Wahrnehmung mit einseitiger Körperperspektive zu. Wenn wir Spurformen in Form von Kombinationen von Elementen der Grundskala ausführen – wie im letzten Kapitel beschrieben –, sind wir uns kaum je ihrer Struktur voll bewußt. Beispielsweise ist ein Kopfnicken, oder ein Winken mit der Hand, oft eine genaue Wiedergabe der räumlichen Ordnung, die im Bündel oder in der sie umgebenden Grundskala herrscht. Manchmal aber fühlen wir nur die Stimmung der Schläfrigkeit oder der Aufgeregtheit, die in einer solchen Form verkörpert ist (siehe 7. Kapitel), ohne daß wir uns der Raumstruktur bewußt werden, die der Stimmung ihren Charakter gibt, nämlich des Einflusses von Höhe, Breite und Tiefe und der Neigungen, die in der Bewegungsform enthalten sind. Die Plazierung im Raum, in verschiedenen Zonen der Kinesphäre, wird dann nur vage gefühlt. Wir bringen es höchstens fertig, daß wir beispielsweise die Funktion eines Körperteils in seiner charakteristischen Zone wahrnehmen, nicht aber seine genaue räumliche Orientierung.

Gefahren der einseitigen Wahrnehmung (durch Worte)

Mit dynamosphärischen Abläufen verhält es sich ebenso. Sie werden vom Geist lediglich als von Gefühlen begleitet registriert, und nicht als innere Raumspannungen mit bestimmender Kraft. Mit dem wachsenden Verständnis für unseren kinästhetischen Sinn dürften wir erkennen, daß unsere Nerven eine ursprüngliche Befähigung zur Wahrnehmung räumlicher Qualitäten besitzen.

Es überrascht, wenn wir realisieren, daß unsere Vorstellung von Gleichgewicht einige Täuschungen enthält. Einen sehr wichtigen Weg zur Erlangung dessen, was wir Gleichgewicht nennen, finden wir über die sogenannten Gegenbewegungen. Wenn eine Seite des Körpers in die eine Richtung tendiert, wird die andere Seite fast automatisch in die Gegenrichtung tendieren. Wir fühlen den Verlust des Gleichgewichts und machen, oft unwillkürlich, Bewegungen, um es wiederherzustellen. Solche Reaktionen führen zum Beispiel zu einer Körperhaltung, die in Abbildung 34 gezeigt ist.

Erlangung von Gleichgewicht durch Gegenbewegung

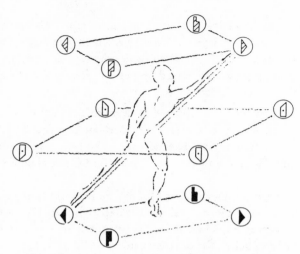

Abb. 34: Natürlich ausbalancierte körperliche Haltung
linker Arm und linkes Bein: ◀   rechter Arm: ▷

Herstellung des Gleichgewichts ist einfachste Form der Harmonie

Der Wunsch, durch symmetrische Bewegungen das Gleichgewicht herzustellen, ist die einfachste Offenbarung dessen, was wir Harmonie nennen. Ihr Ziel ist nicht bloß, den Körper in aufrechter Stellung zu halten, sondern eine Einheit der Form, eine Ganzheit, eine Vollständigkeit zu erlangen. Gleichgewicht in asymmetrischen Bewegungen birgt eine Vielzahl von Aspekten. Die Einwirkung eines Flusses von Formen als Störung der einfachen Symmetrie führt zu asymmetrischen Bewegungen, die notwendigerweise durch weitere asymmetrische Spannungshaltungen oder Bewegungen wettgemacht werden müssen. Die Grundskala hat zwei Teile. Die erste Reihe von sechs Bewegungen liegt in der Gegend der Kinesphäre, die derjenigen der zweiten von sechs Bewegungen gegenüberliegt. Die Neigungen der beiden Reihen sind wohl parallel, aber sie werden in unterschiedlicher Richtung begangen. Als Prototyp einer

Harmonie im gleichgewichtigen Verlauf der Urskala

Kette, die in ihrem Formverlauf im Gleichgewicht ist, bildet die Grundskala die Ausgangslage für die Erfahrung räumlicher Harmonie.

Bei der Beschreibung der Grundskala bemerkten wir, daß die einfachen Elemente der Orientierung, nämlich die Dimensionen, in sich gewisse gleichgewichtige Qualitäten aufweisen. Bewegungen mit dimensionalen Spannungen vermitteln ein Gefühl von Stabilität, wie oben erwähnt wurde. Das bedeutet, daß die Dimensionen im wesentlichen für die Stabilisierung der Bewegung gebraucht werden, nämlich um sie zu vergleichsweiser Ruhe, zu Posen oder Pausen zu führen. Wie ebenfalls erwähnt, vermitteln Bewegungen, die den Raumdiagonalen folgen, ein Gefühl wachsenden Ungleichgewichts oder des Balance-Verlierens. Die Balance wird sozusagen im Fluß aufgelöst.

Wirkliche Bewegtheit durch diagonale Komponente einer Neigung hervorgebracht

Deshalb wird wirkliche Bewegtheit fast immer durch die diagonalen Qualitäten einer Neigung hervorgebracht. Weil jede Bewegung ein Kompositum von stabilisierenden und mobilisierenden Tendenzen ist, und weil weder reine Stabilität noch reine Mobilität existiert, sind die abgelenkten oder gemischten Neigungen am ehesten in der Lage, die Spurformen lebendiger Materie widerzuspiegeln.

Der Geist versucht immer, die Rolle eines außenstehenden Betrachters anzunehmen, aber weil er in uns existiert, ist er mit der Körperperspektive eng verknüpft. Der Geist ist in ewigem Zwiespalt mit den überzeugenden Tatsachen, die uns die echte Lebensenergie enthüllt. Aufkommende Starrheit des Denkens kann nur durch eine dynamischere Wirklichkeitsanschauung vertrieben werden. Obgleich wir in der Analyse die Bewegung vom Standpunkt des außenstehenden Beobachters aus betrachten, sollten wir von innen her auf sie eingehen und sie mitfühlen. Ein Geist, der dazu erzogen ist, der Körperperspektive beizustehen anstatt sie zu bekämpfen, würde uns eine vollständig neue Sicht von Bewegung und damit des Lebens eröffnen.

Es ist wahr, daß unser physischer Organismus, das Gefährt der Körperperspektive, in einem unerbittlichen Rhythmus erscheint und wieder verschwindet. Der menschliche Körper ist nicht realer als jede Blume, jeder Gegenstand, Felsen oder Stein, der erscheint und wieder verschwindet, nachdem er einen Tag, ein Jahr oder Hunderte von Millionen Jahre lang existiert hat. Alles verändert sich dauernd ohne jede wirkliche Stabilität. Einige Bestandteile mögen eine Zeitlang zusammen bestehen, sie mögen zunehmen und abnehmen, aber auch diese individuelle Anhäufung von Bestandteilen ist in sich selbst in ewiger Motion begriffen.

So können wir erkennen, daß es dank der Körperperspektive möglich ist, die Verbindung zwischen Gefühl in uns und Bewegung außerhalb von uns offenzulegen. Wir können so die verschiedenartigen Beziehungen zwischen den sich widersprechenden Polen leichter erfassen, da wo unser Geist zu Eis erstarrt zu sein scheint. Die Körperperspektive mit ihrer einigenden Kraft soll aber nicht als Universal- Heilmittel gepriesen werden. Es ist jedoch notwendig, hervorzuheben, daß in unserer Zeit eine gefährliche Tendenz besteht, diese wesentliche Fähigkeit zu vernachlässigen, ja abzutöten, ohne zu wissen, daß es sich um ein lebensnotwendiges Gegengewicht zu unseren geistigen Verblendungen mit all ihren negativen Wirkungen handelt. Aus diesem Grunde braucht es ein neues Bewußtsein und eine Übung dieser Fähigkeit.

Achte Tatsache der Raumbewegung

Spurformen haben einen offensichtlichen wie einen verborgenen Inhalt. Es gibt Spurformen innerhalb des Körpers und außerhalb von ihm, und diese beiden stehen in enger Wechselbeziehung und ergänzen sich gegenseitig, wie Schatten und Licht. Verborgene Spurformen sind die »Schattenformen«. Sie wirken in der Dynamosphäre, die als Quelle, als Hervorbringerin dynamischer Erscheinungen in den Nerven, Gliedmaßen und Muskeln des Körpers gelten mag. Jedes Beugen, Drehen und Sich-Hochheben des Körpers, des Instruments der Bewegung, ist von Dynamik erfüllt, die die beiden Elemente des Schattens und des Lichts in sich vereinigt. Diese primitiven dynamischen Tätigkeiten führen zu den verwickeltsten Emotionen, die wir fühlen können, und zu den Gedanken, mittels deren wir den Grund unserer Existenz zu erfassen trachten. In allen Untersuchungen über Bewegung und Raum ist die Rolle der Körperperspektive besonders wichtig.

9. Kapitel

Stabilisieren und Mobilisieren von Spurformen

Sekundäre Bewegungen sind eigentlich muskuläre Spannungen, die dynamische Variationen der Geschwindigkeit, der Kraft und des Richtungsflusses erzeugen. In ihrer Untersuchung stoßen wir auf zwei interessante Sequenzen, die auf zwei kontrastierenden, in fast jeder Tätigkeit verwendeten Aktionen beruhen und die auch in der Kinesphäre erscheinen.

Wenn wir einen Holzstab oder ein anderes Material entzweibrechen, sehen wir uns manchmal genötigt, seinen Widerstand durch eine drehende oder verdrehende Bewegung zu überwinden. Mittels einer solchen Bewegung gelingt es uns schließlich, es in zwei Teile zu zerlegen. Wir können eine verdrehende Bewegung auch gebrauchen, um zum Beispiel Seile oder Drähte zusammenzufügen, doch werden sie ständig zusammenhalten, sofern wir die beiden Teile mit der Bewegung zu einem Knoten binden.

Eine Schnur zu einem Knoten zu binden oder zu drehen, erfordert eine Konzentration sowohl im Muskel wie auch im Geist; es ist eine Aktion, die nur von Menschen und nicht von Tieren ausgeführt werden kann. Das Auflösen oder Entflechten, das heißt das Trennen, und das Gegenteil, das Binden oder Drehen in einen Knoten, das heißt das Vereinigen, führen beide zu ganz verschiedenen inneren und äußeren Haltungen. Das Knüpfen ist auf einen zentralen Punkt gerichtet, während das Entflechten Polarität erzeugt.

Einen Knoten zu binden oder aufzulösen führt zu verschiedenen inneren Haltungen

In den Bewegungen zur äußeren Umgrenzung der Kinesphäre hin wenden wir für gewöhnlich solche auflösenden oder entflechtenden Aktionen an. Unser naturgegebener Bau versieht uns mit der Fähigkeit des Verdrehens, indem er es ermöglicht, in der Drehung des Unterarms die zwei Knochen, Speiche und Elle, zu kreuzen. Ein Ziel des Sich-nach-auswärts-Streckens ist, einen Abstand zwischen unserem Körperzentrum und den Enden unserer Gliedmaßen zu schaffen. Die Bewegung wird ein Öffnen und Entfalten sein und eine Spannung zwischen zwei Richtungen, dem Zentrum und einem Punkt im Umkreis, herstellen. (Siehe auch Schöpf- und Streubewegungen im 5. Kapitel.)

In den Bewegungen zu unserem Körperzentrum hin folgen wir Spurformen, die Knoten ähnlich sind. Sie sind charakterisiert durch Kreuzen und Verschlingen der Arme über dem Brustkorb, und die Bewegung ist ein Schließen oder Einwickeln.

Ein Kreis aus Schnur kann in die Form der Acht (8) verdreht werden, und diese Achterform kann wiederum in den ursprünglichen Kreis aufgelöst werden. Ein Knoten im Schnurkreis kann ohne Entzweischneiden des Kreises nicht aufgelöst werden.

Manchmal zeichnet unsere Bewegung Kreise, die mühelos in Achterformen oder andere gewundene Formen verwandelt werden können. Bei anderen Gelegenheiten sind sie sozusagen verknotet und können nur in andere Linien abgeändert werden, wenn sie durch einen vollständigen Stillstand »zerschnitten« und mit einem neuen Impuls weitergeführt werden. Dies sind Beispiele von angehaltenen oder unterbrochenen Bewegungen.

Verwandlung von Kreisbewegungen in gewundene Formen

Diese Tatsachen haben psychologische Konsequenzen, und vielleicht sind wir hier an der Grenze zum emotionalen Inhalt von Bewegung angelangt. Es ist gut möglich, die Wechselbeziehungen zwischen den Bewegungen des Körpers und den Funktionen des Geistes anhand von einzelnen bedeutungsvollen Bewegungen in Worten zu beschreiben, aber im Tanz müssen die Spurformen und ihre dynamische Entfaltung für sich selber sprechen. Ein Betrachter wird vielleicht zuerst überrascht sein ob der Harmonie, die zwischen einzelnen Teilen von Spurformen und ihren dynamischen Sequenzen existiert, welche letztere den geistigen Zustand des Tänzers und die Bedeutung der ganzen Bewegung ausdrücken.

Wenn wir uns einerseits auf den Bau der reinen Spurform konzentrieren, und andererseits die dynamischen Betonungen, die die Spurform erfordert, üben, so wird einmal der Augenblick kommen, wo wir fähig sind, die formale Struktur einer Bewegung wie auch die Nuancen des Flusses, die der Aussage der Struktur zugrundeliegen, zu analysieren. Es gibt einige grundlegende Qualitäten der Raumform, die mit Worten erklärt werden können. Zum Beispiel sehen wir, daß die Phrasierung des Bewegungsflusses im Tanz an höchster Stelle steht. Eine einzelne Bewegung ist nicht Tanz, so tänzerisch sie in Form und Rhythmus auch sein, oder wie schön oder ausdrucksvoll sie auch scheinen mag. Der andauernde, ununterbrochene Fluß organisierter Bewegungsphrasen ist wahrer Tanz. Einige Einzelbewegungen können vielleicht »Tanzbewegungen« sein, im Gegensatz zu »Alltagsbewegungen« oder solchen des Spiels, des Sports und dergleichen, doch sind sie noch kein vollständiger Tanz.

Der ununterbrochene Fluß organisierter Bewegung ist wahrer Tanz

Tanz ist der Übergang in eine Welt, in der illusorischen, statischen Erscheinungen des Lebens in klare Raumdynamik verwandelt sind. Das Bewußtsein dieser räumlichen Welt und ihre Erforschung eröffnen einen Horizont von unerwarteter Weite. Von der einfachsten Regung bis zur künstlerischen Schöpfung im Tanzen drückt der fließende Bewegungsstrom dynamischen Raum aus, die Grundlage allen Seins. Jede Bewegung taucht aus diesem unendlichen Abgrund auf und verschwindet wieder darin.

Dynamischer Raum mit seinem großartigen Tanz der Spannungen und Entladungen ist der fruchtbare Boden, auf dem die Bewegung erblüht. Bewegung ist das Leben des Raums. Toter Raum existiert nicht, denn es gibt weder Raum ohne Bewegung noch

Toter Raum existiert nicht

Bewegung ohne Raum. Alle Bewegung ist ein ewiger Wechsel zwischen Binden und Lösen, zwischen der Erschaffung von Knoten mit der zentrumsbezogenen und vereinigenden Kraft des Bindens, und der Erschaffung von gewundenen Linien im Vorgang des Lösens und Entflechtens. Stabilität und Mobilität wechseln ohne Ende ab. Stabilität im Tanz heißt weder vollständige Ruhe noch absoluter Stillstand. Stabilität hat die Tendenz, zeitweilig relative Ruhe, nämlich Gleichgewicht, zu ermöglichen. Im Gegensatz dazu meint Mobilität eine Tendenz zu lebhafter, fließender Bewegung, was zu einem vorübergehenden Verlust des Gleichgewichts führt. Beispielsweise ist der ganze Körper in einem fliegenden Drehsprung *(grand jeté en tournant)* in einem mobilen Zustand. Wenn der Sprung beendet ist und die Füße wieder den Boden berühren, ist eine Tendenz zu Ruhe und Gleichgewicht spürbar. Die Stabilität folgt auf den vorangehenden Zustand der Mobilität.

Auf Mobilität folgt Stabilität

Jedoch ist die Stabilität nicht immer durch den Akt des Auf-den-Füßen-Stehens gewährleistet. Ein übertrieben weiter Kreis, mit dem Oberkörper ausgeführt, kann ein zeitweiliges Unbalanciertsein, oder eine Mobilität, auslösen, die nachher wieder in Stabilität (Standfestigkeit) zurückverwandelt wird. Alle unsere Schritte und unsere Armgesten sind rhythmische Wechsel zwischen Standfestigkeit und Beweglichkeit (Mobilität).

Bewegungen mit Achsen-Gegenspannungen sind im allgemeinen stabil. Den ganzen Körper einbeziehende Oberflächenbewegungen rufen Mobilität hervor, sofern ihnen nicht polare Tendenzen entgegenwirken. Oberflächenbewegungen in Gesten der Gliedmaßen werden in der Regel nur dann ausgeführt, wenn die Achse einer Spurform nicht eine wichtige Rolle bei der Körperspannung spielt. Die Achsen-Gegenspannung liegt fast immer in einer inneren Schattenform verborgen, die das charakteristische Anspannen der Muskeln hervorruft; dieses nennen wir Stärke oder, im weiteren Sinn, Dynamik. Schattenformen sind, wie wir schon gesehen haben, aus den Elementen der Dynamosphäre aufgebaut. Ihre Beziehungen sind so unendlich mannigfaltig, daß sie nicht aufgezählt werden können, doch kann jede von ihnen als charakteristisches Stadium einer harmonischen Entwicklung verstanden werden.

Grundskala der Dynamosphäre

Es gibt nun eine feststehende Kette von Neigungen, die man Grundskala der Dynamosphäre nennen könnte, und sie hat zwei verschiedene Formen. Die eine ist ein Knoten und die andere ein gewundener Kreis.

Eine Grundskala der Dynamosphäre vollzieht sich um eine Diagonale herum, ist aber klar zu einer der zwei diagonalen Richtungen hin orientiert. Ein Bild zur Erleichterung des Verhältnisses: Eine Grundskala der Dynamosphäre bildet nicht ein Bündel oder einen Gürtel wie die Grundskala der Kinesphäre, sondern eine Art von Korb, dessen Boden in die eine Richtung der Diagonale und dessen Öffnung in die andere Richtung der Diagonale gerichtet ist. Die drei Transversalen des Korbs machen die Hälfte des Gerüsts aus und greifen nicht auf die andere Seite über, die durch den Gürtel der Diagonale abgetrennt wird. Die anderen Teile sind alles symmetrische Formen derselben Bauart, aber mit verschiedenen Richtungen. Jedoch, dieser Korb ist weder regelmäßig noch symmetrisch, sondern er hat eine spiralige Form wie ein Schneckenhaus. Dies wird aus Abbildung 35 ersichtlich.

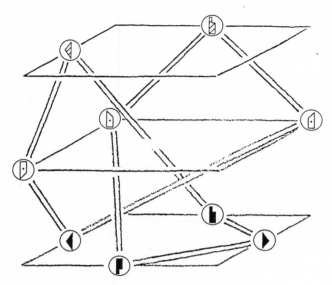

Abb. 35: Knotenform um eine Achse

Achse: ⬛ ... ⬔
Kette des Knotens:

Die in Abbildung 35 gezeigte Knotenform einer Grundskala ist ein geknüpfter Kreis und enthält neun Verbindungen. Drei davon sind Transversalen und sechs sind Oberflächenlinien. Sie ist deshalb eine gemischte Skala und unterscheidet sich in dieser Hinsicht von den Grundskalen der Kinesphäre.
Die in Abbildung 36 veranschaulichte einfache Windungsform einer Grundskala in der Dynamosphäre ist auch eine gemischte Skala und enthält dieselben Transversalen. Die sechs Oberflächenlinien des Knotens sind durch drei andere ersetzt. Da sie nur sechs Verbindungen hat, ist ihr Spannungsgehalt einfacher. Doch tendiert auch sie zur Spirale.
Die Transversalen im Knoten

stehen senkrecht aufeinander, was bedeutet, daß sie zur Stabilität tendieren. Die anderen Linien sind Oberflächenlinien, und drei davon sind Teile des entsprechenden Gürtels:

Die verbleibenden drei Verbindungslinien sind:

und jede von diesen steht senkrecht zu einer Gürtelverbindung und verstärkt somit die Stabilität.

Die Knotenkette kann im Uhrzeiger- wie auch im Uhrzeigergegensinn begangen werden. Im Uhrzeigerweg liegt eine Tendenz zur Verengung, im Uhrzeigergegenweg eine Tendenz zur Ausweitung. Die Kette kann nicht aufgelöst werden, es sei denn, der Kreis würde durch eine Unterbrechung in der Bewegung zerschnitten.

Wenn wir die sechs Oberflächenlinien durch drei andere, die zu drei Punkten des entsprechenden Bündels führen, ersetzen, erhalten wir die einfache Windungslinie der Grundskala der Dynamosphäre, wie in Abbildung 36 gezeigt.

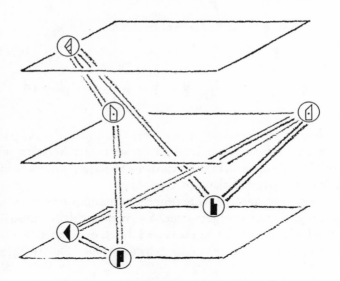

Abb. 36: Kette eines einfachen verdrehten Kreises

Stabilität im Knoten durch Einschränkung der Formgestaltung Man kann die Kette entflechten, ohne sie zu zerschneiden, was die fortwährende Bildung immer neuer Formen ermöglicht. Die Einschränkung der Formgestaltung im Knoten bewirkt seine Stabilität. Durch ihre Entfaltungsfreiheit erhält die Windung ihre Mobilität.

Gewisse ausschmückende Verdrehungen, die wir am Ende von ausstrahlenden Bewegungen gerne mit unseren Händen ausführen, zeigen ganz klar die trennende Funktion einer Knotenlinie auf, und zwar dadurch, daß damit eine Pause eingeleitet wird (tour-de-main). Demgegenüber ist der Beginn einer Bewegung oft durch ein verdrehtes Zusammenziehen gekennzeichnet, aus dem heraus sie in entfaltender, öffnender Weise auswärts fließt.

Wir dürfen daraus schließen, daß Bewegung aus einer mehr oder weniger wahrnehmbaren inneren Verdrehung entsteht und in einem mehr oder weniger wahrnehmbaren inneren Knoten enden kann. Mit »innen« beziehen wir uns in diesem Falle auf das kinästhetische Bewußtsein innerhalb des bewegten Körperteils und nicht auf das Zentrum der Kinesphäre. Der abschließende Knoten muß zuerst in eine einfache Verdrehung aufgelöst werden, bevor der neue Impuls sichtbar werden kann.

Bewegung entsteht aus wahrnehmbarer innerer Verdrehung

Ein Mittelding zwischen dem Knoten und der einfach verdrehten Linie ist die Lemniskate.* Knotenlinien und Windungslinien können die Kanten von lemniskatischen Bändern bilden. Solche Bänder haben keine klar unterscheidbaren inneren oder äußeren Oberflächen. Es sind verdrehte Band-Kreise. Wenn wir Leute in Bewegung beobachten, hat es häufig den Anschein, als ob sie sich an eine gebogene Ebene oder ein gewölbtes Band schmiegen oder es streicheln wollten. Ebenen, Bänder und auch Lemniskaten sind zu erkennen an ihren doppellinigen Spurformen, die gleichzeitig durch zwei Teile eines sich bewegenden Körperglieds, oder des Rumpfs, begangen werden. Es ist eine Art »Duett« zweier Körperteile, wie im zweistimmigen Gesang. Die geknüpfte Form der dynamosphärischen Grundskala kann als lemniskatisches Band gefühlt werden. Wie schon gesagt wurde, enthält dieses Band keine Teilung in »innen« und »außen«; es hat eine ein-seitige Oberfläche und eine einzige, durchgehende Linie als seine Kante. Wir müssen das Band zweimal durchlaufen, um an den Ausgangspunkt zurückzukehren, und uns dabei drehen.**

Bänder ohne klare innere und äußere Oberflächen

Abbildung 37 ist eine verknüpfte dynamosphärische Grundskala mit lemniskatischem Charakter (vgl. Abb. 35). Die Signalpunkte der doppellinigen Spurform, die gleichzeitig berührt werden, sind untereinander geschrieben.

---

* Laban hat den Begriff der »Lemniskate« aufgegriffen und seine Anwendung auf eine verdrehte, bandähnliche Spurform im dreidimensionalen Raum ausgeweitet. Er fand heraus, daß sich solche Spurformen in der Bewegung des menschlichen Körpers auf natürliche Weise ergeben, besonders in den Bewegungen der oberen Gliedmaßen, die in operativen wie in expressiven Funktionen vorherrschen. Das Wort Lemniskate ist vom lateinischen lemniscus (Band) abgeleitet, und Laban brauchte es ausschließlich im obenerwähnten Sinne.

** Der Mathematiker und Astronom A. F. Moebius (1790–1868) entdeckte eine Oberfläche, von der er sagte, sie habe keine »andere Seite«, d. h. eine Oberfläche, von deren einer Seite man zur anderen Seite hinüberkommt, ohne über eine Kante zu steigen. Es heißt das »Moebius-Band« oder der »Moebius-Streifen«. Labans Lemniskate entspricht genau dieser Beschreibung; jedoch stieß er erst anfangs der 50er Jahre auf sie, nachdem er schon jahrelang mit dieser seltsamen Art von Band gearbeitet und experimentiert hatte, dies im Zusammenhang mit seinen Untersuchungen über den qualitativen Aspekt der menschlichen Bewegung.

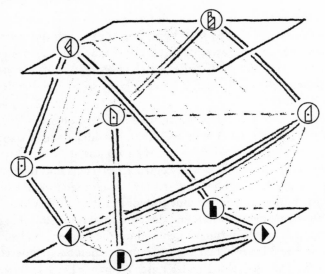

Abb. 37: *Lemniskatisches Band* des Knotens

z.B. Handgelenk: ⬜ ... ◁ ... ❚ ... ▶ ... ❚ ... ⬛ ... ⬛ ... ◁ ... ◀ ...

Ellbogen: ⬛ ... ⬛ ... ◁ ... ◀ ... ⬜ ... ◁ ... ❚ ... ▶ ... ❚ ...

Die Möglichkeiten lemniskatischer Ringe oder Bänder sind zahllos. Sie haben mehr dynamosphärischen als kinesphärischen Charakter. Verknüpfte Kreise wie auch verdrehte Kreise können Lemniskaten sein, doch sind sie es nicht immer notwendigerweise.

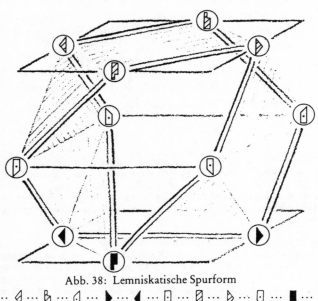

Abb. 38: Lemniskatische Spurform

Abbildung 38 stellt ein Beispiel einer verdrehten Lemniskate dar, die keinen Knoten hat. Die asymmetrische Windung dieser Linie mit einer Transversalen ▮ ... ⌐⌐ und zehn Oberflächenverbindungen ergibt eine sehr große periphere Form.

Einige andere Lemniskaten sind direkt ans Zentrum gebunden; sie sind die Schatten-kerne von Siebenring-Sequenzen. (Siehe Siebenring-Sequenzen und Körperzonen im 2. Kapitel, auch Ähnlichkeit mit Akustik im 11. Kapitel.) die Schattenkern-Lemniska-ten von Siebenringen bestehen aus zwei halben Diametern, einer Transversalen und drei Oberflächenlinien. Sie sind gleichzeitig die Kerne der tetraëdrischen Grundspan-nungen von einfachen Körperposen (siehe 2. Kapitel).

Lemniskaten als Schattenkerne von Siebenringen

Kerne werden oft in die Kinesphäre projiziert und werden zu äußeren Bewegungen, zum Beispiel können sie zu tetraëdrischen Posen führen. Sie werden in innere Ener-gien umgewandelt und erscheinen dann als dynamische Qualitäten. Äußere Spurfor-men können zu Kernen oder Schattenformen werden und eine erstaunliche Zahl von Nuancen im dynamischen Kraftreservoir hervorbringen. Später können sie sich wie-der befreien und so das kinesphärische Leben bereichern.
Verschiedene Stadien eines inneren Geschehens, wie Binden und Lösen, haben oft einen dramatischen Ausdruck. Mit »dramatisch« ist hier der Kampf zwischen gegen-sätzlichen Kräften gemeint, die im Fluß der Bewegung auftauchen.
Die kämpferischen Tendenzen bauen und zerstören Formen mit verschieden gearte-ten Rhythmen. Diese dramatische Handlung ist der wirkliche Inhalt künstlerischer Bewegung im Theaterspielen und im Tanzen. Die verschiedenen Formgebilde werden zu den Buchstaben, Silben und Worten der Bewegungssprache.

Drama als Kampf zwischen den Kräften des Bindens und Lösens

Vom Standpunkt der Choreutik aus ist es von zweitrangiger Bedeutung, ob dieser Kampf oder diese Harmonie von Spurformen in sich einen gewissen verstehbaren In-halt hat oder nicht, seien dies Gefühle, Gedanken oder Aktionen. Eine festgelegte Bewegung mit einer feststehenden Spurform ist immer verbunden mit innerem Ge-schehen, wie Gefühlen, Überlegungen, Willensentscheiden und anderen emotionalen Impulsen.

Neunte Tatsache der Raumbewegung

Bewegung ist der magische Spiegel des Menschen; sie widerspiegelt und erschafft das innere Leben in und durch sichtbare Spurformen und widerspiegelt und erschafft auch die sichtbaren Spurformen in und durch das innere Leben. Das einfachste sicht-bare Element dieser paradoxen und erregenden Wechselwirkung ist das Spiel zwi-schen achsen-stabilen und oberflächen-mobilen Körperbewegungen, oder mit ande-ren Worten: der Kampf einer sich entflechtenden Linie mit der Lemniskate als Zwi-schenstadium.
Äußerste Enge der Bewegung nähert sich zentralen dynamischen Funktionen, wo ein Übergang in unendlich kleine formlose Gestaltungen stattfindet. Weite verliert sich

im unendlich großen Band einer äußeren lemniskatischen Ebene, deren sichtbarer oder berührbarer Raumcharakter abhanden gekommen ist. Das Wechselspiel zwischen diesen beiden Unendlichkeiten stellt die letzte Stufe dar, wo der Mensch mit seinem Gehirn die paradoxe Mischung von Motion und Emotion noch zu begreifen vermag. Körperliche Erfahrung führt weiter. Das Leben, als Freude an der Tätigkeit empfunden, glitzert in Myriaden von Spurformen, die bewußt und lebenswirksam werden können.

10. Kapitel

Kubische und sphärische Form des Gerüsts

Die Prinzipien der Choreutik können ohne Mühe mittels des Kubus, der Grundlage unserer Raumorientierung, dargelegt werden. Die Idee des Würfels als Basis ist kein Kompromiß, sondern ein grundlegendes Prinzip unserer Orientierung im Raum. In der Praxis ist die harmonische Bewegung von Lebewesen von flüssiger und gerundeter Art, was durch ein Gerüst, das der Kugelform näher steht, klarer symbolisiert werden kann. Wie dem auch sei: für die allgemeine Beobachtung und Aufzeichnung von Spurformen spielt diese Abweichung keine entscheidende Rolle.

Gerundete Art der harmonischen Bewegung in der Praxis

Die Zeichen für die Signalpunkte in dem der menschlichen Bewegung angepaßten Gerüst sind dieselben wie in der gewöhnlichen kubischen Orientierung. Allein die verfeinerte Beobachtung und vor allem Übung in körperlicher Bewegung vermitteln Kenntnis dieser Spielart grundlegender Raumorientierung. Es ist der Bau des Körpers, der eine Modifizierung des reinen würfelförmigen Aspekts des kinesphärischen Richtungsschemas erheischt und die Plazierung der zwölf Signalpunkte in der Bewegung des Körpers leicht verändert.

Körperbedingte Modifizierung des würfelförmigen Richtungsschemas

Wenn wir also die Arme so plazieren: ◁ ▷

und die Füße so: ◀ ▶

bemerken wir, daß das durch diese vier Punkte bestimmte Viereck kein Quadrat ist, wie dies im Würfel der Fall ist, sondern ein Rechteck; das heißt, das Viereck ist höher, als es breit ist. Dies bedeutet, daß die Diameter, die in einer Richtung nach ◁ und ▷ und in der andern nach ▶ und ◀ führen, etwas näher beieinander liegen und somit auch näher bei der Dimension ▯ ⋯ ▮ , die zwischen ihnen liegt.

Dasselbe ist der Fall mit ▯ und ▮

die näher bei der Richtung ▯ liegen,

und mit ▯ und ▮

die näher bei der Richtung ▯ liegen.

Schließlich liegen ⌐ und ⌐

näher bei der Richtung ▷

und ⌐ und ⌐

näher bei der Richtung ◁

Bezeichnung der Richtungspunkte nach der primären Ausdehnung Aus diesem Grunde bezeichnen wir die zwölf Richtungspunkte des Gerüsts nicht nach der Höhenlage, in die die Bewegung ausstrahlt (wie im 1. Kapitel dargelegt), sondern nach der hauptsächlichen Ausdehnung der rechteckigen Ebenen. So unterscheiden wir in der sich hauptsächlich von ▨ nach █ erstreckenden Ebene:

hoch-links ◁ ; *hoch*-rechts ▷
tief-links ◀ ; *tief*-rechts ▶

In der sich hauptsächlich von ⌐ nach ⌐ erstreckenden Ebene unterscheiden wir:

vor-hoch ▨ ; *vor*-tief ▮
zurück-hoch ▨ ; *zurück*-tief ▮

In der sich hauptsächlich von ◁ nach ▷ erstreckenden Ebene unterscheiden wir:

rechts-vor ⌐ ; *rechts*-zurück ⌐
links-vor ⌐ ; *links*-zurück ⌐

Die Plazierung und Namen der Dimensionalen und der Diagonalen bleiben unverändert. (Weitere Erklärungen folgen in Teil 2.)

Modifiziertes Richtungsschema ist im Ikosaëder kristallisiert Die sich aus den modifizierten Diametern ergebende plastische Form ist ein Ikosaëder. Dies ist ein Polyeder, das wir nicht unter den anorganischen Kristallen finden. Als erster beschrieb ihn der griechische Philosoph Plato. Vor einiger Zeit hat die Wissenschaft das Erscheinen des Ikosaëders in gewissen strukturellen Beziehungen innerhalb der organischen Welt entdeckt.* Es ist sehr bedeutsam, daß sich die Bewegungen des Menschen innerhalb derselben Form auf vollständig natürliche Art und Weise entfalten sollen. Man könnte sich eine Art dynamischer Kristallographie der menschlichen Bewegung denken, wo räumliche Spannungen und Umwandlungen wissenschaftlich untersucht werden, auf eine ähnliche Art und Weise wie in der herkömmlichen Kristallographie, in der Raumspannungen im Aufbau der Materie er-

---

* Der Autor bezieht sich auf die Entdeckungen, die im Zuge der Erforschung der Beschaffenheit gewisser Viren gemacht worden sind. (Anmerkung des Übersetzers.)

forscht werden. Unter den Grundregeln, die in dieser Wissenschaft in Betracht gezogen werden müssen, sind die zwei folgenden unseren gegenwärtigen Überlegungen am dienlichsten:

1. Daß die Dimensionalrichtungen die Ecken eines Oktaëders bilden (Abb. 39).
2. Daß die Diagonalrichtungen die Ecken eines Kubus bilden (Abb. 40).

Es gibt verschiedene chemische Zusammensetzungen, die sich in diesen zwei Formen kristallisieren; auch ihre Atome sind in ähnlicher Weise gegliedert.

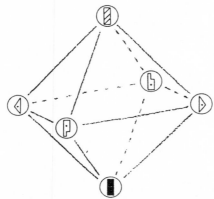

Abb. 39: Dimensionale Richtungen und das Oktaëder

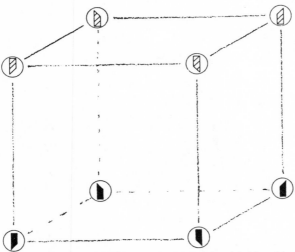

Abb. 40: Diagonale Richtungen und der Würfel (Hexaëder)

Diese beiden regelmäßig gebauten Kristalle sind dynamische Variationen der einfachsten plastischen Form, des Tetraëders, von dem alle anderen polyedrischen oder kristallinen Formen abgeleitet sind. In der dynamischen Kristallographie kann man sich

Kristalle des Oktaëders und des Kubus sind Variationen des Tetraëders

die Umwandlung in eine neue Form als Wirkung von Bewegungen vorstellen, die von den Kanten der inneren wie äußeren Ebenen dieser Formen ausgehen. Solchen Übergängen von einer Form in die andere liegen drückende und rotierende Bewegungen *Zwischenform des* zugrunde. Die Zwischenform zwischen dem Oktaëder und dem Kubus ist das Ku- *Kuboktaëders* boktaëder. Seine abgelenkten Neigungen bauen das kuboktaëdrische Gerüst auf (Abb. 41).

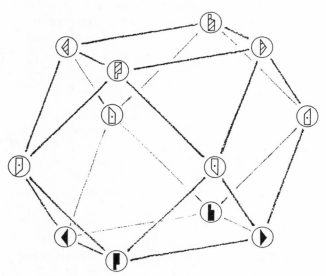

Abb. 41: Abgelenkte Richtungen und das Kuboktaëder

Die Punkte eines ikosaëdrischen Gerüsts sind dieselben wie diejenigen des Kuboktaëders, mit den schon erwähnten Abweichungen:

⟨ und ▷ liegen der Richtung ⫼ näher = hl und hr

◀ und ▶ liegen der Richtung ▮ näher = tl und tr

⬙ und ◼ liegen der Richtung ⬓ näher = vh und vt

⬙ und ▮ liegen der Richtung ⬔ näher = zh und zt

⬕ und ⬕ liegen der Richtung ▷ näher = rv und rz

⬓ und ⬕ liegen der Richtung ◁ näher = lv und lz

Abbildung 42 zeigt die Anpassung des Kuboktaëders an die kugelige Form, das Ikosaëder.

Wir können alle Körperbewegungen als fortwährenden Aufbau von Bruchstücken polyedrischer Formen auffassen. Der Körper selbst ist in seinem anatomischen (oder kristallinen) Bau nach den Gesetzen der dynamischen Kristallisation aufgebaut. In alten Zauberriten ist eine Menge Wissen über diese Gesetze tradiert worden. Platos Beschreibung der regelmäßigen festen Körper im Timäus gründet auf solch altem Wis-

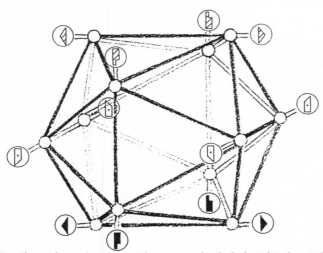

Abb. 42: Das Ikosaeder und seine Beziehungen zu den kuboktaëdrischen Eckpunkten

sen. Er folgte den Überlieferungen von Pythagoras, der, soviel man weiß, als erster in der europäischen Zivilisation die Harmonie erforscht hat.

Im Studium der Bewegungsharmonie müssen wir uns mit den Beziehungen zwischen der Architektur des menschlichen Körpers und der Raumstruktur der Kinesphäre auseinandersetzen. Hinsichtlich der Anatomie ist dargelegt worden, daß der Körper und seine Gliedmaßen nur in gewissen beschränkten Gegenden der Kinesphäre, die wir »Zonen« der Körperglieder nannten, bewegt werden können. In diesen beschreiben die sich bewegenden Glieder bestimmte Dreh- und Beugewinkel. Die Größe eines Winkels wird durch die individuelle Struktur des betreffenden Gelenks bestimmt. Anatomiker haben die genaue Größe der Winkel, die jedes Glied beschreiben kann, eruiert; in den Bewegungsgewohnheiten der Menschen können die folgenden Winkel problemlos beobachtet werden.

Bezug zwischen Körperbau und Raumstruktur in der Bewegungsharmonie

Im Normalfall beugt sich der Kopf aus einer balancierten Haltung in einem Winkel von annähernd 45° je vorwärts und rückwärts. Weiteres Beugen erfordert größere Beweglichkeit.

Struktur eines Gelenks bestimmt seinen Bewegungsumfang (Winkel)

Im allgemeinen drehen wir den Kopf zur Seite, d. h. nach rechts und nach links, in einem annähernden Winkel von je 30°; um weiterzudrehen und sich über die Schulter zu schauen, muß eine weitere Körperpartie einbezogen werden.

Es ist bemerkenswert, daß die ganze Beugung des Kopfes sich annähernd in einem rechten Winkel vollzieht – dem Winkel, durch den wir von einer Raumdimension zur anderen gehen –, und daß der ganze Drehwinkel des Kopfes ungefähr 60° beträgt, den Winkel eines gleichseitigen Dreiecks. Die Oberfläche eines Ikosaëders besteht aus gleichseitigen Dreiecken.

Im Alltagsleben erreichen Beugung und Streckung der Wirbelsäule einen Winkel von annähernd 72° (6x12). Der Winkel von 72° ist der Winkel zwischen einer Transversalen und einer Oberflächenlinie im Ikosaëder. Auch die Drehung der Hüften kommt dem Winkel von 72° nahe.

Alle diese Zahlen sind Mittelwerte und haben sich aus Messungen an einer großen Anzahl von Leuten in »normalen« Lebensumständen ergeben; sie stimmen mit Messungen an leblosen menschlichen Körpern überein. Abweichungen von diesen Mittelwerten, die man an Leichnamen feststellte, waren offenbar nicht größer als 2%. Lebewesen können in ihren Bewegungen oft einen Mittelwert nicht erreichen, entweder durch ihre Plumpheit oder aus psychologischen Gründen. Nichtsdestoweniger war hier die Abweichung vom Durchschnittswert selten mehr als 5%. Selten fand man im Normalfall eine übermäßige Fähigkeit zu beugen oder zu drehen, und auch dann betrug die Abweichung im Durchschnitt nicht mehr als 2%.

Wenn wir einen Punkt am Boden hinter uns berühren wollen, beispielsweise ⸙ , müssen wir eine Anzahl von aufeinander bezogenen Bewegungen anwenden. Die wichtigsten sind in diesem Fall das Beugen der Knie, das Drehen des Beckens zusammen mit der Drehung und Streckung von Rücken- und Kreuzwirbeln, neben dem Zurück- und Tiefreichen des Arms. Diese Bewegung ist wohl recht komplex, aber zwischen den Winkeln der einzelnen Bewegungen herrscht ein genaues Verhältnis, das *Harmonische Gesetze* durch ein Gesetz bestimmt wird – das Gesetz der Harmonie in der Bewegung. Wenn *regeln Verhältnisse* wir dieses Gesetz mißachten, so werden wir nur mittels unglaublicher Verwringun- *der Winkel mehrerer* gen und mit größter Mühe zum gewünschten Punkt gelangen. Achtung vor diesem *Gelenke in einer* Gesetz erzeugt Bewegungsharmonie. *Bewegung*

Jeder Punkt in der Kinesphäre kann mit irgendeinem Körperglied erreicht werden; das bedeutet, daß alle Glieder zusammen einen Wirkungskreis von 360° besitzen, wenn sie sich gegenseitig mit gewissen bestimmbaren Zusatzbewegungen aushelfen. Diese Hilfsbewegungen haben wiederum ihr eingeschränktes Ausmaß, das durch die *Vergleich zwischen* Grade ihrer Winkel bestimmt ist. Wenn man die Winkel im Ikosaëder mit den Win- *Winkeln im Ikosaëder* keln, die der Körper in seinen normalen Alltagsbewegungen beschreibt, vergleicht, *und in alltäglichen* kommt man zu den im folgenden Schema ersichtlichen Schlußfolgerungen: *Körpergesten*

Im Körper:		*im Ikosaëder:*
Beuge- und Streckwinkel des Kopfes (im Atlas-Dreher-Gelenk), d. h. okzipital:	45°	Winkel zwischen Dimensionalen und Diametralen
Drehwinkel des Kopfes (im Atlas-Achsen-Gelenk), d. h. axial:	60°	Winkel zwischen nebeneinanderliegenden
Drehwinkel der Wirbelsäule:	60°	Oberflächenlinien, sowie in den aus
Neigewinkel des Beckengürtels:	60°	Transversalen gebildeten Dreiecken
Winkel zwischen Beugung und Streckung der Wirbelsäule:	72°	Winkel an der Basis eines Dreiecks aus
Drehwinkel der Hüften:	72°	Transversalen und einer Oberflächenlinie
Abduktion im Schultergelenk oder Armheben seitwärts (ohne Bewegung des Schulterblatts):	90°	Winkel zwischen zwei Dimensionen

Beugung und Streckung des Schultergelenks oder Hebewinkel des gestreckten Arms nach vor oder zurück (ohne Rotation des Schulterblatts):	108°	Winkel zwischen zwei nicht nebeneinanderliegenden Oberflächenlinien (zu einem Fünfring gehörend)

Die Übereinstimmung zwischen den Winkeln des Ikosaëders und den maximalen Winkeln, in denen sich die Körperglieder bewegen, ist wirklich erstaunlich. Letztere scheinen entweder gleich groß, genau die Hälfte oder das Doppelte der ersteren zu sein. Es ist ebenso bemerkenswert, daß das Verhältnis zwischen der Länge der dimensionalen und diagonalen Transversalen des Ikosaëders und der Länge seiner Oberflächenlinien dem Gesetz des »goldenen Schnitts« folgt. Dieses Verhältnis findet sich in den Maßen der Winkel und der Geraden, die die Rechtecke der drei dimensionalen Ebenen und die fünfeckige Struktur der Fünfringe ausmachen (siehe Tafel II). Der goldene Schnitt gilt auch als das dominierende Verhältnis zwischen all den verschiedenen Teilen des vollkommenen menschlichen Körperbaus; durch viele Epochen hindurch ist sein mathematisches Gesetz eng mit dem Begriff der Ästhetik verbunden gewesen.[*] Es weist eine unendliche Reihe immer weiterer Unterteilungen auf, in der jeder kleine Teil im selben Verhältnis zum nächstgrößeren steht wie der größere zu beiden zusammen. Es wurde zuerst von den alten Ägyptern entdeckt und fand dort Verwendung in ihren Gebäuden und in anderen Kunstwerken. Später arbeiteten die Griechen die Mathematik seines Verhältnisses aus, und Pythagoras bewies, daß der menschliche Körper nach dem goldenen Schnitt aufgebaut ist.

Verhältnis des »Goldenen Schnitts« im Ikosaëder

Die Griechen machten in ihren Skulpturen regen Gebrauch von dieser Entdeckung, was belegt ist durch die Werke von Phidias und seines Zeitgenossen Polycletus, zweier herausragender Athener Bildhauer des 5. Jahrhunderts v. Chr. Ihre Statuen stellen die ideale menschliche und göttliche Gestalt dar. Sie wandten die grundlegenden Theorien auch in der Konstruktion ihrer Tempel an. Erbauer von Kirchen und Kathedralen des Mittelalters gingen in ähnlicher Weise vor, und seit der Zeit der Renaissance ist Leonardo da Vincis Analyse der menschlichen Gestalt auf der Grundlage des goldenen Schnitts allgemein bekannt.

In einem Ikosaëder besitzt jede Neigung mit einer stabilen Tendenz in ihrer unmittelbaren Nachbarschaft eine Neigung mit einer mobilen Tendenz, so daß der harmonische Schritt von der einen zur anderen Neigung viel leichter fällt als in der kubischen Form. Dies ist das wichtige Charakteristikum eines Gerüsts, das sich einer sphärischen Form annähert. Zusätzlich weist das Ikosaëder einen großen Reichtum an lemniskatischen Spurformen auf (siehe 9. Kapitel).

Die Bewegungsdynamik läßt Formen erstehen, die sich oft als Zwischenstadien der verschiedenen Kristallformen anfühlen. Sie können im kuboktaëdrischen Gerüst an-

---

[*] Es ist hervorzuheben, daß die Idee, das Ikosaëder als das Gerüst der Kinesphäre in der Bewegungspraxis zu verwenden, nicht aus der Kenntnis der obenerwähnten Beziehungen heraus entstand, sondern sich spontan aus dem Studium der Bewegung und des Tanzes selbst ergab. Die vorliegende systematische Beschreibung ist deshalb nicht von außen her auferlegt, sondern gründet auf den der natürlichen Bewegung innewohnenden Gesetzen, die sich durch die berufliche Tätigkeit des Autors als Tänzer und Tanzlehrer mehr und mehr zeigten und klärten.

gesiedelt sein, das von den drei einfachen polyedrischen Formen des Tetraëders, des Oktaëders und des Kubus abgeleitet ist, sowie auch im Ikosaëder, das eine dynamische Variation des Kuboktaëders ist, wie schon oben erwähnt wurde.

Dynamische Kristallographie als Hilfsdisziplin der Choreutik

Die dynamische Kristallographie dient als nützliche Basis für das Verständnis der Wechsel von einem Gerüst zum andern, wie auch des Übergangs von einem kleineren zu einem größeren Gerüst und umgekehrt, was einem Zusammenzug oder einer Ausweitung zwischen »x« und »ᴍ« gleichkommt. Die verschiedenen Raumformen, in denen sich die Materie kristallisiert, können mittels choreutischer Symbole beschrieben und verständlich gemacht werden. Die strukturellen Anordnungen von Mineralien und organischer Materie weisen Formen auf, in denen die Neigungen, die natürlichen Sequenzen und die Grundskalen klar zum Ausdruck kommen. Da diese Beziehungen überall in der Natur aufzutreten scheinen, gibt es nur geringfügige Ausnahmen.

Es wäre interessant, Unterschiede oder Abweichungen in den hauptsächlichen Formen anorganischer und organischer Materie festzustellen. Zum Beispiel fällt uns im Vergleich des Gürtels des Kuboktaëders mit dem Gürtel des Ikosaëders folgendes auf: Der Gürtel eines Kuboktaëders ist flach und liegt in einer Ebene. Der Gürtel eines Ikosaëders ist leicht gebogen, und die Verbindungen der sich diametral gegenüberliegenden Signalpunkte lassen eine wellenartige Form um das Zentrum erstehen, in dem sich die Diameter schneiden. Die für eine solche Ausdehnung in die dritte Dimension gebrauchte Energie – im Anschwellen und Zurückebben – ist für die organische Welt charakteristisch. In hochentwickelten Lebewesen wird diese Energie durch akzentuierende Dynamik ergänzt, die vordringlichst über geistig-seelische Kanäle gespeist wird. Die verschiedenartigen Bestandteile geistiger und seelischer Energie, die das Individuum zu bilden und zu verbinden fähig ist, können in seinen Bewegungen beobachtet und in dynamosphärischen Begriffen beschrieben werden. Man kann den Gürtel der Dynamosphäre mit einem kuboktaëdrischen oder ikosaëdrischen Gürtel vergleichen, ihn aber nicht als Beispiel dafür nehmen. Vielleicht mag ein Gürtel in lemniskatischer Form eher zur Dynamosphäre passen. Dies kann man durch eine Analyse der lemniskatischen Siebenringe klären, die Superzonen der Arme (siehe 2. Kapitel) und zugleich die Schattenkerne dieser Superzonen sind.

Zehnte Tatsache der Raumbewegung

Wie es den Anschein hat, wird ein Kristall durch das Wechselspiel dreier Elemente, nämlich Ecken, Kanten und Vielecken, in seiner Raumform eingeschränkt. Eine Form ist durch das Wechselspiel von vier Elementen, nämlich Ecken, Kanten, Vielecken und Polyeder, auf ihre Raumform beschränkt. Der Gürtel eines dynamosphärischen Gerüsts kann nicht durch ein Polygon, das heißt, durch eine Ebene mit einer Linie als Begrenzung, ausgedrückt werden – was aber beim Gürtel des kuboktaëdrischen Gerüsts wohl der Fall ist. Weiter kann jener nicht durch eine polyedrische

Struktur, das heißt, mit Ebenen als Begrenzungen, ausgedrückt werden – was aber beim Gürtel des ikosaëdrischen Gerüsts der Fall ist. Eine neue Art Spannung taucht auf. Wir können sie in der Gestalt einer Raumform einfangen, die sich zwischen Polyedern erstreckt.

Es besteht eine Reihe von körperlichen Übungen, die diese bis anhin namenlosen Raumformen empfindbar machen. Der Tanzunterricht aller Epochen ist überreich an solchen Übungen, weil die Raumformen im wesentlichen expressiver Natur sind. Menschliche Bewegung ist nur gelegentlich von diesem Standpunkt aus untersucht worden, nämlich in ihrer Eigenschaft, aus Spannungen innerhalb von Raumformen zu bestehen. Diese neue Sicht wurzelt in der Entdeckung von harmonischen Beziehungen in Schwingungen, die schon länger in der Akustik wie auch in der Spektralanalyse bekannt sind und jetzt auch in der Choreutik bekannt werden.

Dieser Teil des Studiums – übrigens leicht zu erfassen – soll im nächsten Kapitel berührt werden, insofern er zu unserem Hauptthema Bezug hat.

(Beachte: das Konzept, räumliche Anordnungen und Beziehungen, die im organischen Leben auftreten, von der Bewegung her neu anzugehen, ist von weittragender Bedeutung. Wir versuchten im 9. Kapitel, solche Formen, die wir Knoten, Windungen und Lemniskaten nannten, zu beschreiben. Weitere Einzelheiten zu erwähnen, würde den Rahmen dieser einführenden Bestandsaufnahme sprengen.)

11. Kapitel

Choreutische Formen in der Ausführung durch den Körper

Spezifische Anleitung zur Ausführung einer Spurform für Tanzkomposition nützlich

Obwohl spezifische Anleitungen in bezug auf das Vollziehen einer gewissen Spurform durch die Körperglieder für eine Tanzkomposition nützlich sein mögen, ist dies für das einfache Ausführen choreutischer Ketten nicht nötig. Jede choreutische Kette kann auf verschiedene Art und Weise vom Körper und seinen Gliedern begangen werden. Dasselbe ist der Fall für dynamische Nuancen, die bei der Ausführung von Ketten in Erscheinung treten. In der Tanzkomposition müssen der Rhythmus und die verschiedengearteten Nuancen der Kraft und des Richtungsstroms viel mehr in den Vordergrund gerückt werden als in Anleitungen zum Vollziehen von choreutischen Ketten. In letzteren ist es unter Umständen nützlich, alle genauen Vorgaben in bezug auf körperliche Ausführung und dynamische Absicht wegzulassen, da es für den Bewegenden vorteilhaft, ja lehrreich ist, zu experimentieren und so selbst den harmonischsten Weg zu finden, einfache Formen erstehen zu lassen.

»Allgemeingültige« und »individuelle« Harmonien

Es gibt allgemeingültige Harmonien, die sich aus der Struktur des menschlichen Körpers überhaupt ergeben, und individuelle Harmonien, die mit dem physiologischen und dem psychologischen Zustand des Individuums zusammenhängen. Einige Beschränkungen im freien Gebrauch der Zonen können von einem Übungsmangel herrühren, und dieser Mangel kann seinerseits aus körperlicher Faulheit, Schwachheit oder aus psychologischen Hemmungen heraus, wie Ängstlichkeit oder Scheu, entstehen. Ein gesunder Mensch kann seine Kinesphäre und Dynamosphäre vollständig beherrschen, aber es gibt Motivationen wie individuelle Ausdrucksfähigkeit oder Geschmack, die Einfluß auf die persönliche Auffassung von Bewegungsharmonie haben können. Einer Person werden anmutige Bewegungen besser anstehen als lebhafte oder bizarre Bewegungen; ebenso kann das Gegenteil der Fall sein. Auch das individuelle Temperament spielt eine Rolle; einige werden enge und zurückhaltende Bewegungen bevorzugen, andere wiederum mögen sich gerne frei im Raum bewegen, und so weiter.

Wesentlich ist hierbei, daß wir niemals wegen physischer oder psychischer Beschränkungen gewisse Bewegungen vorziehen oder solche vermeiden sollten. Wir sollten frei sein, jede erdenkliche Bewegung zu machen, und dann diejenigen Bewegungen auszuwählen, die unserer eigenen Natur am ehesten entsprechen, ihr entgegenkommen. Diese Bewegungen können von jedem Individuum nur selber gefunden werden. Aus diesem Grunde ist die Übung des freien Gebrauchs der kinesphärischen und dynamosphärischen Möglichkeiten am vorteilhaftesten. Wir sollten mit zwei Dingen vertraut werden: erstens mit den allgemeinen Bewegungsfähigkeiten eines gesunden Körpers und Geistes überhaupt, und zweitens mit den spezifischen Hemmungen und Fähigkeiten, die sich aus der individuellen Struktur unseres eigenen Körpers und Geistes ergeben.

Freier Gebrauch der kine- und dynamosphärischen Möglichkeiten

Grob gesprochen ist es empfehlenswert, zu versuchen, Spurformen zuerst im Rumpf zu fühlen und nachher die kinetische Kraft in den Gliedmaßen zu erwecken. Dieses Vorgehen bürgt für die Verbindung zwischen Kinetik und Dynamik und fördert die Verschmelzung von Körper und Geist in der Bewegung.

Spurformen allein mit den Gliedmaßen in die Luft zu zeichnen kann zu einer Art äußerlichen Formen-Schreibens werden. Formen nur mit dem Gehirn zu verstehen oder nur mit dem Gefühl auf sie zu reagieren, ohne Wahrnehmung der Körperbewegung, hat den Nachteil, daß daraus reines intellektuelles oder sentimentales Vergnügen erwächst ohne den Nutzen der integrierenden Kraft der Bewegung. Die integrierende Kraft ist möglicherweise das Wertvollste, das die Bewegung dem Individuum zu geben vermag. Es bestehen in dieser Hinsicht gewisse Grundgesetze, die dem Ausführenden wie dem Lehrer Hilfe bieten können. Sie lassen sich von den Tatsachen ableiten, die in den zehn vorangehenden Kapiteln schon erwähnt worden sind. Wir haben in Betracht zu ziehen:

Integrierende Kraft der Bewegung

1. Die allgemeinen Grundsätze der *Orientierung im Raum.*

2. Die *Zonen der Gliedmaßen*, die andeuten, welches Körperglied oder welche Unterteilung desselben in gewissen Spurformen benutzt werden kann. Zuerst vermeide man möglichst die Superzonen, oder verwende sie bewußt als Kombinationen mehrerer Gliederzonen.

3. *Den dynamischen Wert* von Schattenformen. Wer ein und dieselbe Spurform mit verschiedenem dynamischem Ausdruck ausführt, wird bemerken, daß verschiedenartige begleitende Schattenformen entstehen. Eine davon wird sich als diejenige erweisen, die zur bestehenden Spurform am besten paßt.

4. Die *natürlichen Sequenzen in der Kinesphäre*, die abgeleitet sind von Alltagstätigkeiten wie Kämpfen, Laufen, Schwimmen oder dergleichen. Somit kann eine Spurform eine Art mimischen oder Aktions-Inhalts haben. Es wird hilfreich sein, den defensiven oder den aggressiven Charakter einer Spurform zu klären, obschon dieser einfache Gegensatz nie die Unendlichkeit der Aktionsvariationen umfassen kann. Gedankenfülle und Emotion werden durch die sorgfältige Ausführung einer Spurform geweckt werden. Jedoch sollte der mimische Inhalt niemals durch konventionelle Gesten ausgedrückt werden, wie etwa das Deuten mit dem Finger auf einen Gegenstand oder das Nachahmen in irgendeiner Tätigkeit aus dem Alltagsleben; er sollte in ausdrucksvolle oder symbolische Bewegung umgewandelt werden. Dieserart wird man der Essenz einer Aktionsbewegung auf die Spur kommen. Die physiologischen

und psychologischen Folgen, die die Entdeckung der Bewegungsessenz mit sich bringt, können weitreichend sein. Sie können sogar bis in die Nähe von ethischer Bewußtheit rücken, mit all ihrer tiefen Bedeutung für das Leben.

5. Die *Funktionen des Körpers und seiner Glieder*. Diese sind überaus zahlreich, besonders in Bewegungen, die durch kombinierte Zonen gehen. Wir können gewisse Punkte der größeren Kinesphäre nicht ohne Beugen, Verdrehen, Knien, Liegen, Springen und so weiter erreichen. Die kleinere Kinesphäre, die im Rumpf gefühlt wird, erfordert nicht solche zusammengesetzten Bewegungen. Wenn wir eine Spurform von ihrer minimalsten Ausdehnung im Rumpf in ihre größte Ausdehnung außerhalb ihm umsetzen, so eröffnet uns dies einen außerordentlich reichen Spielraum von Möglichkeiten im Gebrauch der Gliedmaßen, ja des ganzen Körpers.

6. Die *natürliche Kette von Neigungen in der Dynamosphäre*. Sie kann ein Bewußtsein für die *Stimmungswechsel* und ihre Übergänge sowie für die passendsten Sequenzen von Schatten-Spurformen schaffen. Wenn man Spurformen mit dynamischem Leben füllt, wird man bemerken, daß sie nicht bloß eine typische dynamische Qualität enthalten, sondern daß einige von ihnen bestimmte Sequenzen von dynamischen Nuancen bedingen. Eine Spurform kann mit dynamischen Nuancen geladen sein, kann aber auch ihrer ermangeln. Einfachheit ist, wie immer in der Bewegung, auch hier die goldene Regel.

7. Die *Grundskalen in der Kinesphäre*. Sie stellen ein Grundschema für die verschiedenen *Qualitäten der Neigungen* dar. Das bedeutet, daß eine Spurform oder ihre Bestandteile als die Teile eines Gürtels, der das Gerüst umgibt, oder eines Bündels, das das Gerüst axial durchmißt, aufgefaßt werden kann. Weitere Bewegungssequenzen können auf diese zwei Grundformen zurückgeführt werden. Grundlegende Bewegungsskalen erfordern bestimmte dynamische und körperliche Ausdrucksformen. Mit Vorteil lernt man auf derartige Anforderungen vorerst mit intuitivem Gefühl und später mit bewußter Kontrolle einzugehen.

8. Das Bewußtsein der *Körperperspektive*. Es wird für die Unterscheidung zwischen räumlichem Gefühl und Verstehen und der spontanen Tätigkeit unserer Gliedmaßen hilfreich sein. Spurformen in ihrer reinen kinesphärischen Form zu begehen kann der erste Schritt zum bedeutungsvollen Gebrauch der Körperglieder sein. Später wird die Fähigkeit wachsen, zwischen Qualität des inneren Impulses und der in allen Bewegungen gegenwärtigen äußeren Form zu unterscheiden. Die endliche, voll befriedigende Ausführung einer integrierten Bewegung wird das Schlußresultat sein.

9. Das Bewußtsein der *Grundskalen der Dynamosphäre*. Sie führt zur eigentlichen Quelle der Bewegung. Die *bindenden und lösenden Prozesse* in der Natur, auf denen die Wechsel zwischen Stabilität und Mobilität beruhen, spiegeln sich nicht nur in den wesentlichen Formen, die unsere Bewegungen beschreiben, sondern sie sind auch der fundamentale Inhalt der Bewegungssprache selbst. Um diese Sprache lesen und sprechen zu können, muß man ihr Alphabet erfahren haben, das in beiden Grundskalen, in derjenigen der Kinesphäre und derjenigen der Dynamosphäre, verborgen liegt. Was von dieser Bewegungssprache mit Worten gesagt werden kann, wurde in den voran-

gehenden Kapiteln zu sagen versucht; man muß jedoch wissen, daß räumliche, körperliche und psychologische Analyse nicht die Integration ersetzen kann, die während einer Bewegung stattfindet. Der obenerwähnte Hinweis, daß die Entdeckung der Bewegungsessenz in die Nähe von ethischem Bewußtsein führen könnte, ist nicht weniger wichtig als die Anregung zum gesunden Gebrauch des Körpers und seiner Glieder.

10. Die *Bewegungen* unseres Körpers gehorchen Gesetzen, die denjenigen von mineralischen *Kristallisationen* und von Strukturen organischer Zusammensetzungen entsprechen. Die Raumform, die uns möglicherweise die natürlichsten und harmonischsten Wege für unsere Bewegungen bietet, ist das *Ikosaëder*. Es enthält eine ansehnliche Reihe kombinierter innerer und äußerer Spurlinien*; ihre dimensionalen Verbindungen rufen »stabile«, das heißt, gut ausbalancierte Bewegungen auf den Plan, und ihre diagonalen Verbindungen bringen »labile«, das heißt vom Gleichgewicht weg tendierende Bewegungen hervor. Die Spurformen von Bewegungen sind nie vollständige Kristallmuster; jedoch, das Bewußtsein eines harmonischen, aus kristallinen Tendenzen hervorgegangenen Flusses erhöht das Vergnügen an der Geschicklichkeit. Das hauptsächliche praktische Ziel unserer Bewegtheit ist das Heben, Verschieben und Befördern von Gegenständen an verschiedene Orte in unserer Umgebung oder die Umwandlung ihrer Form oder die Bildung neuer Formen oder Gestalten. Das letztliche Ziel jedoch ist, die Prozesse, die im Zusammenhang mit den strukturellen Anordnungen innerhalb unseres Körper-Geistes im Gange sind, aufrechtzuerhalten oder zu fördern. Jede beliebige Aktion oder jede Verhaltensform entwickelt sich innerhalb der Grenzen dynamischer Kristallisation.

Die Verschmelzung von Körper und Geist durch Bewegung findet in der freien Ausführung von choreutischen Formen statt. Den Möglichkeiten, die Choreutik zu studieren und zu praktizieren, sind keine Grenzen gesetzt. Sie durchdringt jede menschliche Aktion und Reaktion, da alle Aktionen und Reaktionen aus Bewegung in unserem Inneren entspringen. Im Bereich der Künste wird diese Tatsache besonders deutlich. *Aktion und Reaktion entspringt aus Bewegung im Innern*

Da sind einmal die sichtbaren Künste, wie Architektur, Bildhauerei und Malerei, in welchen die Spurformen durch die Bewegung des Zeichnens und des Formens verschiedener Materialien festgehalten werden. Dann gibt es die hörbaren Künste, wie Musik und Redekunst (einschließlich das Vortragen von Poesie), in welchen die Spurformen von Körperbewegungen den Klängen und Rhythmen im Ausdruck von Ideen und Emotionen Form verleiht.

Wahrscheinlich sind Tanz und Architektur die zwei grundlegenden Künste des Menschen, und die anderen sind von ihnen abgeleitet. Wir können dreidimensionale (oder plastische) Modelle von Spurformen anfertigen, in denen die ganze Linie einer Bewegung zu sehen ist. Demgegenüber verschwindet in der eigentlichen Bewegung die Spurform Punkt für Punkt in die Vergangenheit, währenddem die zukünftigen Bewe- *Tanz und Architektur grundlegende Künste*

---

* Diese werden ausführlich in Teil II beschrieben (Anmerkung des Übersetzers).

gungen in der erfinderischen Vorstellung als plastische Ganzheiten aufsteigen. Es ist offensichtlich, daß einige der »Schneckenhäuser der Seele« – wie jemand scherzend die Modelle tänzerischer Spurformen nannte – in ihrem Bau der modernen plastischen Kunst und Architektur sehr ähnlich sind. Die erste innere Vision einer choreutischen Form und die erste innere Version einer architektonischen Schöpfung oder einer abstrakten Zeichnung gleichen einander sehr. Die Erfindung einer architektonischen plastischen oder bildhaften Form ist in Wirklichkeit eine choreutische Gestalt. Diese Gestalt baut sich aus wechselnden räumlichen Tendenzen auf. Man kann beobachten, wie die Richtungen wechseln, wenn man ein bekanntes Symbol, wie einen Buchstaben des Alphabets oder eine Zahl, zeichnet. Dasselbe Symbol kann, außer auf Papier, auch plastisch im dreidimensionalen Raum geformt werden. Bekannte wie unbekannte Symbole stellen die räumlichen Melodien des Tanzes dar.

Bewegungen im primitiven Tänzen zeigen Umrisse von Lebewesen, Gegenständen und geometrischen Zeichen

Bewegungen in Tänzen von primitiven Stämmen und gewisse verfeinerte Bewegungen späterer Epochen folgten manchmal, vielleicht den Ausführenden unbewußt, den stilisierten Umrissen von geometrischen Symbolen, wirklichen Gegenständen oder Lebewesen. Um eine Spurform zu verstehen und zu erinnern, mag es sich als nützlich erweisen, zu wissen, was wir formen (beispielsweise ein Dreieck), oder zu wissen, welchem vertrauten Umriß die Spurform unserer Bewegung ähnlich sieht (z. B. einer Höhle oder einem Wurm). Die Vielfalt von geschlossenen Abläufen, wie zum Beispiel Ketten von Oberflächenlinien, ist enorm; sie schließt nahezu alle möglichen Formen ein, die man sich im Geiste aufbauen kann. Es ist auch von tragender Bedeutung, wenn eine Kette einen bestimmten Weg entlang einer räumlichen Form einhält. Wir vermögen alle Oberflächenlinien eines oktaëdrischen, kuboktaëdrischen oder ikosaëdrischen Gerüsts der Kinesphäre in einer ununterbrochenen Kette zu begehen, und es ist möglich, jeden so entstandenen plastischen Ablauf auf einer Fläche auszubreiten

Kreis ist ein Polygon

und ihn in einen Kreis zu öffnen. Der Kreis ist eigentlich ein Polygon, das verschiedene Verbindungen enthält, und genauso hat das Gerüst der Kinesphäre wegen seiner Oberflächenlinien eckigen Charakter.

Abbildung 43 zeigt den Prozeß, wie ein ununterbrochener Ablauf in einem Achteck (Oktogon) auseinandergefaltet wird: Erst wird er auf eine Fläche projiziert und dann zu einem Polygon von zwölf Seiten geformt (Zwölfeck, Dodekagon).

Abbildungen 44a und 44b zeigen in zwei Stadien die Projektion einer ununterbrochenen Oberflächenlinie des Gerüsts auf eine Ebene. Sie kann zu einem Polygon von 36 Seiten weiterentwickelt werden.

Die Begrenzungslinien von Polygonen haben untereinander rhythmische und harmonische Beziehungen, welche Aspekte der harmonischen Lebenskraft von choreutischen Spurformen darstellen. Wenn sich die plastische Form eines Achtecks harmonisch entwickelt, wie das in Abbildung 43 gebrachte Beispiel zeigt, erscheinen fundamentale Skalen in beiden Sequenzen, in derjenigen der Verbindungen entlang seiner äußeren Begrenzung und in derjenigen des zwölfeckigen Sterns, den man ihm einbe-

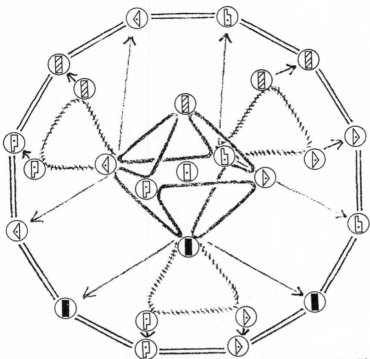

Abb. 43: Prozeß des Ausbreitens einer ununterbrochenen Oberflächenlinie des Oktaëders auf eine
Fläche

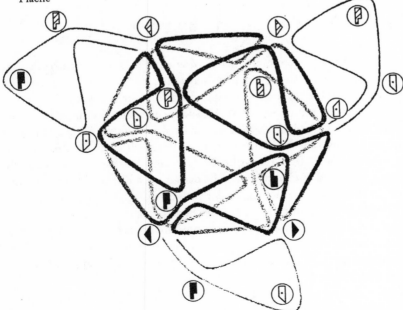

Abb. 44: Prozeß des Ausbreitens einer ununterbrochenen Oberlfächenlinie des Ikosaëders auf eine
Fläche (1. Stadium)

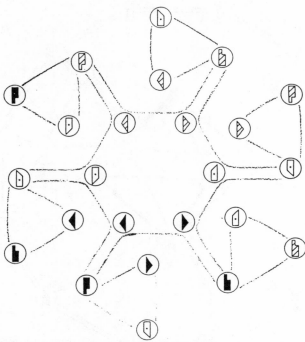

Abb. 45: Prozeß des Ausbreitens einer ununterbrochenen Oberflächenlinie des Ikosaëders auf eine Fläche (2. Stadium)

Strukturelle Überein-stimmung zwischen Harmonik der Musik und des Tanzes

schreiben kann. Wir kommen hier einer Analogie mit harmonischen Beziehungen in der Musik auf die Spur; es scheint, daß zwischen dem harmonischen Leben der Musik und demjenigen des Tanzes nicht nur eine oberflächliche Ähnlichkeit, sondern eine strukturelle Übereinstimmung besteht. Musik entsteht aus rhythmischer Bewegung des Körpers, und die musikalische Harmonie ist sicherlich ein Kind alten Spurform-Wissens, da man musikalische Harmonien in der Struktur eines Zwölfecks wiederzu-erkennen vermag. Man findet Zwölfecke in vielen Büchern über Musiktheorie; ihrem Wesen nach sind es Oberflächen, die das auf eine Ebene geworfene Dimensio-nalkreuz in einem kontinuierlichen Ablauf verbinden.

Es wird die Aufgabe zukünftiger choreutischer Forschung sein, diese wunderbaren Beziehungen zu untersuchen. Das Ergebnis wird mehr als nur ästhetisch befriedigen, denn der Aufbau symbolischer Formen und ihre dynamischen Verwandlungen in verschiedene Ebenen und plastische Raumgebilde ist eine der tiefgreifendsten Erfin-dungen der menschlichen Vorstellungskraft.

In derlei Untersuchungen wird das Gerüst der Kinesphäre ein großer Helfer sein. Einige Bemerkungen betreffend die Ähnlichkeit zwischen der Ordnung im Gerüst der Kinesphäre und den in der Musik verwendeten Tonleitern mögen als Anstoß zu weiterer Forschungsarbeit dienen.

Der Tanz gebraucht sieben Haupt-Achsen im Raum. Diese sind die drei Dimensionen eines Oktaëders und die vier Diagonalen eines Kubus. Die Musik gebraucht sieben Grundtöne. Wenn wir die sieben Achsen unserer natürlichen Raumorientierung auf eine bestimmte Weise ordnen, nämlich so, daß jede der drei Dimensionen näher an jede der vier Diagonalen heranrückt, so erhalten wir zwölf temperierte Richtungspunkte, das heißt solche mit gleichförmigen Abständen zwischen ihnen (Diameter). Zwischen den sieben Grundtönen des modalen Systems in der Musik sind fünf weitere Töne eingeschoben. Die ganze Reihe von zwölf Tönen, vom Ohr leicht unterscheidbar, ist leicht abgeändert, um die Abstände zwischen allen Halbtönen gleich zu machen.

Reihen von Abständen zwischen räumlichen Richtungen, die der Tänzer zu seiner Raumorientierung gebraucht, bilden Skalen, und ebenso bilden Reihen von musikalischen Tönen Skalen. Wir schlagen nun vor, die »diaformische« Skala im Tanz zu verwenden. Sie besteht aus sieben Neigungen, deren Sequenz in zwei ungleiche Teile geteilt ist: Der eine besteht aus drei und der andere aus vier Oberflächenneigungen. Fünf weitere Oberflächenneigungen bilden zusammen mit den sieben der diaformischen Skala eine »chromatische« Skala von zwölf Verbindungen (die Grundskala).

Die diatonische Skala in der Musik ist aus Ganz- und Halbtönen zusammengesetzt. Sie enthält sieben Töne und ist in zwei ungleiche Teile geteilt. Der eine Teil umfaßt drei, der andere vier Töne. Fünf weitere Töne sind zwischen die Töne der diatonischen Skala eingeschoben; alle zusammen ergeben die chromatische Skala von zwölf Tönen. Die Aufeinanderfolge von Elementen, die zur Bildung von Skalen ausgewählt worden sind, gründet auf einem harmonischen Gesetz (dem Gesetz der Kreise); diese Elemente ergeben in der Musik eine Reihe sogenannter »Zirkel« von Oktaven, Quinten, Quarten, Terzen und so weiter.

Wenn wir uns entlang der Oberflächenlinie der Grundskala, wie im 7. Kapitel beschrieben, bewegen und die Diameter als Verbindungen zwischen den verschiedenen Teilstücken verwenden, so gelangen wir zu einer Anordnung, die derjenigen der diatonischen Skala in der Musik nahekommt.

Die Spurform in Abbildung 45 zeigt die vollständige Kette, in deren Anordnung die diaformische Skala enthalten ist. Das Diagramm legt die sieben Neigungen der diaformischen Skala (schwarze Linien) dar, dazu die fünf Neigungen, welche die für die Bildung einer chromatischen Skala notwendigen Verbindungen abgeben (schraffierte Linien).

Die diaformische Skala entwickelt sich folgendermaßen:

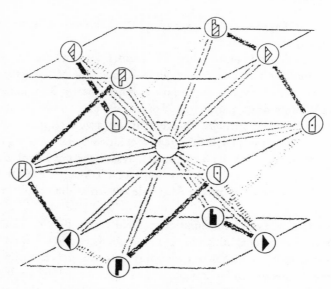

Abb. 45: Die *diaformische Kette*

Jedes unterstrichene Verbindungsstück ist eine Neigung der Grundskala. Wenn wir jedes zweite Teilstück dieser diaformischen Kette nehmen und sie alle zusammenhängen, erhalten wir die Sequenz der Grundskala:

Wenn wir nun die Plazierung der sieben Neigungen der diaformischen Skala innerhalb der Grundskala genauer betrachten, stellen wir das Folgende, als Entsprechung zur diatonischen Anordnung von musikalischen Tönen, fest:
Die oben unterstrichenen Teilstücke:

liegen ohne Abstände nebeneinander, was den Halbton-Intervallen in der diatonischen Skala in der Musik entspricht. Jedes andere Verbindungsstück ist vom folgenden durch eine Neigung der Grundskala getrennt, die nicht in der diaformischen Skala enthalten ist. Hier entspricht ein Abstand dem Ganzschritt- oder Ganzton-Intervall in der diatonischen Skala. Während in der Musik die diatonische Sequenz durch die Halbschritt- oder Halbton-Intervalle in zwei ungleiche Teile zerlegt wird, wird die choreutische Kette durch das Fehlen von Abständen in ihre zwei ungleichen Teile geteilt; ein Teil wird gebildet durch drei Neigungen (Ganztöne) und der andere durch vier. Wie schon erwähnt, sind fünf weitere Oberflächenlinien (Halbtöne) nötig, um die choreutische (chromatische) Kette der zwölfteiligen Grundskala (Zwölftonreihe) zu vervollständigen.

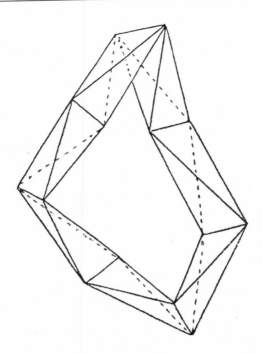

Abb. 46: Zeichnung eines dreidimensionalen Modells einer sechsteiligen beweglichen Kette

(Beachte: Im Ikosaëder gibt es auch siebenteilige Oberflächenlinien-Abläufe, die auf ähnliche Art unterteilt sind. Auch sie haben Beziehungen zu anderen Oberflächenlinien, was wiederum an die Beziehungen innerhalb der Zwölftonreihe unseres modernen musikalischen Systems erinnert.)

Man kann plastische Modelle von siebenteiligen beweglichen Ketten konstruieren, die, wenn entweder von Hand oder mechanisch gedreht, durch ihre fortlaufende Ortsveränderung räumliche Beziehungen in Winkeln und Abständen offenlegen. Sie entsprechen genau den Sequenzen des Quintenzirkels, die das Rückgrat unserer musikalischen Tonordnung darstellen. Die Begrenzungen gewisser Superzonen der Körperglieder haben denselben formalen Rhythmus wie die harmonischen Beziehungen, die sie identifizieren.

Abbildung 46 ist eine Modellzeichnung einer siebenteiligen, im dreidimensionalen Raum bewegbaren Kette.*

Die obenerwähnten tonalen Beziehungen gelten hauptsächlich für die westliche Musik. Verschiedene Skalen der Musik anderer Völker und Zeiten weisen ebenfalls Analogien mit Sequenzen räumlicher Spurformen auf.

Der europäische Tanz, der auf dem Ideal der formalen Schönheit basiert, gehorcht denselben allgemeinen mathematischen und geometrischen Gesetzen wie die Musik.

* Vom Autor erfunden.

Tanzstile exotischer Völker sind Spielarten natürlicher Raumorientierung

Die verschieden gearteten Tanzstile der exotischen Völker, wie auch diejenigen von vergangenen und primitiven Kulturen, stellen Spielarten der natürlichen Raumorientierung dar. Die Beziehungen zwischen den Neigungen in der Kinesphäre und den Maßen unserer körperlichen Verdrehungen, Streckungen und Beugungen (siehe 10. Kapitel) besitzen ihre Gegenstücke in den Beziehungen und Maßen in der Akustik. Die auditive Orientierung, das heißt, die Orientierung des Gehörsinns in der Musik, und ihre harmonischen Gesetze, sind uns durch die Geschichte überliefert; sie lassen sich auf alte Forschungen und Konventionen zurückführen. Beispielsweise hatten die

Tänze des Mittelalters sehen »Neumen« ähnlich

Tänze des Mittelalters Formen, die in großem Maße den Formen der musikalischen Neumen ähnlich sahen (die Neumen sind die ältesten Symbole der musikalischen Aufzeichnung in unserer westlichen Zivilisation). Die Tradition des klassischen Balletts bewahrte die Formen des *droit, ouvert, tortillé* und *rond,* die in diesen Neumen enthalten sind, und die überlieferten fünf Grundpositionen sind mit der alten Fünfton-Skala vergleichbar.

Auditive Orientierung gründet auf physiologischen und anatomischen Gesetzen, die im Gehörsinn obwalten; Parallelen zwischen dem Bau des Ohrs und musikalischen Gesetzen sind wissenschaftlich erwiesen. Visuell-taktile Orientierung paßt sich den physiologischen und anatomischen Gegebenheiten des bewegten Körpers und des

Bau des Auges mit Beschaffenheit des Lichts verknüpft

Auges an. Parallelen zwischen räumlicher Orientierung und dem Bau unseres Körpers sind ebenfalls wissenschaftlich erwiesen, besonders unseres Auges, da die Reaktionen unseres Sehmechanismus eng mit der Verbreitung des Lichts verbunden sind. Schwingungen sind die Ausdrucksmittel in den beiden Künsten Musik und Tanz, jedoch haben sie verschiedene Formen (vergleiche die Kurven von Lissajouschen Prototypen der Schwingungsbilder von Tönen mit den Spuren harmonischer Bewegungen). In psychologischer Hinsicht besteht ein bemerkenswerter Parallelismus zwischen den Modi (Dur und Moll) in der Musik und den zwei fundamentalen Modi des Tanzes, die den Haltungen des Angriffs und der Verteidigung innewohnen. Sie finden ihren Ausdruck in ähnlichen Abarten von Grundskalen.

Ähnlichkeit zwischen elektromagnetischen und Schwingungen der Sinneseindrücke

Der Materie anhaftende elektromagnetische Schwingungen scheinen denjenigen Schwingungen ähnlich zu sein, die die Sinneseindrücke unseres Gehör-, Tast- und Sehsinns bilden. Die Schwingungen unserer motorischen Impulse mögen gleichgearbeitet sein. Alle unterliegen demselben Gesetz der Verwicklung (Komplikation). Ein Teil dieses Gesetzes betrifft die Entfaltung agogischer Kombinationen (Dynamik und Tempo) und wird besonders in der Raumharmonie, unserer Grunderfahrung im Tanz, deutlich.

Die Parallele zwischen dem Rhythmus in der Musik und demjenigen im Tanz ist anerkannte Tatsache. Das Konzept der Agogik, das im wesentlichen auf räumlichen Ideen basiert, ist auf die Tanzkunst angewendet worden. Verlangsamungen und Beschleunigungen sowie das An- und Abschwellen der Intensität hängen von Richtungs-Komplikationen ab. Zwischen den harmonischen Bestandteilen in der Musik und denjenigen im Tanz besteht nicht nur eine äußerliche Ähnlichkeit, sondern auch eine strukturelle Übereinstimmung, die, obgleich zunächst verborgen, Schritt um Schritt erforscht und festgelegt werden kann. Dieserart kann im Sinne eines wichtigen Kontrapunkts gearbeitet werden.

Die Kenntnis des harmonischen Zusammenspiels von Spurformen und ihren Teilen eröffnet neue Quellen für die Komposition von Tänzen. Die Aufzeichnung von Tänzen, die Tanzschrift selbst, kann mehr als bloße Gedächtnisstütze sein. Sie kann zum konstruktiven Erschaffen von Spurformen führen, die nachher vom Körper ausgeführt werden. *Kenntnis der Harmonie in Spurformen für Tanzkomposition wertvoll*

Seit den frühesten Epochen der menschlichen Zivilisation sind Versuche der Bewegungsaufzeichnung gemacht worden, oftmals parallel zu Versuchen, Musik aufzuschreiben. Das Problem der Niederschrift wurde immer von zwei verschiedenen Seiten her angegangen. Wenn man nur gewisse Gesten und ihre Abfolge aufzeichnen will, genügt es, den Körper des Tänzers in den wichtigsten Phasen der Bewegungsausführung abzubilden. Eine nützliche Beigabe ist die Zeichnung des Wegs, den der Tänzer auf dem Boden beschreitet.

Diese Methode führt zu einer Art Bilderschrift, deren Merkmal die realistische Wiedergabe des Tänzerkörpers ist. Es tut nichts zur Sache, ob das Abbild stilisiert oder gar verzerrt ist, indem es nur einzelne Teile des Körpers zeigt; die Wiedergabe ist immer bildhaft und befaßt sich nur mit dem äußerlichen Aspekt der Bewegung. Viele Choreographen haben das Problem der Bewegungsaufzeichnung lediglich unter diesem Gesichtspunkt angegangen. *Abbilder betreffen nur äußeren Aspekt der Bewegung*

Es steht dem Choreographen frei, zu seinem eigenen Gebrauch ein mnemotechnisches System zu erfinden, das ihm zu Erinnerung von Reihen von Posen dient, jedoch einem Außenstehenden ohne weitere Erklärungen unverständlich ist. Um aber den dynamischen Ablauf, die Essenz der Bewegung, bildlich wiederzugeben, muß das Problem anders angepackt werden.

Die Aufbewahrung künstlerischer Tanzschöpfungen in einer Form, die der Nachwelt deren Studium und Wiedergabe ermöglichen würde, ist eines der Hauptanliegen, die zu Forschungen auf dem Gebiet der Choreutik und so zur Erfindung einer Tanzschrift geführt hat; jedoch, das Problem hat noch eine andere Seite. Wenn wir eine Idee niederschreiben, sei es in Worten oder in der Tanzschrift, sind wir gezwungen, unseren ersten vagen Einfall zu klären, zu vereinfachen. Die Analyse, die durch den Prozeß der Aufzeichnung notwendig wird, enthüllt uns die innere wie die äußere Natur der Bewegung. *Niederschrift zwingt zur Analyse und Klärung des ganzen Bewegungsprozesses*

Es ist vielleicht reine Phantasie zu denken, daß es eine Schrift mit ideographischen Zeichen geben könnte, kraft deren alle Völker der Welt miteinander kommunizieren könnten. Dies ist jedoch keine so außergewöhnliche Sache, wie es scheinen möchte. Denn wenn wir »das Ding«, »den Gegenstand«, »die Idee«, »die Aktion« als solche und nicht bloß ihren Namen und in einer mehr oder weniger kurzlebigen Nationalsprache aufschreiben könnten, wäre es einem Menschen irgendeiner Nationalität möglich, das Ding, den Gegenstand, die Idee, die Handlung zu verstehen und dies dann in seinem nationalen Idiom auszudrücken.

Wörter der Sprachen sind Bewegungs-impulsen entsprungen

Man nimmt an, daß die Wörter einer Sprache, die Gegenständen und Gedanken Namen geben, in fernen Zeiten Bewegungsimpulsen entsprungen sind, die dann hörbar gemacht wurden. Sicherlich ist Denken ein kineto-dynamischer Ablauf; seine Spurformen – vermutlich komplizierte, im freien Raum wahrnehmbare Schattenformen – werden eines Tages entdeckt werden.

Die Richtungspunkte unserer gewohnheitsmäßigen Raumorientierung sind Abstraktionen von Bewegungen, die im Körper gefühlt werden (siehe 1. Kapitel). In dieser Hinsicht ähneln sie anderen Abstraktionen, nämlich denjenigen der vom Geist getätigten Aktionen im Denken und im Ausdrücken von Gedanken mittels der Wörter der Sprache.

Regelmäßige Spurformen sind geistig leicht faßbar; der Fluß freier Spurformen ist im Körper zu erfahren

Bewegungen enthalten verschiedene Arten von Spurformen. Geometrische oder mechanische mögen mit organischen und natürlichen, biologischen Formen abwechseln. Eine andere Art von Spurform ist zu beobachten, nämlich die persönliche oder freie Spurform, die aus dem inneren Leben des Individuums erwächst. Die regelmäßigen, den einfachen Linien des Gerüsts folgenden Spurformen können geistig beinahe mühelos erfaßt werden. Der fortwährend wechselnde Fluß freier Spurformen jedoch sollte im Körper erfahren werden. Das »Gefühl« einer Bewegung läßt sie uns erst dann wirklich verstehen. Phrasen in der choreutischen Sprache ohne lebendige Erfahrung aufzubauen, so wie man leere Wortphrasen macht über ein Ereignis, das schon lange seine Bedeutung verloren hat, ist offensichtlich eine Unterbrechung im Fluß des Lebens.

Bewegung in allen Künsten und in der Arbeit des Alltags kann durch Andeutungen via Bewegungsschrift in Gang gebracht werden, wobei es nicht genügt, bloß die formale Bedeutung der Symbole auszubuchstabieren. Um – was von großer Wichtigkeit ist – ein integriertes Verständnis zu erlangen, ist eine Synthese des lebendigen Impulses mit seiner körperlichen Umsetzung unabdingbar. Diese Umsetzung braucht nicht großräumig zu sein. Sie kann sogar sehr klein sein, so daß sie für andere Personen beinahe unbemerkbar ist. Sie kann sich zeitweilig reiner Meditation nähern und den Körper ruhend erscheinen lassen. Die unsichtbare Umsetzung choreutischen Denkens in körperliches Gefühl zu erlernen, ist vielleicht die feinste Errungenschaft im Bestreben, Motion und Emotion zu vereinen.

12. Kapitel

Freie Neigungen

Die Bewegungen des Menschen schaffen die verschiedenartigsten Spurformen ganz frei im Raum. Um ihre Bedeutung und ihren Wert zu untersuchen, ist eine Schrift vonnöten, die es ermöglicht, jede gewünschte Bewegung aufzuzeichnen, die an irgendeinem Ort stattfindet, sei dies innerhalb der Kinesphäre oder außerhalb von ihr, das heißt, ohne Bindung an die Punkte des Gerüsts. Die künftige Entwicklung der Kinetographie* muß die Möglichkeit der Aufzeichnung von Formen im freien Raum in sich schließen, was von einer genauen Kenntnis der Choreutik abhängt und große räumliche Vorstellungskraft seitens des Aufschreibers erfordert. Es soll auch nicht versäumt werden, in einer Beschreibung der Choreutik das Problem der Aufzeichnung freier Raumlinien und Neigungen zu erwähnen, da die Idee einer solchen umfas- *Bewegungsschrift –* senden Schrift ein alter Traum dieses Forschungsbereichs ist. *ein alter Traum der*
Choreutik

Freie Raumlinien oder freie Neigungen aufzuschreiben hat manche Vorteile. Es ist möglich, Spurformen einer großen Vielfalt nicht nur von Raumformen, sondern auch der Plazierung im Raum zu beschreiben. Unsere Bewegungen sind manchmal erdgebunden und stationär, doch dann scheinen sie wieder aus Gegenden zu kommen oder in Gegenden vorzustoßen, die mit dem Körper nicht erreicht werden können, wenn er an einem Ort verankert steht.

Die erdgebundenen Tendenzen von Bewegung im Raumgerüst, das heißt auf ein Zen- *Zentrumsgebundene* trum bezogen, einerseits, und die davon unabhängigen Tendenzen, das heißt, wenn *und vertikalenbezo-* die Vertikale der einzige Bezug ist und Neigungen auf sich selber bezogen sind, ande- *gene Tendenzen von* rerseits, bilden einen grundsätzlichen Kontrast, aufgrund dessen wir vielleicht später *Raumbewegungen* Bewegungen im freien Raum eine Bedeutung zumessen können. Für Tendenzen zu unendlicher »Klarheit« und solche zu unendlicher »Größe« könnte somit eine relativ einfache Beschreibung gefunden werden.

Im weiteren können freie Raumlinien sehr hilfreich sein in der Aufzeichnung von Alltagsbewegungen sowie von Ausdrucksbewegungen im Tanz, und besonders von Bewegungsdetails, die nicht an bestimmte, gleichgewichtige Raumharmonien gebunden sind. Für eine große Zahl moderner Tänzer besitzen Neigungen eine Art Eigenleben, *Moderne Tänzer* und sie gebrauchen sie, wenn auch intuitiv, so doch mit bemerkenswerter Freiheit. *gebrauchen intuitiv*
freie Neigungen

* Siehe Vorwort Seite 8.

Die folgenden Ergebnisse aus der Praxis mögen unter dem besprochenen Gesichtspunkt von Wert sein.

Transversalen sind
von Dimensionalen
und Diagonalen ab-
geleitet

Die zwölf Transversalen:

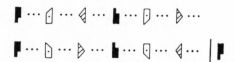

als Ablenkungen von den Diagonalen aufgefaßt (siehe 7. Kapitel), zeigen uns, daß vier von ihnen von der Dimension der Höhe (oder Länge) abgelenkt werden, vier von der Dimension der Breite und vier von der Dimension der Tiefe.

Die von der Tiefen-Dimension abgeleiteten sind:

Die von der Breiten-Dimension abgeleiteten sind:

Die von der Höhen-Dimension abgeleiteten sind:

Die Diagonale

abgeleitet durch die
Dimensionalrichtung

hat dieselbe Neigung
wie die Transversale

liegt aber zentral.

So ist es möglich, die zwölf Transversalen folgendermaßen zu notieren:

Transversalen	Diagonal-richtungen	abgeleitet durch Dimensional-richtungen	vereinfachte Zeichen für die Transversalen
		(oder vor)	v
		(oder zurück)	z
		(oder vor)	v
		(oder zurück)	z
		(oder links)	l
		(oder rechts)	r
		(oder rechts)	r
		(oder links)	l
		(oder tief)	t
		(oder tief)	t
		(oder tief)	t
		(oder tief)	t

Die folgende Sequenz von zwölf Transversalen:

verläuft parallel zu der auf Seite 126 dargestellten. Die Beziehung jeder Transversalen zu den Diagonalen und Dimensionen kann auf die gleiche Art und Weise festgelegt werden:

Transversalen	Diagonal-richtungen	abgeleitet durch Dimensional-richtungen	vereinfachte Zeichen für die Transversalen
		(oder zurück)	z
		(oder vor)	v
		(oder zurück)	z
		(oder vor)	v
		(oder rechts)	r
		(oder links)	l
		(oder links)	l
		(oder rechts)	r
		(oder hoch)	h
		(oder hoch)	h
		(oder hoch)	h
		(oder hoch)	h

Notierung von nicht zentrumsgebundenen Linien einschließlich Transversalen

Es mag daran erinnert werden, daß abgelenkte Diagonalen durch das Zentrum der Kinesphäre gehen, während eine unendliche Anzahl paralleler Neigungen, einschließlich derjenigen der Transversalen und der Oberflächen des Gerüsts, nicht durch das Zentrum gehen. Um diese aufzuschreiben, schlagen wir vor, die vereinfachten Symbole in obiger Liste zu verwenden. Mittels dieser Zeichen können wir jegliche freie Neigung wiedergeben, die an kein Zentrum gebunden ist, sondern irgendwo im uns umgebenden Raum auftritt. So können wir freie Linien und freie Spurformen aller Arten von Formen beschreiben.

In der freien Niederschrift sind die dimensionalen und die diametralen Richtungen – nun als irgendwo im Raum auftretende Parallelen zum im 1. Kapitel angegebenen Dimensional- bzw. Diametralkreuz – nur durch ihre Endpunkte gekennzeichnet:

Dimensional-Richtungen: **Diametral-Richtungen:**

Wir können uns darin üben, jeden Punkt in unserer Umgebung mit Hilfe eines ver-
ständlichen Symbols zu bezeichnen. Für die gebräuchliche Art sich zu orientieren
(siehe 1. Kapitel) stehen uns 26 Punkte an der Oberfläche der normalen Kinesphäre
zur Verfügung:

*Jeden Punkt in unse-
rer Umgebung zu
bezeichnen lernen*

6 Punkte von den Dimensionen
8 Punkte von den Diagonalen
12 Punkte von den Diametern

Innerhalb dieser Kinesphäre haben wir das Zentrum und 26 Punkte der beschränkten
Kinesphäre (x). Draußen haben wir weitere 26 Punkte der erweiterten Kinesphäre
(ㄴ／) (siehe 4. Kapitel).
Alle diese Punkte bilden ein Gerüst von 79 Punkten. Eine freie Neigung kann bei
irgendeinem dieser Punkte beginnen. Die Punkte sind nicht Richtungen oder Neigungen, die in sich Bewegungen enthalten, sondern Signalpunkte im Bewegungsfluß;
in den nachfolgenden Beschreibungen sind sie deshalb in Klammern gesetzt.
Unten ist ein Beispiel einer Raumform gegeben, geschrieben mit den Symbolen freier
Neigungen, unter Bezeichnung des Anfangspunkts, eines Umwegs und des Endpunkts. Um eine Vergleichsmöglichkeit zu geben, ist die Raumform auch als Linie im
normalen Gerüst gezeichnet (Abb. 47 und 48).

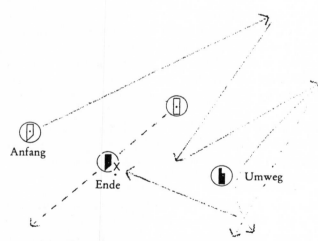

Abb. 47: Eine Form aufgeschrieben mit Zeichen freier Neigungen

Anfangspunkt   Umweg   Endpunkt

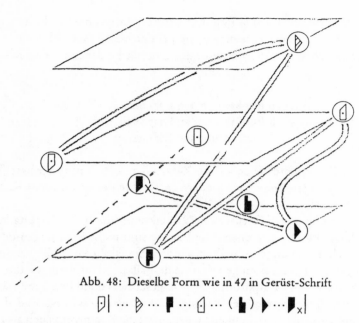

Abb. 48: Dieselbe Form wie in 47 in Gerüst-Schrift

Bei freien Neigungen wird es zunächst hilfreich sein, einige Signalpunkte festzulegen. Später wird man einer freien Raumlinie leicht folgen können, auch wenn nur der Anfangspunkt geschrieben steht. Eine der wichtigsten Fragen lautet: Wie weit erstreckt sich die Bewegung auf einer einzelnen Neigung, wenn kein Endpunkt gegeben ist?

Oft genügt es, den Anfangspunkt einer Neigung zu bezeichnen

Wenn wir wissen, welche Sequenzen von Neigungen das Gerüst beinhaltet, wird es immer klar sein, ob die Bewegung auf einer Oberflächen- oder einer Transversallinie verläuft. Wege von Neigungen und Dimensionalrichtungen außerhalb des Gerüsts werden immer sehr kurz sein, da sie ja nicht innerhalb des bequemen Bewegungsumfangs liegen. Die Wege innerhalb des Gerüsts können nahe am Körper vorbeiführen und werden deshalb viel länger sein, es sei denn, sie würden durch einen Signalpunkt beendet.

Nicht zentrumsgebundene Dimensionalen, Diameter und Diagonalen werden durch ihre Endpunkte angegeben

Wie schon erwähnt, werden irgendwo im Raum befindliche Dimensionen und Diameter in der freien Schreibweise durch ihre Endpunkte gekennzeichnet. Dasselbe gilt auch für die Diagonalen, wenn Bewegungen angegeben werden, die parallel zu den zentral verlaufenden liegen. Zum Beispiel bedeutet:

Senkrecht aufwärts (dimensional) ⎫ auf einen irgendwo
horizontal rechts-vor (diametral) ⎬ im Raum befindlichen
rechts-vor-hoch (diagonal) ⎭ Punkt bezogen.

Ein Beispiel in freier Schreibweise mit Dimensionen, Diametern und Diagonalen:

Das Bewußtsein der Körperperspektive (8. Kapitel) ermöglicht das Verständnis der Struktur von Raumlinien, die nicht allein aus Transversalen aufgebaut sind, sondern auch noch andere Elemente enthalten. Wenn wir beispielsweise der Oberfläche des Gerüsts von [ ] nach [ ] folgen und gleichzeitig einige Schritte in die Vorwärts-Richtung tun, wird sich der Breiten-Charakter dieser flachen Neigung mit der Ausweitung in den allgemeinen Raum, offensichtlich in einen der Tiefe umwandeln. Die Neigung im persönlichen Raum bleibt jedoch konstant, und das Gefühl im Körper ist immer noch flach*, jedoch ergibt die intellektuelle Betrachtung, daß der Weg der Bewegung jetzt schwebend* ist. Die Neigung im allgemeinen Raum wird sich der Dimensionalrichtung »vor« sogar noch mehr annähern, wenn die Armbewegung von einer wachsenden Anzahl von Schritten begleitet wird.

Es versteht sich, daß in der praktischen Bewegung und im Tanz das Körpergefühl vorherrscht. Aus diesem Grunde müssen die Schriftzeichen auf den persönlichen Raum oder auf die Kinesphäre bezogen werden. In Abbildung 49 ist versucht worden, eine freie Linie zu analysieren. Auch dynamosphärische Nuancen können mit freier Schrift ausgedrückt werden. Eigentlich entfalten sich dynamosphärische Skalen immer um freie Neigungen herum, womit gesagt sein soll, daß sie nie einen festen Platz im dreidimensionalen Raum haben. Wie wir wissen, entwickeln sie sich innerhalb der in den drei Dimensionen sichtbaren Bewegungen und werden durch Diagonalen gekennzeichnet, entlang denen sie sich wie flüssige Schatten bewegen.

Bezeichnung dynamosphärischer Nuancen mit freier Schrift

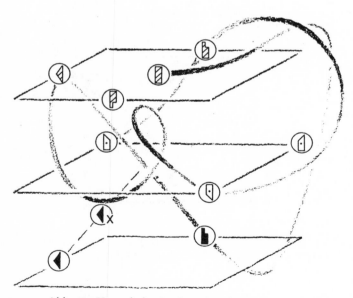

Abb. 49: Versuch der Analyse einer freien Linie

$(\;)|\cdots$ r $\cdots$ h $\cdots$ z $\cdots$ t $\cdots$ l $\cdots (\blacktriangleleft_x)$ v $\cdots$ t $\cdots$ v $\cdots$ h $|(\;)$

* Vgl. dazu Ablenkungen S. 79 und 80.

Der Weg der Unterscheidung verschiedener Spurformen führte uns von einzelnen Punkten über einzelne Strahlen zu Kreisbogen. Gewisse natürliche Grundskalen, die als Punktverbindungen beschrieben worden sind, sind in Wirklichkeit aus Strahlen oder Neigungen aufgebaut. Eine weitere Komplikation ergab sich aus der bandähnlichen Spurform, auf die wir bei der Behandlung von Lemniskaten und anderen unendlichen Schattenformen stießen.

Die freie Schreibweise verwendet Zeichen für Neigungen und vermeidet möglichst ihre Fixierung an Punkte im Gerüst. Das Bild von Spurformen wird flüssiger, und wir nähern uns dabei der Unregelmäßigkeit der Schattenformen. Freie Linien und die daraus entwickelten Formen können als eine Art Verformung der Gerüstlinien und -formen aufgefaßt werden. So betrachtet, können wir sagen, daß die Gerüstlinien regelmäßige Kristallisationen freier Formen sind, die in der unendlichen Vielzahl von möglichen Bewegungen erscheinen. Wir können jedoch die Verfeinerungen auch als Ergebnisse von dynamosphärischen Einflüssen auf regelmäßige Gerüstlinien auffassen. Dieses Spiel zwischen regelmäßigen Gerüstlinien und unregelmäßigen freien Linien gibt uns einen Hinweis darauf, wie der geistig-emotionale Ausdruck, der sich

Freie Linien und Formen als Verformungen von Gerüstlinien und -formen

Freie Linien als dynamosphärisch beeinflußte Gerüstlinien aufgefaßt

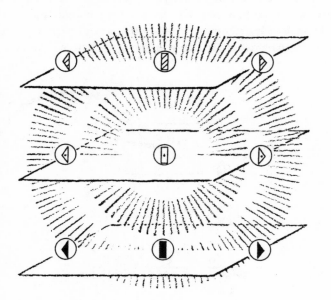

Abb. 50: Eine Sequenz von Strahllinien, die Kreise der *Bewunderung* ergeben (was Anbetung, Ehrfurcht oder Ergebung, Enttäuschung in sich schließt)

linker Arm, linke Hand: | (⬚) ▮ ··· (⬚) ◀ ··· (⬚) ◁ ··· (⬚) ◁ ··· (⬚) ▨ ···
rechter Arm, rechte Hand:| (⬚) ▮ ··· (⬚) ▶ ··· (⬚) ▷ ··· (⬚) ▷ ··· (⬚) ▨ ···

oder in umgekehrter Richtung.

in unseren Bewegungen kundtut, doch in eine gewisse Ordnung gebracht und analysiert werden kann.*

Die im 6. Kapitel entwickelte dynamosphärische Grundskala ist im wesentlichen mittels reiner Diagonalen aufgeschrieben, die als Achsen für Schattenformen dienen. Auf Dimensionalachsen bezogene Sequenzen geben uns die Möglichkeit, eine weniger aktive und mehr meditative innere Haltung zu beschreiben. Zum Beispiel scheinen Bewegungen oder Gesten der Bewunderung, der Segnung oder der Unterwerfung (siehe Abbildungen 50 bis 52) frei von solchen affektiven Erregungen zu sein, wie sie im 6. Kapitel beschrieben sind.

Auf Dimensionalachsen bezogene Sequenzen zeugen von meditativer Haltung

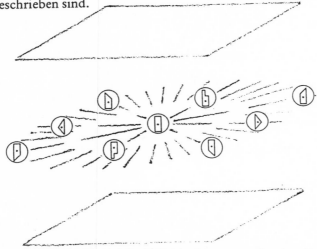

Abb. 51: Eine Sequenz von Strahllinien, die Kreise der *Segnung* ergeben (was Beglückung, Willkomm oder Demut, Einsamkeit in sich schließt)

linke Hand, linker Arm: | ([·]) [·] ... ([·]) [·] ... ([·]) ⊲ ... ([·]) ⬚ ... ([·]) ⬚ ...

rechte Hand, rechter Arm: | ([·]) [·] ... ([·]) ⊲ ... ([·]) ▷ ... ([·]) ⬚ ... ([·]) ⬚ ...

oder in umgekehrter Richtung.

Dimensionale Bewegungen sind Kombinationen verschiedener diagonaler Einflüsse, die gleichzeitig wirken. Die Diagonalen machen sich gegenseitig unwirksam, und es ergibt sich eine erhöhte Tendenz zur Stabilität.

Fast alle von den Priestern verschiedener Religionen gelehrten Bewegungen des Betens fußen auf dem gleichzeitigen Auftauchen von Aktionsstimmungen, die in Spurformen rund um die Dimensionen sichtbar werden. Sie sind in Wirklichkeit nicht Ausdruck reiner Emotionen, sondern von Emotionen, die mit besinnlicher Meditation und Kontemplation gemischt sind, und scheinen so die emotionelle Welt mit der intellektuellen Welt zu verbinden – *scheinen*, weil es keine augenfällige Grenze zwischen diesen beiden Welten gibt.

Aktionsstimmungen rund um Dimensionen: Verbindung von Emotionalität und Intellekt

* In Verbindung mit seinen weiteren Untersuchungen von dynamosphärischen Einflüssen (oder des »Antriebs«) auf die Bewegung entwickelte Laban seine »Antriebsschrift«. Sie ist ein Mittel, um die Art der Kontrolle über die Kraftausübung im räumlichen und zeitlichen Ablauf zu beschreiben. (Vgl. dazu Labans Bücher »Der moderne Ausdruckstanz« und »Die Kunst der Bewegung«, beide erschienen im Florian Noetzel Verlag).

Unterbrechung des
Bewegungsflusses um
der Analyse willen

Das analytische
Zeichen als Anstoß
zur Wieder-Verleben-
digung der Bewe-
gungserfahrung

Wir ziehen künstliche Grenzen und unterbrechen den realen Bewegungsfluß nur um der Analyse willen. Sofern wir diese Tatsache begreifen, kann Analyse, wie sie in den vorangehenden Bewegungsbeschreibungen eingesetzt ist, höchst nützlich sein. Das Bild, geprägt durch analytische Zeichen, die in der persönlichen Erfahrung wieder verlebendigt werden, wird dergestalt zu einer nützlichen und hilfreichen Quelle, was das Studium von Bewegung und ihr bewußtes Erleben anbelangt.

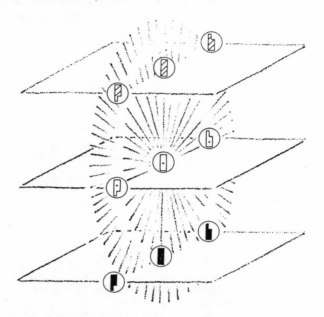

Abb. 52: Eine Sequenz von Strahllinien, die Kreise der *Unterwerfung* ergeben (was Befehlsgewalt, Stolz oder Gehorsam, Ergebenheit in sich schließt)

beide Arme oder nur einer: | (⬚) ⬚ ··· (⬚) ⬚ ··· (⬚) ⬚ ··· (⬚) ⬚ ··· (⬚) ⬚ ···
beide Arme oder nur einer: | (⬚) ⬚ ··· (⬚) ⬚ ··· (⬚) ⬚ ··· (⬚) ⬚ ··· (⬚) ⬚ ···
oder in umgekehrter Richtung.

Mit den oben beschriebenen drei Kreisen kehren wir zu unserem Ausgangspunkt im 1. Kapitel mit den drei Dimensionen zurück und schließen einen Kreislauf ab. Man mag sich daran erinnern, daß unsere erste Beschreibung der Raumorientierung auf einer Ausdeutung körperlicher Funktionen basierte, die in der überlieferten Tanz-kunst von den fünf Grundpositionen der Füße abgeleitet ist.

Wenn wir Bewegung nicht allein aus der Körperperspektive oder von der intellektuel-len Auffassung der Raum-Zeit-Orientierung her beobachten, sondern auch unter dem dreifachen Aspekt, der die in der Einführung angedeuteten verschiedenen Hal-tungen individueller Persönlichkeiten umfaßt, so werden sich eine neue Praxis und eine neue Sicht unseres Fachgebiets auftun.

Die in diesen Kapiteln gezogenen Schlußfolgerungen mögen eine Grundlage zur Entwicklung einer neuen Sicht von Raum und Bewegung bieten. Es wurde wiederholt
darauf hingewiesen, daß die unermeßliche Domäne dieser Welt erst noch erforscht
werden muß. Ihre erschöpfende Auslotung und Beschreibung ruft nach der Zusam-
menarbeit kommender Generationen.

Etwas ist sicher. Wir können die Gestalt unserer Bewegungen und Aktionen wie
einen Schrifttext lesen lernen, sobald wir einen gewissen Grad von motorischer Erfahrung in der Choreutik erworben haben; diese schließt die praktische Erfahrung der
Bedeutung von verschiedenen Raumformen und Gebilden, die aus unserem inneren
Leben stammen, mit ein.

Raum-Zeit-Gestaltungen entfalten sich in der Art und Weise von Blumen; sie schluk-
ken und erzeugen andere Gebilde; sie welken und sterben ab und werden wiederge-
boren, oft mit neuen, ganz unerwarteten inneren und äußeren Eigenschaften. Im Ver-
ein mit dem dynamischen Rhythmus, mit dem die fließende Energie diesen Raum-
Zeit-Spuren entlang vorantreibt, bilden sie das Gefährt der Bewegungssprache.

Teil 2

Elemente der Raumbewegung

Dieser Teil ist als Ergänzung von Teil I und nicht als seine Weiterentwicklung konzipiert. Als Führer zu den wesentlichen Grundlagen der raumharmonischen Praxis in Bewegung wurde er etwas anders gestaltet: die Unterteilung in Abschnitte mit klar beschreibenden Untertiteln möge dem Leser den Überblick über das Ganze erleichtern.

13. Kapitel

Unterteilung des Raumes
durch den bewegten Körper

In Teil I gelangten wir über die Betrachtung unseres bewegten Körpers zu einem Konzept der Kinesphäre. Wir haben gesehen, wie diese sphärische Form durch die kubische Raumvorstellung des Menschen vereinfacht wird (siehe 2. Kapitel). Die Ordnung innerhalb des Kubus, den wir rein als Raumform, ohne Bezug zum Körper und seinem Einsatz, betrachten können, ist wegen der rechten Winkel und gleich langen Kanten leicht verständlich. Wenn wir unseren bewegten Körper mit dieser Ordnung in Beziehung bringen wollen, stoßen wir zuerst auf einige Schwierigkeiten. Stellen wir uns vor, wir stehen in einem Würfel, dessen Eckpunkte für unsere Arme und Beine leicht erreichbar sind, wenn wir diese in die Diagonalrichtungen, die wir mit dem Kubus assoziieren, ausstrecken (Abb. 53).

1. Die drei Dimensionen der Höhe, der Tiefe und der Breite

Die Hoch-tief-Dimension
Wenn wir in unserer Stellung im Würfel nun den rechten Arm so hoch wie möglich in die Senkrechte heben, werden wir bemerken, daß

a) unsere Bewegung sozusagen die obere Fläche des Kubus durchbrochen, also einen Punkt jenseits seiner Begrenzung erreicht hat;
b) eine Seite unseres Körpers vollständig inaktiv geblieben ist und so nicht am Gefühl des Aufwärtshebens teilgehabt hat;
c) das Gewicht des Körpers sich auf das rechte Bein verlagert hat (Abb. 54).

Wenn wir jetzt das Gewicht auf das linke Bein übertragen und unseren rechten Arm immer noch hochgestreckt halten, können wir eindeutig eine Spannung fühlen, die vom »Hoch« des ausgestreckten rechten Arms diagonal durch den Körper zum »Tief« des linken Stützbeins verläuft.

Wenn wir nun aber beide Arme aufwärts strecken und das Gewicht auf beide Füße, die ein wenig auseinander stehen, verteilen, haben wir das Gefühl einer wirklichen Hoch-tief-Spannung im ganzen Körper. Eine Aufteilung der eindimensionalen Hoch-tief-Ausdehnung hat stattgefunden: Das Abweichen nach rechts und links ruft nun eine zweidimensionale, flächenhafte Spannung hervor (Abb. 55a).

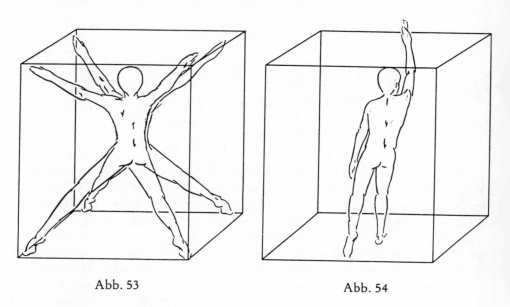

Abb. 53   Abb. 54

Die Vorwärts-rückwärts-Dimension
Wir wollen einen Arm vorwärts heben und in diese Richtung hineinlangen, so weit wir können. Wir mögen bemerken, daß der Oberkörper als natürliche Folge ein gutes Stück weit nach vorne lehnt, während ein Bein in die Gegenrichtung, nämlich rückwärts, tendiert und sich etwas vom Boden hebt. Wir stellen fest, daß der Körper, um die Dimension vor-zurück voll auszunutzen, wiederum die Hilfe einer weiteren Dimension (hoch-tief) in Anspruch nimmt. Eine weitere Möglichkeit, eine Vorwärts- oder Rückwärts-Bewegung zu erfahren, ist, einen Arm und ein Bein gleichzeitig in eine dieser Richtungen zu strecken. Der Arm wird sich natürlicherweise vor- oder rückwärts in eine höhere Lage als das Bein bewegen. Eine Aufteilung der eindimensionalen Vorwärts-rückwärts-Ausdehnung hat stattgefunden; eine Erweiterung nach auf- und abwärts ruft nun eine zweidimensionale, flächenartige Spannung hervor (Abb. 55 b). (Die Einführung einer Links-rechts-Teilung der Vor-rück-Dimension wäre nicht so passend, weil die beobachtbare Vorwärts- (oder Rückwärts-)Drehung einer Körperseite, die mit der möglichst weiten Streckung eines Glieds in diese Dimension einhergeht, nicht so entscheidend ist wie die Vorwärts- oder Rückwärts-Beugung der Wirbelsäule.)

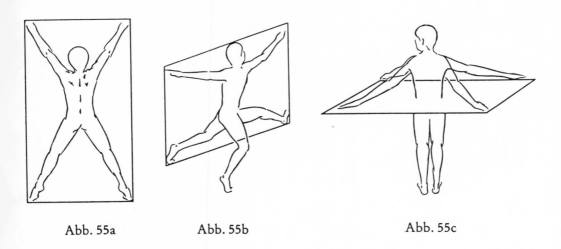

Abb. 55a   Abb. 55b   Abb. 55c

Die Rechts-links-Dimension
Laßt uns Schritte nach rechts tun, zuerst mit dem rechten, dann mit dem linken Fuß.
Wenn wir nicht von der reinen Seitwärts-Richtung abweichen wollen, wird für den
linken Fuß nur ein Schritt neben den rechten möglich sein, was die Füße zusammen,
das heißt, in die erste Position bringt. Um das linke Bein zu seiner gegenüberliegenden
Seite zu bewegen, müssen wir den Weg der Bewegung ändern und entweder vor oder
hinter dem rechten Bein kreuzen und somit wiederum eine zweite Dimension (vor-
wärts-rückwärts) zu Hilfe nehmen. Auf ähnliche Weise leiten wir den Weg einer zur
seitlichen Gegenrichtung führenden Bewegung eines Arms um, indem wir auch entweder vor oder hinter dem Körper kreuzen. Eine Aufteilung der eindimensionalen
Rechts-links-Ausdehnung hat stattgefunden; die Vorwärts- oder Rückwärts-Erwei-
terung ruft nun eine zweidimensionale flächenartige Spannung hervor (Abb. 55c).
(Wenn wir den Arm über den Kopf zur anderen Seite hinüberführten, würden wir
dies mehr als Hochstrecken als eine Bewegung zur anderen Seite wahrnehmen.)

Ebenen in drei Dimensionen
Aus dem Gesagten folgt, daß die Dimensionen vom Körper nicht als Linien, sondern
als Ebenen gefühlt werden, und zwar ist

a) die Hoch-tief-Dimension nach rechts und links erweitert;
b) die Vorwärts-rückwärts-Dimension nach hoch und tief erweitert;
c) die Rechts-links-Dimension nach vorwärts und rückwärts erweitert.

Während der Körper nicht fähig ist, eine reine eindimensionale Bewegung zu machen,
kann er sich in den obengenannten Ebenen bewegen, wenn auch auf ziemlich be-
schränkte und eingeengte Weise.

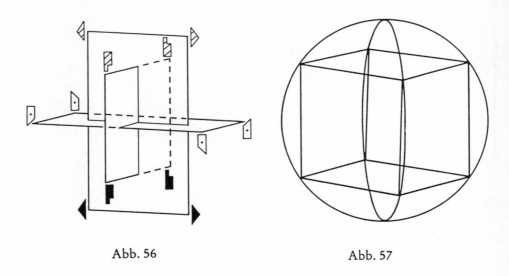

Abb. 56   Abb. 57

Abbildung 56 zeigt die drei dimensionalen Ebenen, die sich gegenseitig durchdringen. Indem wir die Dimensionalebenen mit dem Körper errichten, gelangen wir zu einer Raumaufteilung, die sich nicht mehr mit dem kubischen Raum deckt, einem System, das zu Beginn die Grundlage für unsere Raumorientierung bildete. Theoretisch könnten wir natürlich das Dimensionalkreuz in ein System von Ebenen innerhalb eines Würfels erweitern, doch wären die Ebenen dann Quadrate. Wenn wir aber die obigen Dimensionalebenen betrachten, die aus der eindimensionalen Ausdehnung heraus entwickelt worden sind, so bemerken wir, daß es keine Quadrate sind, ja daß immer eine Dimension vorherrschend ist, zum Beispiel hoch-tief, und eine zweite von minderer Wichtigkeit beigefügt ist, in diesem Fall die Rechts-links-Dimension. Aus diesem Grunde sind die Ebenen, die der Körper in seiner dimensionalen Orientierung fühlt, Rechtecke (siehe 10. Kapitel).

2. Das Ikosaëder

Wenn wir uns im Konzept unseres persönlichen Raums auf eine Kugel beziehen und uns im Innern dieser Kugel einen Kubus vorstellen, kommen wir zu dem Schluß, daß der Kubus sie mit seinen acht Ecken berührt, zwischen denen sich sechs gleich große Ebenen, seine Oberflächen, ausbreiten (Abb. 57). Wenn wir uns hingegen die drei rechteckigen Dimensionalebenen in die Kugel hineindenken, bemerken wir, daß ihre zwölf Eckpunkte (vier von jeder Ebene) die Kugel berühren (Abb. 58). Zwischen diesen breiten sich zwanzig gleichseitige Dreiecke, die Begrenzungsflächen eines Ikosaëders, aus. Dieser bietet viel mehr Details zur Orientierung als der Würfel. In ihm steht ein Gerüst zur Verfügung, dessen äußere Begrenzungen, im Gegensatz zum weniger differenzierten Würfel, sich sehr an die Kugelform annähern (Abb. 59).

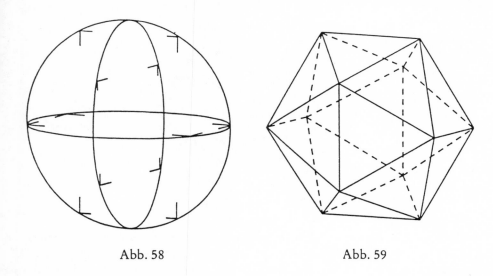

Abb. 58   Abb. 59

Dieses ikosaëdrische Gerüst wird auf drei Arten durch die Dimensionalebenen geteilt. Die Hoch-tief-Ebene teilt den Bewegungsraum in eine vordere und eine hintere
Gegend, die Vorwärts-rückwärts-Ebene trennt rechts von links ab, und die Rechts-
links-Ebene teilt den Bewegungsraum in eine obere und eine untere Gegend (genau
wie im Kubus).

Wenn wir uns mit den Gliedern frei um unseren Körper bewegen, können wir deutlich fühlen, daß die drei teilenden Ebenen Wendepunkte in den Bewegungen darstellen. Beispielsweise steigt eine bogenartige Bewegung, die von vor nach zurück über
hoch geht, auf, bis sie auf die Hoch-tief-Ebene trifft, und sinkt von da an nach rückwärts ab. Oder: eine bogenartige Bewegung von links nach rechts über vor geht genau
vor den Körper, wo sie an der Vorwärts-Rückwärts-Ebene auftrifft, und zieht sich
von da aus zur rechten Seite zurück.

In der Betrachtung der natürlichen Art des Menschen, sich zu bewegen, haben wir
bisher festgestellt, daß

a) reine eindimensionale Bewegung nie stattfindet;
b) zweidimensionale Bewegung zwar möglich ist, jedoch nicht dem wirklichen
   Potential der menschlichen Bewegung entspricht, weil es zu gebunden und
   schwerfällig ist. Ihr Charakteristikum ist Stabilität.

Diagonalen

Wir wenden uns nun der reinen Diagonalen zu als den Raumrichtungen, die auf alle
drei Dimensionen gleich große Wirkung ausüben. Wir mögen uns erinnern, daß sie im
Kubus eine Ecke mit der gegenüberliegenden verbanden und das Zentrum kreuzten
(siehe 1. Kapitel).

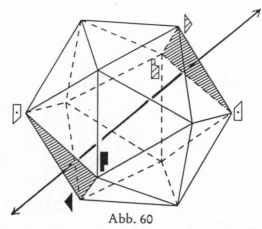

Abb. 60

Im Ikosaëder verbindet sie keine Eckpunkte, sondern durchdringt das Zentrum von Dreiecken, die aus Eckpunkten der drei dimensionalen Ebenen gebildet sind. Beispielsweise wird ein solches Dreieck aus der Ecke hoch-rechts der Hoch-tief-Ebene der Ecke vor-hoch der Vor-rück-Ebene und rechts-vor der Rechts-links-Ebene gebildet. Das gegenüberliegende Dreieck ist aus den folgenden Ecken gebildet: tief-links der Hoch-tief-Ebene, zurück-tief der Vor-rück-Ebene und links-zurück der Rechts-links-Ebene. Eine Diagonale durchsticht die Zentren dieser Dreiecke (Abb. 60). Wie im Kubus, gibt es auch im Ikosaëder vier reine Diagonalen.

Im Gegensatz zur stabilisierenden Tendenz der dimensionalen Bewegung ist die Bewegung in den Diagonalen labil; in der Tat sind die Diagonalen die labilsten aller Raumrichtungen. Unser Körper kann sich als Ganzes nur während des Bruchteils einer Sekunde in eine reine Diagonalrichtung bewegen; die Schwerkraft zwingt uns, in der Stabilität einer der Dimensionalen festen Stand zu suchen. Nur während eines Sprungs oder Falls können wir uns für einen Augenblick innerhalb einer der Diagonalen bewegen. Man könnte die Diagonale sogar als Bewegung herbeiführende Kraft betrachten.

Abgelenkte Richtungen

Als weitere Art der Raumrichtung im Würfel sind die sekundären Ablenkungen von Diagonalen und Dimensionalen besprochen worden (siehe 7. Kapitel). Ihre Einführung war nötig, um eine detailliertere Gliederung des Raums vorzunehmen. Wenn wir jetzt Richtungen in ihrer Beziehung zum bewegten Körper betrachten, fällt uns auf, daß, im Gegensatz zu den stabilen Dimensionen und den labilen Diagonalen, die abgelenkten Richtungen vom Körper ganz natürlich und deshalb am häufigsten gebraucht werden. In diesen Richtungen ergänzen sich Stabilität und Labilität auf eine Art und Weise, daß durch das diagonale Element der Fortgang der Bewegung gewährleistet ist, wobei das dimensionale Element seinen stabilisierenden Einfluß aufrecht erhält. Die abgelenkten Richtungen im Ikosaëder haben einen Neigungsgrad, der von demjenigen der abgelenkten Richtungen im Kubus verschieden ist (da die Dimensionalebenen hier Quadrate, dort Rechtecke sind); auch sind sie leicht zu erfühlen, weil sie Richtungen entsprechen, die für den bewegten Körper natürlicherweise begehbar sind.

Wenn wir uns zum Beispiel vorstellen, in einem Ikosaeder zu stehen und den Arm in die Diagonalrichtung rechts-hoch-vor und das linke Bein in die Gegenrichtung links-zurück-tief zu strecken, so daß die Spannung zwischen rechter Hand und linkem Fuß entlang der Linie einer reinen Diagonalen verläuft, so können wir leicht drei verschiedene Ableitungen wahrnehmen. Wenn wir diese Diagonale sich durch die Rechts-links-Dimension ablenken lassen, bemerken wir wie früher im Kubus, daß die anderen zwei Dimensionen gleichzeitig an Einfluß verlieren; weiter beschreiben die Enden der Diagonalen Bogen in der Kinesphäre, die zur Mitte der Oberflächenlinien führen, die zwischen den Punkten hoch-rechts und rechts-vor am einen Ende und zwischen tief-links und links-zurück am andern Ende liegen (Abb. 61a).

Wenn dieselbe Diagonale durch die Hoch-tief-Dimension beeinflußt wird, wird ein Ende der Diagonale zur Mitte der Oberflächenlinie abgelenkt werden, die zwischen den Punkten hoch-rechts und vor-hoch, und das andere Ende zur Mitte der Oberflächenlinie, die zwischen tief-links und zurück-tief liegt (Abb. 61b). Die dritte Möglichkeit der Ablenkung derselben Diagonale ist nach vor-zurück, wobei die Enden der Diagonale, die in der Kinesphäre Bogen beschreiben, schließlich die Mitte der Oberflächenlinien berühren, die vom Punkt vor-hoch zum Punkt rechts-vor, und von zurück-tief und links-zurück verlaufen (Abb. 61c). Jede Einheit von drei Oberflächenlinien, die von den beiden Enden der abgeleiteten Diagonale berührt werden, bildet ein Dreieck (siehe 7. Kapitel). Abbildung 60 stellt die polaren Dreiecke dar, die die Pole der Diagonale ▮ – ▱ umgeben.

Die Ablenkungen im Ikosaeder sind »tertiäre Ablenkungen« der Diagonalen und Dimensionen; ähnlich den im 7. Kapitel besprochenen »sekundären Ablenkungen« haben auch sie flachen, steilen oder schwebenden Charakter, wie eben gezeigt wurde. Diese drei verschiedenen charakteristischen Ablenkungen finden sich natürlich bei allen vier Diagonalen, was zwölf tertiär abgelenkte Diagonalen ergibt.

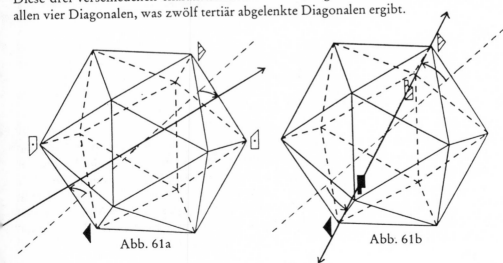

Abb. 61a   Abb. 61b

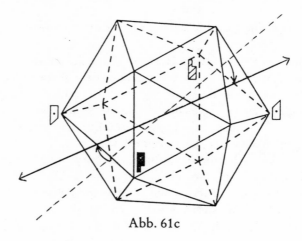

Abb. 61c

Transponierung von zentralen Richtungen

Alle Richtungen, die uns bisher bekannt wurden, schneiden sich im Zentrum der Kinesphäre. Wenn wir den Menschen in seiner natürlichen Art sich zu bewegen beobachten, stellen wir jedoch fest, daß seine Bewegungen oft nicht vom Zentrum des Körpers ausgehen, sondern es umgehen. Seine Arme und Beine schlingen sich sozusagen um sein Zentrum herum.

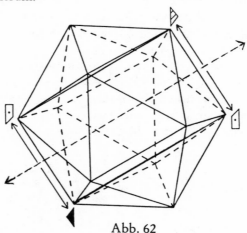

Abb. 62

So unterscheiden wir in unseren Untersuchungen in der Bewegungsharmonie zwischen »zentralen« Raumlinien – nämlich denen, die sich im Zentrum der Kinesphäre und des Körpers schneiden – und »nicht-zentralen« Raumlinien – nämlich denen, die das Zentrum meiden: Dimensionale, diagonale und abgelenkte Richtungen haben in beiden Bewegungsarten, der zentralen wie der nicht-zentralen, denselben Richtungswert; daraus folgt, daß es Raumlinien gibt, die zu den zentralen parallel verlaufen (siehe 12. Kapitel).

Wenn wir nun zu den Neigungen im ikosaëdrischen Gerüst zurückkehren, wird uns klar, daß wir die zentralen Neigungen nur zu transponieren brauchen, um zu denjenigen Neigungen zu gelangen, die für den Körper natürlicher begehbar sind. Jede zentrale Neigung kann in bezug auf die Körperstruktur auf dreierlei Arten transponiert werden, nämlich

a) vor oder hinter den Körper (flache Neigungen), oder
b) nach rechts oder nach links vom Körper (steile Neigungen), oder
c) nach oben oder nach unten am Körper (schwebende Neigungen).

(Vergleiche dazu 7. Kapitel.)

Transversale Neigungen
Solcherart werden »transversale Neigungen« geschaffen, die nun zwischen den Eckpunkten der vorerwähnten Oberflächendreiecke liegen und nicht mehr zwischen den Mittelpunkten ihrer Kanten. Ein Beispiel: transponiere die flache Ablenkung der Diagonale ▱ ... ▮ auf solche Art und Weise, daß sie einmal die Punkte ▯ – ◿ und ein andermal die Punkte ◺ – ◀ im Gerüst verbindet (Abb. 62). Es ist interessant, festzustellen, daß die Struktur des Ikosaëders mit seinen Ecken für die in die Kinesphäre transponierten Neigungen passende Orientierungspunkte bietet. Jede dieser transponierten Neigungen verbindet zwei Eckpunkte des Ikosaëders, das heißt, die transversalen Ablenkungen der Diagonale ▮ ... ▱ sind in der Richtung auf deren tieferliegendes Ende bezogen:

flach	zwischen Eckpunkten	◿	und	▯
flach	zwischen Eckpunkten	◺	und	◀
steil	zwischen Eckpunkten	◿	und	▮
steil	zwischen Eckpunkten	◿	und	◀
schwebend	zwischen Eckpunkten	◺	und	▮
schwebend	zwischen Eckpunkten	◿	und	▯

Wenn wir die zwei Dreiecke, die diese Transversalen verbinden, näher betrachten, stellen wir fest, daß die Diagonale durch das Zentrum von jedem hindurchgeht.

Der Leser sei an die Tatsache erinnert, daß jede Dimension und jede Neigung zwei Richtungen hat (siehe 1. Kapitel). Dies ist nicht nur bei den zentralen Dimensionen, Diagonalen und Diametralen der Fall, sondern auch bei den nicht-zentralen, einschließlich der transversalen Neigungen.

In den Dimensionalen und Diagonalen findet Bewegung zwischen extremen Stadien statt; vom körperlichen Standpunkt aus ist es deshalb nicht so wichtig, in welcher Richtung die Bewegung abläuft. Hinsichtlich der transversalen Neigungen bemerken wir jedoch einen wesentlichen Unterschied, der sich aus der in ihnen begangenen Richtung ergibt. Betrachten wir einmal die steilen Neigungen der Diagonale ▱ ... ▮ und folgen wir der Richtung zu ihrem oberen Ende hin. Die eine verbindet den Punkt

◀ (Hoch-tief-Ebene) mit Punkt ◿ (Vor-rück-Ebene). Die andere führt uns, ebenfalls in der Aufwärtsrichtung, von ▮ (Vor-rück-Ebene) nach ◿ (Hoch-tief-Ebene). Beide könnten auch in umgekehrter Richtung begangen werden. Unser Körpersinn jedoch findet es bequemer und angenehmer, entlang der ersterwähnten Neigung in der Aufwärtsrichtung und entlang der zweiten in der Abwärtsrichtung zu gehen. Dies könnte damit erklärt werden, daß wir beim Ziehen der ersterwähnten Neigung vom tiefsten Punkt unserer Reichweite ausgehen, und der Körper es als Erholung empfindet, sich deutlich aufwärts, wenn auch nicht zur äußersten Höhe, zu bewegen, währenddem die Bewegung in der Gegenrichtung, nämlich in dieser Höhe beginnend und zur äußersten Tiefe führend, größere Anforderungen stellt. Genau das Umgekehrte ist bei der anderen Transversalen der Fall. Wenn man sich zum höchstmöglichen Punkt rechts gestreckt hat, fühlt man bei der Bewegung nach tief, wenn auch nicht zum äußersten Punkt, doch eine Entspannung, und es erfordert mehr Anstrengung, die Gegenrichtung zu begehen, nämlich, sich nicht vom tiefsten Punkt aus, aber zum höchsten Punkt hin, zu bewegen. Deshalb haben steile Transversalen ihre Anfangspunkte in der Hoch-tief-Ebene (Abb. 63).

Ähnlich verhält es sich mit den anderen Arten von Transversalen. Die flachen Neigungen haben ihre Anfangspunkte in der Rechts-links-Ebene, damit sie als Kompensation zur extremen Seitwärts-Spannung wirken können, und die schwebenden Neigungen befriedigen am ehesten, wenn sie aus der Vor-rück-Ebene kommen. Welcher Richtung einer Neigung wir folgen, hängt demnach von ihrem Anfangspunkt in einer Dimensionalebene ab. Hier begegnen wir zum ersten Mal der Tatsache, daß die Kompensation von extremen Situationen für den Fluß der Bewegung entscheidend ist. Wir werden noch einige Male darauf zurückkommen; es ist ein interessanter Faktor, den wir in der harmonischen Bewegung beobachten können. Er deutet darauf hin, daß der Impuls zu einer Bewegung oft mehr von dem Vorangegangenen als von dem Folgenden beeinflußt wird – mit anderen Worten: Der Bewegungsimpuls entpuppt sich eher als Reaktion denn als Wunsch zu handeln.

Zwei Neigungen desselben Charakters können eine gemeinsame Ecke haben. Abb. 64a zeigt vier Paare von je zwei steilen Neigungen, die an einer gemeinsamen Ecke der Hoch-tief-Ebene beginnen und auf zwei weit auseinanderliegenden Ecken der Vor-rück-Ebene enden. Setzt man die Paare anders zusammen (Neigung mit ausgezogener und Neigung mit gestrichelter Linie), so ergibt sich, daß die beiden Neigungen bei enger zusammenliegenden Punkten der Hoch-tief-Ebene beginnen und an einer gemeinsamen Ecke der Vor-rück-Ebene enden (vgl. dazu »Scheren« S. 163). Abb. 64b zeigt vier Paare von je zwei flachen Neigungen, die an einer gemeinsamen Ecke der Rechts-links-Ebene beginnen und an zwei weit auseinanderliegenden Ecken der Hoch-tief-Ebene enden. Setzt man die Paare wieder anders zusammen, so beginnen ihre beiden Neigungen bei eng zusammenliegenden Ecken der Rechts-links-Ebene und enden an einer gemeinsamen Ecke der Hoch-tief-Ebene. Abb. 64c zeigt vier Paare von je zwei schwebenden Neigungen, die an einer gemeinsamen Ecke der Vor-rück-Ebene beginnen und an weit auseinanderliegenden Ecken der Rechts-links-Ebene enden. Setzt man die Paare anders zusammen, so beginnen die beiden Neigungen bei eng zusammenliegenden Ecken der Vor-rück-Ebene und enden an einer gemeinsamen Ecke der Rechts-links-Ebene.

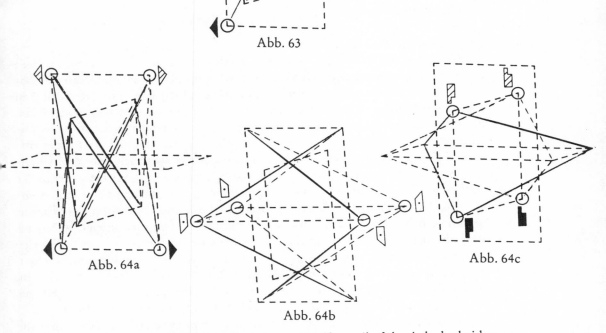

Abb. 63

Abb. 64a

Abb. 64b

Abb. 64c

Da jede Dimensionalebene die Kinesphäre in zwei Hälften teilt, führt jede der beiden Neigungen eines Paares in eine andere Hälfte und erzeugt so eine andere Spannung. Zum Beispiel teilt die Hoch-tief-Ebene vor von zurück ab. An jeder ihrer Ecken beginnen zwei Neigungen: Eine geht ihren steilen Weg nach vorne und die andere nach hinten. Da die Hoch-tief-Ebene sich auch zwischen rechts und links ausbreitet, führen die in den Ecken ▷ und ▶ beginnenden Bewegungen auch etwas nach links und die in ◁ und ◀ beginnenden Bewegungen nach rechts. Das deutet darauf hin, daß eine der bei Punkt hoch-rechts beginnenden steilen Transversalen von der Diagonalen ◮ ... ◮ und die andere von ◮ ... ◭ abgelenkt ist. Eine der von tief-rechts beginnenden steilen Transversalen ist von der Diagonalen ◀ ... ◮ und die andere von ◀ ... ◭ abgeleitet (siehe 12. Kapitel).

14. Kapitel

Sequentiale Gesetzmäßigkeiten

1. Bildung der Skalen

Der Zyklus flach-steil-schwebend
Wir haben festgestellt, daß jede Transversale eine Dimensionalebene mit einer andern verbindet, währenddem sie durch die dritte hindurchgeht; dies tut sie so, daß ihr Endpunkt einen richtungsmäßigen Anreiz für die nächste Bewegung gibt. Da alle flachen Transversalen auf der Hoch-tief-Ebene enden, also in einer extrem hohen oder tiefen Stellung, folgt darauf bei einem natürlichen Verlauf notwendigerweise eine steile Neigung, die ihren Abschluß auf der Vor-rück-Ebene findet. Hier ist der Körper entweder weit nach vorwärts oder nach rückwärts geneigt, was nach einer Ausgleichsbewegung in Form einer schwebenden Neigung ruft. Diese wiederum endet in der Rechts-links-Ebene und bringt den Körper somit in eine Stellung äußersten Offen- oder Geschlossen-Seins, das seine Auflösung in der Bewegung entlang einer flachen Neigung erhält. So hat sich uns hier eine natürliche Reihenfolge gezeigt, bestehend aus flach, steil, schwebend, flach, steil, schwebend und so fort.
Es erhebt sich nun die Frage, wie dieses zyklische Abwechseln von Neigungen weiter vom Körper umgesetzt werden kann. An jedem Endpunkt einer Transversalen haben wir die Wahl zwischen zwei neuen. Eine davon behält denselben diagonalen Wert wie die vorangehende Neigung, während die andere in eine neue Diagonale führt.
Wie wir wissen, hängen alle unsere Bewegungen von zwei natürlichen Tendenzen ab; die eine möchten wir hier Instinkt für Stabilität und die andere Instinkt für Mobilität nennen. Der Instinkt für Stabilität ist in der Schwerkraft unseres Körpers eingebettet und übt seine Wirkung nach dem physikalischen Gesetz, dem ein Pendel gehorcht, aus. Der Instinkt für Mobilität drängt uns, diese Schwerkraft zu überwinden, und zeigt seine größte Aktivität in der Anwendung des physikalischen Gesetzes der schrägen Ebene und des Hebels (siehe weiter unten S. 199). Zwischen diesen beiden Instinkten kommt es oft zum Konflikt, doch wenn man sie koordiniert, bringen sie ein Gefühl der Harmonie hervor. Deshalb sind die harmonischsten Bewegungssequenzen, die wir erfahren, diejenigen, in denen diese beiden Instinkte gleichmäßig in Betracht gezogen werden.

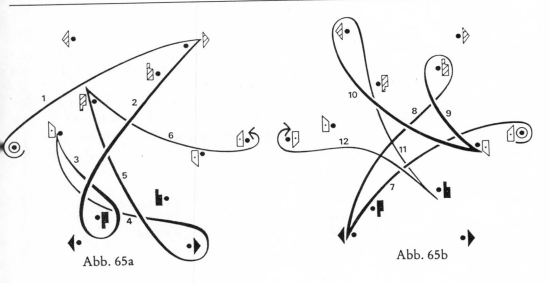

Abb. 65a   Abb. 65b

Transversale Grundskalen

Die vier transversalen Grundskalen im Ikosaëder haben dieselbe Struktur wie diejenigen im Kuboktaëder (siehe 7. Kapitel) und folgen demselben sequentialen Gesetz, jedoch besteht im Grad ihrer Neigungen eine kleine Differenz. Diese transversalen Sequenzen kehren nach zwölf Bewegungen zu ihrem Ausgangspunkt zurück. (Abb. 65a zeigt die Bewegungen 1–6 und Abb. 65b die Bewegungen 7–12 einer solchen Grundsequenz.)

Man beachte, daß alle diesem Gesetz unterworfenen Sequenzen mit ihren zwölf verschiedenen Transversalen die zwölf Eckpunkte der drei Dimensionalebenen berühren und sich in der Kinesphäre gleichmäßig ausbreiten. Erinnern wir uns daran, daß es vier solcher Skalen gibt, von denen jede aus zwölf transversalen Neigungen besteht (4 x 12 = 48). Das bedeutet, daß jede Neigung in jeder Skala zweimal vorkommt, zuerst in der einen Richtung, dann in der Gegenrichtung, die in der zweiten Hälfte der Skala liegt. Die zweite Hälfte jeder Skala liegt parallel zur ersten Hälfte (siehe Kap. 7).

Wenn wir die erste Bewegung der in Abb. 65a und b beschriebenen Grundskala ausführen, nämlich die flache Ablenkung der Diagonalrichtung ⬗ , und weiter in der Skala fortschreiten, entdecken wir, daß die siebente Bewegung eine flache Ablenkung der Diagonalrichtung ▮ ist (gleiche Neigung, umgekehrte Richtung).

Die zweite Neigung der Skala ist eine steile Ablenkung der Richtung ▮, die ihre Parallele in der achten Bewegung als steile Ablenkung der Richtung ⬗ hat.

In der Betrachtung der hier beschriebenen vier Bewegungen fällt weiter auf, daß sie alle Ablenkungen ein und derselben Diagonalen darstellen.

Wir können nun mit der Beschreibung der nächsten zwei, das heißt, der dritten und der vierten Bewegung der Skala fortfahren und sie mit der neunten bzw. der zehnten

Bewegung als die in umgekehrter Richtung begangenen Parallelen vergleichen. Wiederum stellen wir Ablenkungen ein und derselben Diagonalen fest, nämlich derjenigen mit den Richtungen ⬧ und ❙ , und die Neigungen sind schwebend (dritte und achte Bewegung) und flach (vierte und neunte Bewegung).

Die Betrachtung der fünften und der sechsten Bewegung schließlich sowie ihrer parallelen Umkehrungen, der elften und der zwölften Bewegung, ergibt, daß sie steile bzw. schwebende und von der Diagonalen ⬧···❙ abgelenkte Neigungen sind.

Daraus folgt, daß jede Grundskala Ablenkungen von nur drei der vier Diagonalen enthält.

	1. Diagonale =	1. und	2. Transversale
	2. Diagonale =	3. und	4. Transversale
	3. Diagonale =	5. und	6. Transversale
und wieder	1. Diagonale =	7. und	8. Transversale
	2. Diagonale =	9. und	10. Transversale
	3. Diagonale =	11. und	12. Transversale

Wir schließen daraus, daß in jeder Grundskala eine Diagonale fehlt.

Was bedeutet dies nun für die praktische Bewegung, und wie ist man auf diese Tatsachen gekommen?

Man darf davon ausgehen, daß natürliche Bewegungssequenzen existierten, lange bevor man irgendeine Theorie darüber entwickelte (siehe Kap. 4). Bei der Entdeckung ihrer Gesetzmäßigkeiten hat man diese uralten Bewegungssequenzen im Hinblick auf ihre Zwölfteiligkeit ausgewertet und ausgebaut, dies auf ähnliche Art und Weise, wie musikalische Skalen und andere harmonische Folgen errichtet wurden. Teile davon mögen zu tänzerischem Ausdruck führen, wenn man sie in frei erfundenen Bewegungsabläufen gebraucht. Jedoch geht es uns hier um die Erklärung ihrer Gesetzmäßigkeiten, der wir uns weiterhin widmen wollen.

2. Diagonalwechsel und seine Wichtigkeit innerhalb der Skalen (Spitze und Volute)

Der zweiteilige Rhythmus der Diagonalrichtungen und der dreiteilige Rhythmus der Neigungen (flach-steil-schwebend) helfen uns, die transversalen Bewegungsskalen zu analysieren und sie in der Bewegung zu entwickeln.

Führen wir eine innere Grundskala aus und nehmen wir als Bewegungseinheit immer zwei aufeinanderfolgende Neigungen, die von derselben Diagonalen abgeleitet sind! Das Ergebnis ist eine Reihe ruhelos hin- und zurückfedernder Bewegungen. Die ganze Bewegungssequenz erscheint scharf und spitz. Deshalb können wir Neigungen, die einander folgen und von derselben Diagonalen abgeleitet sind, »diagonale Spitzen« nennen. (»Diagonale Spitzen« im Unterschied zu »dimensionalen Spitzen« siehe S. 166.)

Laßt uns jetzt als Bewegungseinheit zwei Neigungen nehmen, die von zwei verschiedenen Diagonalen abgeleitet sind. Wir bemerken, daß die Bewegungen weich und fließend werden. Dies ergibt sich daraus, daß sich die Neigungen nicht im Sinne eines

Hin-und-Zurücks folgen, sondern daß ein Übergang in die zweite Neigung entlang eines kurvigen, bogenartigen Wegs erfolgt. Wir können diese Art von Bewegungseinheiten »diagonale Voluten« nennen. (»Diagonale Voluten« im Unterschied zu »dimensionalen Voluten«, siehe S. 164.)

Wenn wir nun beide in einer transversalen Grundskala enthaltenen Bewegungseinheiten betonen würden, so hätte dies eine ziemliche Unruhe zur Folge. Es würden sich so Mischungen und Überlappungen von Bewegungseinheiten ergeben, nämlich »Spitze-Volute« gefolgt von »Volute-Spitze«; dies würde zusammen mit dem schon erwähnten dreiteiligen Rhythmus dem kontinuierlichen Fortgang des den Skalen innewohnenden Bewegungsflusses zuwiderlaufen.

Wie unterscheidet man nun zwischen den vier transversalen Grundskalen? Wir haben schon erwähnt, daß in jeder Skala drei Diagonalen aktiv sind und eine, die vierte, fehlt. Diese fehlende Diagonale ist ausschlaggebend für die Unterscheidung der vier Skalen; sie bildet sozusagen das »Rückgrat«, die Achse der jeweiligen Skala. Alle Voluten einer Skala kreisen um die fehlende Diagonale. Beispielsweise beschreibt die erste Volute steil-schwebend (von ♭ über ▌ nach ♭) der abgebildeten Skala einen Umweg zum direkten Weg ♭ – ♭ . Diese direkte Verbindung ist eine flache Ablenkung der fehlenden Diagonale ♮ – ▐ , jedoch in deren umgekehrter Richtung, das heißt, sie *geht* zur Rechts-links-Ebene, anstatt von ihr her zu *kommen*. Die zweite Volute der Skala, flach-steil (von ♭ via ▶ nach ♮), macht einen Umweg zum direkten Weg zwischen ♭ und ♮ . Dies ist wiederum eine Neigung der fehlenden Diagonale in umgekehrter Richtung, jedoch diesmal eine schwebende. Die dritte Volute besteht aus schwebend-flach (von ♮ via ◌ nach ◀) und macht einen Umwegsbogen zum direkten Weg zwischen ♮ und ◀ , der eine steile Ablenkung der fehlenden Diagonale, wieder umgekehrt gerichtet, darstellt. (Abb. 66 illustriert die erwähnten drei direkten Wege mit ihren Voluten-Umwegen.)

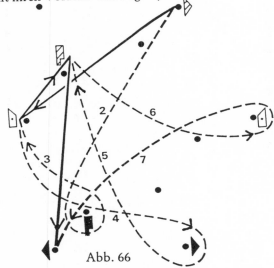

Abb. 66

Diese drei Voluten (gebildet aus sechs Transversalen) ergeben die halbe Grundskala. Da ihre eine Hälfte parallel zur anderen liegt, werden die direkten Verbindungen zwischen den Anfangs- und Endpunkten der nächsten drei Voluten ebenfalls parallel zu denjenigen der ersten Hälfte stehen. Somit liegt jede Volute auf einem Kreisweg um die fehlende Diagonale herum, und diese Diagonale bildet gleichzeitig die Achse der Skala.

Struktur der transversalen Grundskalen (A- und B-Skala)
Es folgt eine Übersicht der vier transversalen Skalen unter Berücksichtigung ihrer Struktur und Beziehungen.

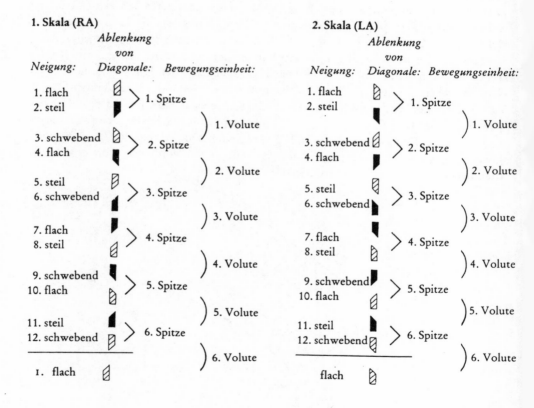

3. Skala (RB)　　　　　　　　　**4. Skala (LB)**

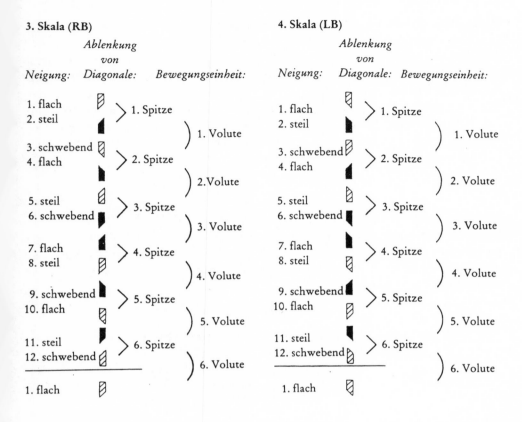

In diesem Zusammenhang sei eine normale, leichte Art der Begehung der transversalen Grundskalen erwähnt: Oberkörper und Arm schwingen entlang den Neigungen, was mit zwei Schritten in dieselbe Richtung begleitet wird, so daß wir beim Endpunkt auf dem Bein der Seite der aktiven Körperseite stehen. In der ersten Neigung von RA würde demnach zusammen mit dem Armschwung das Schrittmuster linkes Bein – rechtes Bein in die flach abgelenkte diagonale Richtung ⬡ ausgeführt.

Wenn wir die vier Skalen miteinander vergleichen, fällt uns auf, daß die 1. und die 2. sowie die 3. und die 4. Skala je symmetrisch übereinstimmen (siehe Kapitel 7). Das kann im Körper klar gefühlt werden, da die 1. und die 3. Skala im wesentlichen Bewegungen für die rechte Seite enthalten, die sich bei den Bewegungen der 2. und der 4. Skala in der linken Seite spiegeln. Aus diesem Grunde nennen wir die 1. und die 2. Skala rechte und linke A-Skala (RA und LA) und die 3. und die 4. Skala rechte und linke B-Skala (RB und LB). Wenn wir jetzt die zwei A-Skalen als ein 24 Transversalen umfassendes Ganzes betrachten, bemerken wir, daß diese nicht 24 verschiedene Neigungen darstellen, sondern nur 20. Das rührt daher, weil die 1. Neigung der rechten Skala mit der 10. der linken identisch ist, wie auch die rechte 4. mit der linken 7., die rechte 7. mit der linken 4. und die rechte 10. mit der linken 1. Unsere körperliche

Rechts-links-Symmetrie bewirkt, daß die flachen Neigungen, die ja von der einen Seite zur anderen hinüber kreuzen, ihre Identität in den beiden Skalen tauschen.

Von jetzt an wollen wir uns auf die *Neigungen* der rechten A-Skala anhand der Symbole 1, 2, 3 usw. bis 12 beziehen, und auf diejenigen der linken A-Skala anhand L1, L2, L3 usw. bis L12.

Wenn wir nun die zwei B-Skalen (RB und LB) näher untersuchen, so erweisen sich die enthaltenen Neigungen als dieselben wie in den A-Skalen, wenn auch in anderer Reihenfolge, jedoch mit Ausnahme der flachen Neigungen, die durch vier neue ersetzt worden sind. Es sind dies die Punktverbindungen:

$$◁\ \text{zu}\ ◁\quad (\text{parallel zu})\quad ◁\ \text{zu}\ ▶$$

$$◁\ \text{zu}\ ◀\quad (\text{parallel zu})\quad ◁\ \text{zu}\ ▷$$

Das erste Parallelenpaar sind Bewegungen, die im wesentlichen von der linken Körperseite ausgeführt werden, und das zweite Paar Bewegungen der rechten Seite. Die Zeichen »0«[*] und »∞«[*] werden den bisherigen Zeichen 1 bis 12 hinzugefügt, um diese neuen Neigungen zu kennzeichnen:

L ∞	(d. h. links unendlich)	für	◁ zu ◁
L 0	(d. h. links Null)	für	◁ zu ▶
0	(d. h. Null)	für	◁ zu ◀
∞	(d. h. unendlich)	für	◁ zu ▷

Die Bezeichnungen der in den vier Skalen enthaltenen transversalen Neigungen lauten demnach wie folgt:

RA	LA	RB	LB
1	10 (oder L1)	L ∞	∞
2	L 2	11	L 11
3	L 3	L 12	12
4	7 (oder L4)	0	L 0
5	L 5	8	L 8
6	L 6	L 9	9
7	4 (oder L7)	L 0	0
8	L 8	5	L 5
9	L 9	L 6	6
10	1 (oder L10)	∞	L ∞
11	L 11	2	L 2
12	L 12	L 3	3

[*] Die Zeichen 0 und ∞ wurden als Behelf gewählt und haben in diesem Zusammenhang keine mathematische oder philosophische Bedeutung.

Eine Neigung und ihre Parallele (siehe S. 153) werden als zwei Neigungen einer Skala aufgefaßt (Anmerkung des Übersetzers).

Wie die flachen Neigungen der zwei A-Skalen kommen alle neuen Neigungen in jeder der zwei B-Skalen vor. Mit den vorher gefundenen 20 Neigungen der A-Skalen lautet die Summe der im ikosaëdrischen Gerüst möglichen Transversalen 24 (siehe 7. Kapitel).

Ausdruckscharakter der transversalen Grundskalen

Lassen wir nun diese rein theoretischen Betrachtungen über die Skalen beiseite und wenden wir uns dem Bewegungsinhalt zu. Es wurde schon gesagt, daß jede Skala ihre Achse hat, die sozusagen ihr Rückgrat bildet. Dies geht über reine Theorie hinaus, denn diese »fehlende Diagonale« ist für den Ausdruckscharakter der Skala entscheidend. Zum Beispiel fehlt in der rechten A-Skala die Diagonale 🙾 · · · 🙽 . Es ist die Diagonale, in der bei einer rechtsgeführten Bewegung am besten Kraft entwickelt werden kann, während die andern drei Diagonalen eine kraftvolle Bewegung der rechten Gliedmaßen auf die eine oder andere Art und Weise behindern. Das bedeutet, daß die »stärkste Diagonale« in der rechten A-Skala fehlt. Daraus folgt, daß sich in den Bewegungen dieser Skala ein Mangel an natürlicher Kraftentladung bemerkbar macht. Die Skala tendiert zum Weichen, Gemäßigten. In der linken A-Skala ist es die entsprechende Diagonale 🙾 · · · 🙽 , die fehlt und energetische Aktion der linken Seite hervorrufen würde.

Die fehlende Diagonale in RB ist 🙾 · · · 🙽 und in LB 🙾 · · · 🙽 . Jede dieser Diagonalen scheint eine zarte Bewegungsqualität der entsprechenden Körperseite zu fördern. Deshalb haben die B-Skalen einen viel aktiveren Charakter als die A-Skalen. Dieser durch die räumliche Plazierung der Bewegungen bedingte Unterschied in der Ausdrucksqualität zwischen den A- und den B-Skalen kann in der Übung durch besondere begleitende Schrittmuster und -rhythmen unterstützt werden.

Ein Beispiel: Wenn wir nun durch die Voluten der A-Skalen schwingen, könnten wir, um die Ausdrucksqualität hervorzuheben, die erste Neigung jeder Volute durch eine parallele Beingeste der aktiven Körperseite begleiten und die zweite durch einen Schritt desselben Beins in die Richtung des Endpunkts:

2 (mit Geste) – 3 (mit Schritt)
4 (mit Geste) – 5 (mit Schritt)
5 (mit Geste) – 6 (mit Schritt)
usw.

Weil Arm und Bein derselben Seite parallelen Spurformen folgen, enthält die Bewegung des ganzen Körpers einen mühelosen, glatten Fluß (weicher, weiblicher Charakter der A-Skalen). Um den männlichen Charakter der B-Skalen zu betonen, stellen wir den oberen Teil des Körpers den Schrittmustern energisch gegenüber. So können beispielsweise der Oberkörper und die Arme die erste Voluteneigung begehen, während der Schritt zum Endpunkt der zweiten schon eingeleitet wird, was in einer Gegenspannung resultiert, die erst aufgelöst wird, wenn der Oberkörper die ganze Spurform zu Ende führt.

Diese Art der Ausgestaltung der beiden Skalen mag etwas willkürlich scheinen; sie
fußt jedoch auf dem Bewegungsausdruck, der sich aus den räumlichen Gegebenheiten
ergibt. Wenn wir die A-Skalen gemäß den Prinzipien der B-Skalen ausführen müßten,
wären wir nicht fähig, denselben Grad des starken und impulsiven Ausdrucks wie in
den B-Skalen zu erreichen; umgekehrt würde sich eine B-Skala nicht so gut für wei-
che, fließende Bewegungen wie die A-Skala eignen. Deswegen benennen wir die Skalen manchmal auch so:

$$A = \text{weibliche Skalen (Moll-Skalen)}$$
$$B = \text{männliche Skalen (Dur-Skalen)}$$

In diesem Zusammenhang dürfen wir den Leser an zwei Dinge erinnern:
a) daß die ersten sechs Neigungen der A-Skala den Abwehrbewegungen im Fechten
   gleichen (siehe 4. und 7. Kapitel) und
b) daß es nicht nur eine Symmetrie der rechten und der linken Skala gibt, sondern daß
   jede Skala auch eine symmetrische Beziehung zu jeder andern unterhält. Am leichtesten verstehen wir die Rechts-links-Symmetrie zwischen RA und LA und zwischen RB und LB, da auch unser Körper diese symmetrische Struktur aufweist,
   doch wir sind nicht gleich vertraut mit der Oben-unten- und der Vor-rück-Symmetrie. Nichtsdestoweniger existieren diese Symmetrien im Raum, und wir möchten an dieser Stelle auf sie zurückkommen.

Wechselbeziehungen der transversalen Grundskalen
Wie schon erklärt wurde, bildet die *Rechts-links-Symmetrie* die Beziehung zwischen

RA und LA;
RB und LB.

Die linken Skalen sind die Spiegelbewegungen der rechten, wobei die Vor-Rück-
Ebene den »Spiegel« darstellt; oder man wird halb um ihre Achse gedreht, die sich von
rechts nach links erstreckt (ein halber Purzelbaum).
Im ersten Teil (7. Kapitel) sind auch die Echo- und die Spiegelecho-Form einer Skala
erwähnt worden. Diese Formen ergeben sich aus den Wechselbeziehungen der A-
und B-Skalen wie folgt.
Die Echo-Form, die wir durch eine halbe Drehung um die Oben-unten-Achse
erhalten, findet sich in der *Oben-unten-Symmetrie* von

RA und RB;
LA und LB.

Diese Symmetrie ist auf die Rechts-links-Ebene bezogen (halbe Kreiseldrehung).

Die Spiegelecho-Form ist auf die Hoch-tief-Ebene bezogen und stellt die *Vor-rück-Symmetrie* dar. Sie ist das Ergebnis einer halben Drehung um die Vor-rück-Achse (halbe Rad-Drehung). Diese Beziehung findet sich zwischen

RA und LB;
LA und LB.

All dies wird in der Bewegung leicht erkennbar durch die Tatsache, daß den rechts-links-symmetrischen Skalen die flachen Transversalen (1,4,7,10) gemeinsam sind. Die oben-unten-symmetrischen Skalen haben die steilen Transversalen (2,5,8,11) und die vor-rück-symmetrischen Skalen die schwebenden Transversalen (3,6,9,12) gemeinsam.

Diese jeweils zwei Skalen zugeteilten Neigungen erscheinen im Gegensatz immer in der umgekehrten Reihenfolge:

$$RA\to \begin{pmatrix}1\\L10\end{pmatrix}\ \begin{matrix}2\\L9\end{matrix}\ \begin{matrix}3\\L8\end{matrix}\ \begin{pmatrix}4\\L7\end{pmatrix}\ \begin{matrix}5\\L6\end{matrix}\ \begin{matrix}6\\L5\end{matrix}\ \begin{pmatrix}7\\L4\end{pmatrix}\ \begin{matrix}8\\L3\end{matrix}\ \begin{matrix}9\\L2\end{matrix}\ \begin{pmatrix}10\\L1\end{pmatrix}\ \begin{matrix}11\\L12\end{matrix}\ \begin{matrix}12\\L11\end{matrix}\ \leftarrow LA \Bigg\}\ \text{(flach)}$$

$$RA\to \begin{matrix}1\\L3\end{matrix}\ \begin{pmatrix}2\\2\end{pmatrix}\ \begin{matrix}3\\\infty\end{matrix}\ \begin{matrix}4\\L6\end{matrix}\ \begin{pmatrix}5\\5\end{pmatrix}\ \begin{matrix}6\\L0\end{matrix}\ \begin{matrix}7\\L9\end{matrix}\ \begin{pmatrix}8\\8\end{pmatrix}\ \begin{matrix}9\\0\end{matrix}\ \begin{matrix}10\\L12\end{matrix}\ \begin{pmatrix}11\\11\end{pmatrix}\ \begin{matrix}12\\L\infty\end{matrix}\ \leftarrow RB \Bigg\}\ \text{(steil)}$$

$$RA\to \begin{matrix}1\\L11\end{matrix}\ \begin{matrix}2\\\infty\end{matrix}\ \begin{pmatrix}3\\3\end{pmatrix}\ \begin{matrix}4\\L2\end{matrix}\ \begin{matrix}5\\L\infty\end{matrix}\ \begin{pmatrix}6\\6\end{pmatrix}\ \begin{matrix}7\\L5\end{matrix}\ \begin{matrix}8\\0\end{matrix}\ \begin{pmatrix}9\\9\end{pmatrix}\ \begin{matrix}10\\L8\end{matrix}\ \begin{matrix}11\\L0\end{matrix}\ \begin{pmatrix}12\\12\end{pmatrix}\ \leftarrow LB \Bigg\}\ \text{(schwebend)}$$

Voluten-Bindeglieder

Wir wissen, daß die fehlende Diagonale jeder Skala als deren Achse betrachtet werden muß. Die Neigung der Achse wird deutlich durch die wiederholte Ausführung der einzelnen Voluten, da nämlich das Bindeglied zwischen dem End- und dem Anfangspunkt einer Volute eine Ablenkung von der Achse darstellt. Wir nennen es ein Voluten-Bindeglied oder kurz »Feigenschluß« (siehe Abb. 66).

Die sechs Voluten-Bindeglieder der Voluten der RA-Skala sind:

Volute		2 – 3		Bindeglied	∞
,,	(L 7 oder)	4 – 5		,,	L6
,,		6 – 7	(oder L4)	,,	L5
,,		8 – 9		,,	0
,,	(L1 oder)	10 – 11		,,	L12
,,		12 – 1	(oder L10)	,,	L11

der LA-Voluten:

Volute		L2–L3		Bindeglied	L∞
"	(7 oder)	L4–L5		"	6
"		L6–L7	(oder 4)	"	5
"		L8–L9		"	L0
"	(1 oder)	L10–L11		"	12
"		L12–L 1	(oder 10)	"	11

der RB-Voluten:

Volute	0–8	Bindeglied	9
"	L9–L0	"	L8
"	5–L6	"	4 (oder L7)
"	∞–2	"	3
"	L3–L∞	"	L2
"	L3–L∞	"	L2
"	11–L12	"	10 (oder L1)

der LB-Voluten

Volute	L0–L8	Bindeglied	L9
"	9–0	"	8
"	L5–6	"	L4 (oder 7)
"	L–L2	"	L3
"	3–∞	"	2
"	L11–12	"	L10 (oder 1)

(Beachte besonders die Volute, die hier als die erste in den B-Skalen steht. Es besteht eine Übereinkunft darüber, die B-Skalen auf diese Weise zu beginnen, aufgrund des Balancegefühls des Körpers in einer Anfangs- oder Schlußstellung.)

Achsen-Skala (auch »Bündel« genannt)
Die Feigenschlüsse jeder Skala können in umgekehrter Reihenfolge zu einer Bewegungssequenz verbunden werden, nämlich zu den sogenannten *Achsenskalen* (kurz »Achsen«).

Achse RA: L11 – L12 – 0 – L5 – L6 – ∞
Achse LA: 11 – 12 – L0 – 5– 6 – L∞
Achse RB: 9 – 10 – L2 – 3 – 4 – L8
Achse LB: L9 – L10 – 2 – L3 – L4 – 8

Abb. 67a zeigt die RA-Achsenskala, Abb. 67b die RB-Achsenskala. Jede Achsenskala enthält alle sechs Ablenkungen einer Diagonale. Die vier Achsenskalen zusammen umfassen somit alle 24 Neigungen, geordnet nach ihrem Diagonalwert. Die in jedem Bündel (oder Achse) hervorgebrachte Bewegung ist wiegender, schwingender Natur.

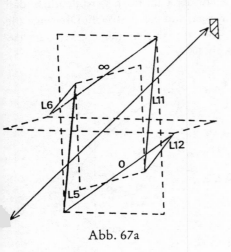

Abb. 67a

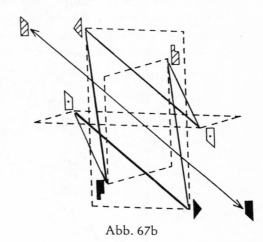

Abb. 67b

3. Sequenzen aus Transversalen, die nicht zu skalenartigen Gebilden führen

Die vier transversalen Grundskalen und die vier Achsenskalen sind die einzigen skalenartigen Gebilde, die sich aus der harmonisch geordneten Zusammensetzung der 24 Transversalen ergeben.
In der Bewegung kommen häufig auch eine Anzahl anderer aus transversalen Neigungen bestehender Gebilde vor. Sie haben keinen Skalencharakter, wie zum Beispiel die *Dreiringe*, auf die wir zuerst eingehen.

Transversale Dreiringe
Wenn eine Volute zusammen mit ihrem Bindeglied eine neue Bewegungseinheit bildet, nennen wir diese einen Dreiring. Dies ist ein aus drei gleichmäßig betonten Abschnitten bestehender Kreis. In diesen drei Abschnitten fällt uns auf, daß die drei

darin enthaltenen Transversalen eine flache, eine steile und eine schwebende Neigung haben und daß alle drei zu verschiedenen Diagonalen gehören. Die vierte Diagonale fehlt wiederum und bildet die Achse, das heißt, der Dreiring bewegt sich um die vierte Diagonale herum, die ihrerseits das Zentrum der Dreiring-Ebene vertikal durchsticht. Man könnte daraus schließen, daß sich aus den 24 Voluten (sechs Voluten aus vier Skalen) 24 Dreiringe ergäben. Dies ist aber nicht der Fall, doch wird deutlich, daß zwei Dreiringe um jede der vier Diagonalen kreisen, und daß diese acht Dreiringe alle Voluten enthalten. Wenn wir den Dreiring 2 – 3 – ∞ analysieren, bemerken wir, daß er die folgenden drei Voluten enthält (siehe Abb. 68a):

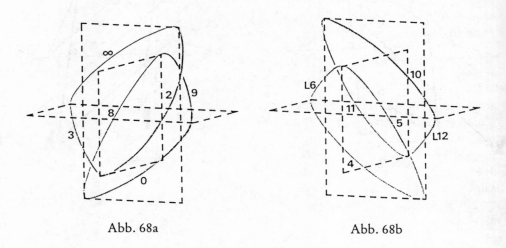

Abb. 68a   Abb. 68b

von der RA-Volute: 2 – 3 (Bindeglied ∞)
von der RB-Volute: ∞ – 2 (Bindeglied 3)
von der LB-Volute: 3 – ∞ (Bindeglied 2)

Der Dreiring 8 – 9 – 0 (ebenfalls dargestellt in Abb. 68a) enthält:

von der RA-Volute: 8 – 9 (Bindeglied 0)
von der RB-Volute: 0 – 8 (Bindeglied 9)
von der LB-Volute: 9 – 0 (Bindeglied 8)

Und die entsprechenden Dreiringe auf der linken Seite.
Der Dreiring 4 – 5 – L6 (dargestellt in Abb. 68b) enthält:

von der RA-Volute: 4–5 (Bindeglied L6)
von der LA-Volute: L6–L7 (oder 4) (Bindeglied 5)
von der RB-Volute: 5–L6 (Bindeglied 4)

Der Dreiring 10 – 11 – L12 (ebenfalls dargestellt in Abb. 68b) enthält:

> von der RA-Volute: 10–11 (Bindeglied L12)
> von der LA-Volute: L12–L1 (oder 10) (Bindeglied 11)
> von der RB-Volute: 11–L12 (Bindeglied 10)

Und die entsprechenden Dreiringe auf der linken Seite.
So wird die Mannigfaltigkeit der Voluten plötzlich auf acht kreisförmige Gebilde reduziert, die aber alle diesbezüglichen Möglichkeiten der vier zwölfteiligen Skalen in sich bergen. Sie enthalten einfache Themen, aus denen harmonische Bewegungssequenzen und -variationen entwickelt werden können, besonders in Berücksichtigung der Skalen-Charakteristika der einzelnen Voluten.

Schlangen

Weitere einfache Gebilde sind die *Schlangen* (so genannt, weil sie eine serpentinenartige Spurform besitzen); sie stellen Teile der transversalen Skalen dar, nämlich eine Volute und die nachfolgende Spitze. Wie die Dreiringe enthalten auch sie eine flache, eine steile und eine schwebende Neigung, doch anstatt eine Diagonale zu umkreisen, umgehen sie eine transversale Dimension. Beispielsweise wird in der Spurform 2 – 3 – 4 – h* zum Schluß von tief nach hoch gewechselt (von ▶ nach ▷), was eine »transversale Dimensionale« ist; die eigentliche Spurform folgt einem schneckenförmigen Weg: ▷ ... ▮ ... ▯ ... ▶ ... ▷. Schlangen finden sich ebenfalls häufig in elementaren Bewegungsthemen.

Scheren

Die nächsten Bewegungssequenzen, denen wir uns widmen, sind auch allein aus Transversalen bestehende Gebilde; wir nennen sie *Scheren*. In ihnen treffen wir zum ersten Mal umgekehrte Transversalen an, das heißt, in umgekehrter Richtung begangene Transversalen. Das bedeutet, daß wir nicht mehr nur den elementarsten Gesetzen folgen, sondern einige Verwicklungen einzubeziehen beginnen. Deshalb kommen die Scheren selten als unabhängige Bewegungsthemen vor, sondern eher als Verbindungen zwischen zwei verschiedenen Skalen. Ausdrucksmäßig haben sie entweder einen zurückhaltenden *(ritardando)* oder einen fördernden *(accelerando)* Einfluß auf den Bewegungsfluß, der seinerseits sozusagen im Sturm genommen werden muß, damit der Widerstand, den ihm die umgekehrten Neigungen entgegensetzen, überwunden werden kann.
Die Scheren bestehen aus vier Transversalen und haben immer eine vollständig symmetrische Struktur; von einem zentralen Punkt ihrer Spurform aus können sich Neigungen nahezu identischen Charakters in zwei Richtungen, zum Anfang oder zum Ende der ganzen Linie, bewegen. Wir unterscheiden verschiedene Arten von Scheren, je nachdem wie die darin enthaltenen Spitzen und Voluten einander folgen.

---

* Zur weiteren Erklärung der Bezeichnung »h« vgl. Gipfelschwünge, S. 183 (und Klammerbemerkung auf S. 180).

Der zentrale Teil dieser Gebilde besteht entweder aus zwei steilen oder zwei schwebenden oder zwei flachen Neigungen. Wenn der Anfangs- und der Endpunkt dieser beiden kombinierten Neigungen durch eine periphere* Dimensionale getrennt sind, sprechen wir von einer dimensionalen Spitze (Abb. 69a). Wenn sie jedoch durch eine transversale Dimensionale getrennt sind, sprechen wir von einer dimensionalen Volute (Abb. 69b). Die Winkel der dimensionalen Spitzen und Voluten sind gleich groß wie diejenigen der diagonalen Spitzen und Voluten.

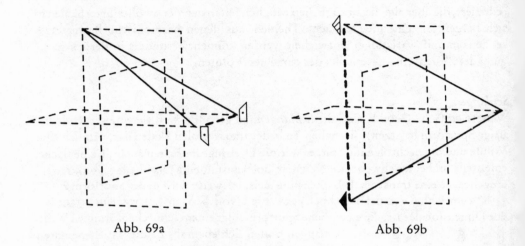

Abb. 69a   Abb. 69b

Es existieren folgende dimensionale Spitzen:

flach:	$1-\infty$	(umgekehrt)	
	$L1-L$	(umgekehrt)	
	$7-0$	(umgekehrt)	(Abb. 70a)
	$L7-L0$	(umgekehrt)	
steil:	$2-L2$	(umgekehrt	
	$5-L5$	(umgekehrt)	
	$8-L8$	(umgekehrt)	(Abb. 71a)
	$11-L11$	(umgekehrt)	
schwebend:	$3-L6$	(umgekehrt)	
	$12-L9$	(umgekehrt)	
	$L3-6$	(umgekehrt)	(Abb. 72a)
	$L12-9$	(umgekehrt)	

Dimensionale Spitzen schließen immer eine umgekehrte Neigung ein, nämlich die *zweite* der Sequenz, wie oben ersichtlich ist.

---

* »Peripher« bedeutet, daß die Bewegung einer Oberflächenlinie des Gerüsts folgt (siehe 7. Kapitel).

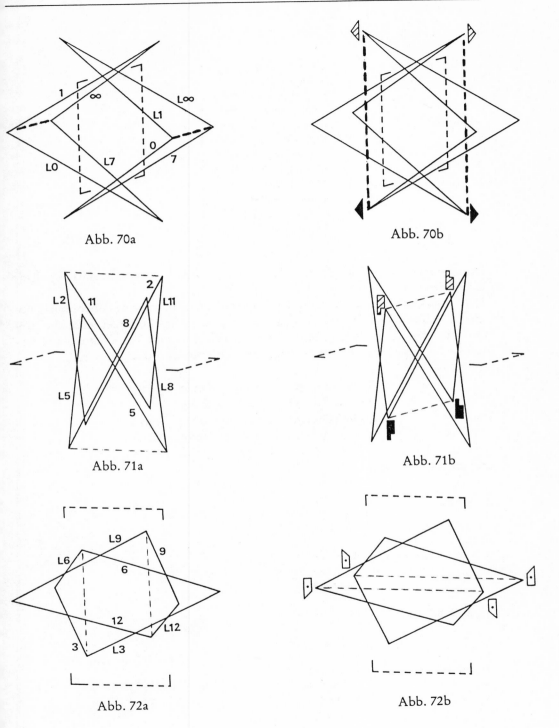

Abb. 70a

Abb. 70b

Abb. 71a

Abb. 71b

Abb. 72a

Abb. 72b

Es existieren folgende dimensionale Voluten:

flach:
- L0 (umgekehrt) – 1
- 0 (umgekehrt) – L1
- L∞ (umgekehrt) – 7
- ∞ (umgekehrt) – L7

(Abb. 70b)

steil:
- 2 (umgekehrt) – L11
- L2 (umgekehrt) – 11
- 5 (umgekehrt) – L8
- L5 (umgekehrt) – 8

(Abb. 71b)

schwebend:
- 3 (umgekehrt) – L3
- 6 (umgekehrt) – L6
- 9 (umgekehrt) – L9
- 12 (umgekehrt) – L12

(Abb. 72b)

Dimensionale Voluten schließen auch eine umgekehrte Neigung ein; es ist jedoch die *erste*, wie oben ersichtlich ist.

Der Charakter der Scheren ergibt sich aus dem Umstand, daß eine dimensionale Volute oder dimensionale Spitze das Zentrum des ganzen Ablaufs bildet. Zusätzlich treten entweder diagonale Spitzen oder diagonale Voluten als Vorbereitung und Abschluß der Bewegung auf, was die folgenden Variationen von Scheren ergibt:

kleine Scheren: Spitze – Spitze – Spitze
mittlere Scheren: Volute – Spitze – Volute
große Scheren: Spitze – Volute – Spitze
übergroße Scheren: Volute – Volute – Volute

Beispiele:

kleine Scheren
L6 – ∞ – ∞ – L6
L1 – L5 – L5 – L1   (Abb. 73a)
L5 – L6 – L6 – L5

mittlere Scheren:
3 – ∞ – ∞ – 3
L∞ – L2 – L2 – L∞   (Abb. 73b)
5 – L6 – L6 – 5

große Scheren:
5 – L0 – L0 – 5
3 – L3 – 2 – L3   (Abb. 73c)
L7 – 3 – 3 – L7

übergroße Scheren:
L8 – L0 – L0 – L8
3 – 5 – 2 – 3   (Abb. 73d)
∞ – 3 – 3 – ∞

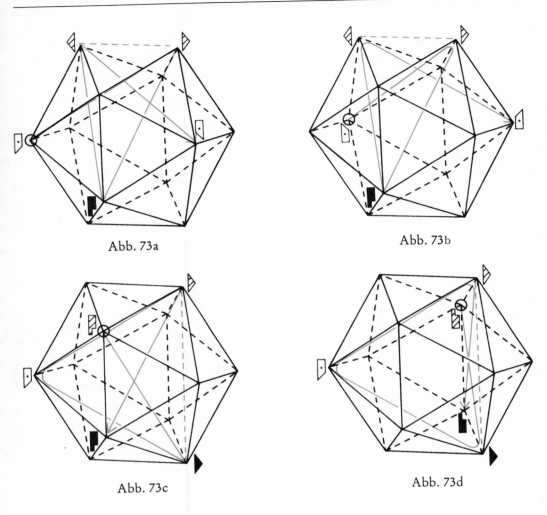

Abb. 73a

Abb. 73b

Abb. 73c

Abb. 73d

Verminderte Dreiringe

Umgekehrte Neigungen finden sich auch in den *verminderten Dreiringen*. Das sind Spurformen, in denen eine andere Ablenkung von der Diagonale des Volutenschlusses diesen ersetzt und so eine Dimensionale-Spitzen-Beziehung mit der vorhergehenden Neigung herstellt. Die transversale Bewegung schließt den Kreis nicht, sondern verengt ihn zu einer Spirale. So wird beispielsweise die Volute 2 – 3 nicht durch ∞ zum Ring geschlossen, sondern durch L6 (umgekehrt) als Spirale nach 〄 weitergeführt (Abb. 74).

---

* Aus optischen Gründen können die Benennungen der umgekehrten Neigungen auch spiegelbildlich geschrieben werden. Zu diesem Zweck werden die Zeichen 0 und ∞ sowie die Zahl 8, wenn sie allein stehen, durchstrichen. (Anmerkung des Übersetzers.)

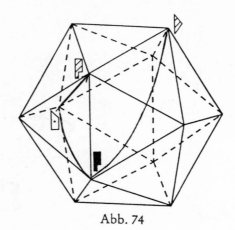

Abb. 74

Gleich verhält es sich mit

4–5:	anstatt L6	folgt	L5	und bildet eine Spirale nach	◀
6–7:	anstatt L5	folgt	0	und bildet eine Spirale nach	
8–9:	anstatt 0	folgt	L12	und bildet eine Spirale nach	■
10–11:	anstatt L12	folgt	L11	und bildet eine Spirale nach	
12–1:	anstatt L11	folgt	∞	und bildet eine Spirale nach	
0–8:	anstatt 9	folgt	L8	und bildet eine Spirale nach	▶
L9–L0:	anstatt L8	folgt	L7	und bildet eine Spirale nach	
5–L6:	anstatt L7	folgt	3	und bildet eine Spirale nach	
∞–2:	anstatt 3	folgt	L2	und bildet eine Spirale nach	
L3–L∞:	anstatt L2	folgt	10	und bildet eine Spirale nach	
11–L12:	anstatt 10	folgt	9	und bildet eine Spirale nach	

Die verminderten Dreiringe sind Spurformen, die häufig in natürlichen Bewegungssequenzen auftreten; sie bilden oft Übergänge zu neuen Bewegungsthemen. (Dieser
Aspekt wird in einem späteren Kapitel weiterbehandelt.)

15. Kapitel

Periphere Bewegungen

Wir gehen nun über zur Betrachtung von *peripheren Bewegungen*.

1. Einzelne Richtungen

Wenn unsere Gliedmaßen weit vom Körperzentrum weggestreckt sind, tendieren unsere Bewegungen dazu, sphärisch zu werden; wir bewegen uns dann in einer undefinierten Kugel, die unsere »Kinesphäre« bildet. Periphere Richtungen sind die Begrenzungslinien des innerhalb von ihnen liegenden Gerüsts; aus ihnen entstehen periphere Spurformen, deren richtungsmäßigen Charakter der Körper gerade noch zu unterscheiden vermag. Aus Gründen, die an anderer Stelle schon dargelegt wurden, ist die Form des Ikosaëders in der menschlichen Bewegung von erstrangiger Bedeutung. Die peripheren Richtungen, mit denen wir uns hier befassen, sind die Oberflächenkanten eines Ikosaëders. Es gibt deren dreißig; sie verbinden die zwölf Ecken der Dimensionalebenen untereinander. Ein Beispiel: Von ⓑ aus führen fünf solche periphere Bewegungen zu fünf Richtungspunkten: ⓓ ; ⓠ ; ⓟ ; ◁ ; ⓑ (Abb. 75). In ähnlicher Weise führen von jeder anderen Ecke fünf Richtungen weg.

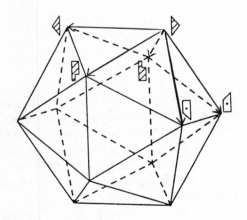

[Abb. 75]

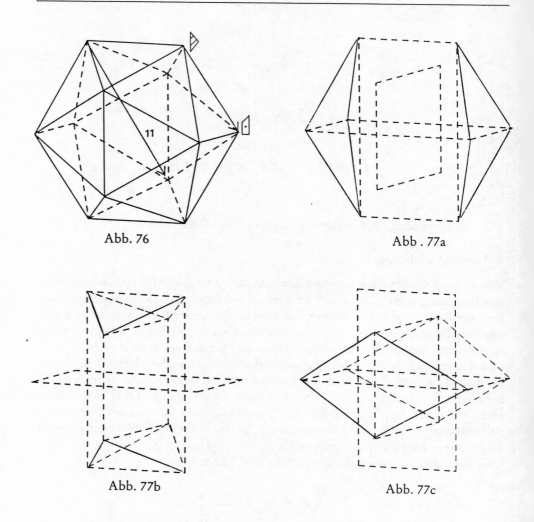

Abb. 76

Abb . 77a

Abb. 77b

Abb. 77c

Parallelismus zu Transversalen

Bei der Untersuchung dieser peripheren Bewegungen fällt auf, daß es sich nicht um neue Richtungsneigungen handelt, sondern um dieselben wie diejenigen der Transversalen, nur daß sie weiter vom Zentrum der Kinesphäre weg liegen. Nehmen wir die periphere Bewegung von ▷ nach ◁ : sie ist eine steile Ablenkung der Diagonalrichtung ◀ und liegt parallel zu 11 (Abb. 76). Die Periphere von ▷ nach ◁ ist auch steil, aber von der Diagonalrichtung ◀ abgelenkt. Eine steile periphere Neigung führt von ▶ nach ◁ ; sie ist von der Diagonalrichtung ◁ abgelenkt und verläuft deshalb parallel zu 8; ähnlich steigt eine steile Periphere von ▶ nach ◁ auf und ist parallel zu L5. Entsprechend beginnen auf der linken Seite in ◁ die peripheren Neigungen, die parallel zu L11 und L2 liegen, und in ◀ diejenigen mit den Parallelen L8 zu 5. Wir erkennen, daß die steilen Neigungen wiederum auf die Hoch-tief-Ebene bezogen sind, indem sie sich um diese herum gruppieren (Abb. 77a). In gleicher Weise finden wir die schwebenden peripheren Neigungen um die Vor-rück-Ebene (Abb. 77b) und die flachen um die Rechts-links-Ebene herum gruppiert (Abb. 77c), wie aus dem Folgenden ersichtlich ist.

Fundamentale Lagen der Peripheren

Periphere:	Ablenkung:	Diagonal-richtung:	parallel zur Transversalen:
von … nach …	schwebend		L12
von … nach …	schwebend		12
von … nach …	schwebend		L3
von … nach …	schwebend		3
von … nach …	schwebend		9
von … nach …	schwebend		L9
von … nach …	schwebend		6
von … nach …	schwebend		L6
von … nach …	flach		L1 (oder 10)
von … nach …	flach		0
von … nach …	flach		1 (oder L10)
von … nach …	flach		L0
von … nach …	flach		L∞
von … nach …	flach		7 (oder L4)
von … nach …	flach		∞
von … nach …	flach		L7 (oder 4)
von … nach …	steil		11
von … nach …	steil		L2
von … nach …	steil		8
von … nach …	steil		L5
von … nach …	steil		L11
von … nach …	steil		2
von … nach …	steil		L8
von … nach …	steil		5

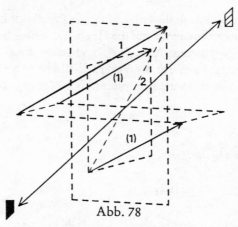

Abb. 78

Es sei hier erwähnt, daß die peripheren Neigungen keine feststehende Bewegungsrichtung haben. Sie sind durch die Diagonalrichtung, von der sie abgelenkt sind, gekennzeichnet, jedoch wird die natürliche Art der Begehung erreicht, wenn die Bewegungen die extreme Ausdehnung der Ebene, aus der sie kommen, kompensieren. Beispielsweise wird die von ⟩ nach ⟨ führende Periphere 11 (Abb. 76) oft in der umgekehrten Richtung gebraucht, nämlich in der Richtung der Transversalen 5, und wird dann ebenfalls 5 genannt. So kann diese Periphere 5 oder 11 genannt werden, je nach der Richtung, in die die Bewegung ausgeführt wurde. Diese Regel ist auf alle Peripheren anwendbar.

Zur Erleichterung der weiteren Orientierung innerhalb der peripheren Neigungen mag folgende Hilfe nützlich sein. Je zwei parallele Transversalen haben zwei periphere Parallelen, zum Beispiel:

1	Anfangspunkt:		Endpunkt:	
7	Anfangspunkt:		Endpunkt:	
(1)	Anfangspunkt:		Endpunkt:	
	oder		Endpunkt:	
(7)	Anfangspunkt:		Endpunkt:	
	oder		Endpunkt:	

(Beachte: Die Ziffern in Klammern bedeuten Peripheren.)

Die Beziehung der Transversalen 1 mit der Peripheren (1) findet sich in der peripheren Vor-rück-Dimension, die ⟩ mit ⟨ in der Rechts-links-Ebene verbindet (Abb. 78). Wenn eine Transversale entlang einer peripheren Dimension verlegt wird, ändert sich die Neigung nicht, aber sie wird zur Periphere. Die andere Periphere (1), die sich hinter dem Körper befindet, entpuppt sich als eine Art Zurückfedern nach einem Schwung des rechten Arms entlang der transversalen Neigung 2 (Abb. 78). Diese beiden Bewegungen, 2 und ihr Rückprall (1), gehören zur selben Diagonale. Auf ähnliche Weise ist die Transversale 7 auf die Periphere (7) hinter dem Körper bezogen und kommt durch Verlegen der Neigung entlang der peripheren Vor-rück-Dimension der Rechts-links-Ebene zustande (⬡ ⋯ ⬡). Zur Periphere (7) vor dem Körper ist sie durch den Rückprall bezogen, der auf die Transversale 8 folgt, mit der sie eine Spitze bildet:

$$⬡ \cdots \blacktriangleleft \cdots ⬡ \cdots ⬡$$
$$\quad 7 \quad\; 8 \quad (7)$$

Die Rolle, die diesen peripheren Neigungen in der freien Bewegung zukommt, ist größer, als man zuerst denken möchte. Die bogenartigen Bewegungen, die sich aus der Verbindung gewisser peripheren Neigungen ergeben, liegen dem Tänzer näher als die linienförmigen der Transversalen. Man ist oft der Meinung, man bewege sich den Transversalen entlang, doch in Tat und Wahrheit nimmt man den peripheren Umweg. Es dürfte interessieren zu wissen, daß die Peripheren bei der Festlegung von schöpfenden und streuenden Kurven, die durch transversale Sequenzen entstehen, eine wertvolle Hilfe sind.

2. Sequenzen von Peripheren in der Umgehung von Transversalen

Als erste Spurform, auf die die Peripheren bezogen werden können, wollen wir uns die Dreiringe in Erinnerung rufen. Jeder von ihnen hat den Charakter eines »Schöpfkreises« oder eines »Streukreises« (siehe 1. Teil, 5. Kapitel). Die zwei Dreiringe um ⬡ ⋯ ◢ herum, 2 – 3 – ∞ und 8 – 9 – 0, sind bei aktiver rechter Körperseite eindeutige Schöpfkreise, während die Dreiringe um ⬡ ⋯ ◢ herum, 4 – 5 – L6 und 10 – 11 – L12, Streukreise sind.

Wenn wir mit diesen Überlegungen nun beispielsweise 2 – 3 – ∞ schwingen, das heißt, weniger starre Bewegungen benutzen (Abb. 79a), werden wir bogenförmige Wege begehen, die sich wie folgt analysieren lassen:

der Bogen um 2   macht einen Umweg über   ⬡   und besteht aus (L2) – (L4)
der Bogen um 3   macht einen Umweg über   ▶   und besteht aus (L6) – (L8)
der Bogen um ∞   macht einen Umweg über   ⬡   und besteht aus (L10) – (L12)

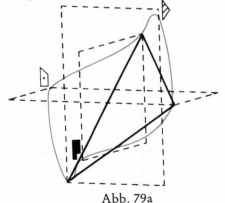

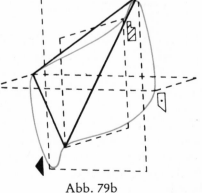

Abb. 79a   Abb. 79b

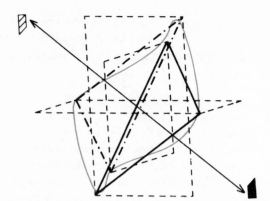

Abb. 79c

Wenn wir 8 – 9 – 0 als großen Schöpfkreis schwingen (Abb. 79b), kann dies so analysiert werden:

der Bogen um 8 　　macht einen Umweg über 🪧 und besteht aus (L8)　–(L10)

der Bogen um 9 　　macht einen Umweg über 🪧 und besteht aus (L12)　–(L2)

der Bogen um 0 　　macht einen Umweg über 🪧 und besteht aus (L4)　–(L6)

4 – 5 – L6 als Streukreis kommt folgendermaßen heraus:

der Bogen um 4 　　macht einen Umweg über 🪧 und besteht aus (L0)　–(9)

der Bogen um 5 　　macht einen Umweg über 🪧 und besteht aus (L5)　–(L∞)

der Bogen um L6　macht einen Umweg über 🪧 und besteht aus (3)　–(L11)

10 – 11 – L12 als Streukreis ergibt folgendes Bild:

der Bogen um 10　macht einen Umweg über 🪧 und besteht aus (L∞)　–(3)

der Bogen um 11　macht einen Umweg über 🪧 und besteht aus (L11)　–(L0)

der Bogen um L12　macht einen Umweg über 🪧 und besteht aus (9)　–(L5)

Die Dreiringe um die zwei anderen Diagonalen, 🪧 ... 🪧 und 🪧 ... 🪧 , kommen, mit der aktiven linken Körperseite begangen, natürlich entsprechend heraus:

L2 – L3 – L∞　　ist umschrieben durch　(2) – (4) – (6) – (8) – (10) – (12)
L8 – L9 – L0　　ist umschrieben durch　(8) – (10) – (12) – (2) – (4) – (6)
L4 – L5 – 6　　 ist umschrieben durch　(0) – (L9) – (5) – (∞) – (L3) – (11)
L10 – L11 – 12　ist umschrieben durch　(∞) – (L3) – (11) – (0) – (L9) – (5)

Wenn wir nun die peripheren Ablenkungen von je zwei parallelen Dreiringen näher untersuchen, stellen wir fest, daß beide vom selben peripheren Kreis umgeben sind, der sie sozusagen miteinander verbindet. Wenn wir uns also auf schlängelnde Art und Weise der Spurform eines Dreirings entlang bewegen, ergibt sich ein sechsteiliger peripherer Kreis, der auch den parallelen Dreiring einbezieht (Abb. 79c).

Gürtel oder Äquatorskalen

Es sei hier festgestellt, daß das Gebilde, das aus der Umgehung eines Dreirings entsteht, als größter um eine Diagonale drehender Kreis den Namen *Äquatorskala* oder
Gürtel erhalten hat (siehe 1. Teil, 7. Kapitel). Es gibt vier Äquatorskalen, wobei jede
die fehlende Diagonale einer der vier transversalen Grundskalen zur Drehachse
hat. Die folgende Aufstellung erwähnt die Grundskalen, zu denen die Äquatorskalen
mit ihren zwei einbeschriebenen Dreiringen gehören. Diejenigen Neigungen einer
Skala, die als Peripheren in ihrem Gürtel erscheinen, sind in der nächstfolgenden Aufstellung kursiv wiedergegeben.

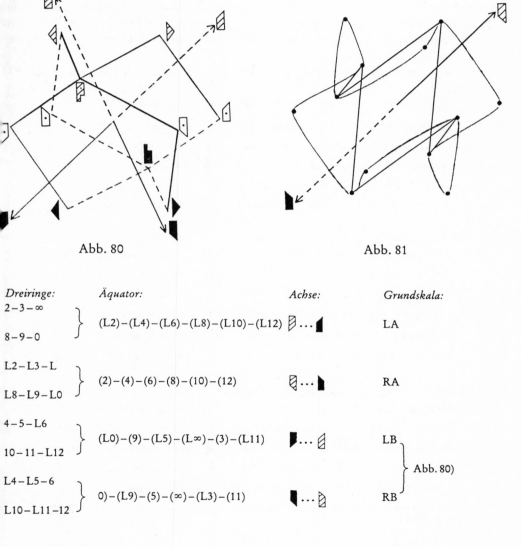

Abb. 80   Abb. 81

Dreiringe:	*Äquator:*	*Achse:*	*Grundskala:*
2−3−∞			
8−9−0	(L2)−(L4)−(L6)−(L8)−(L10)−(L12)	...	LA
L2−L3−L			
L8−L9−L0	(2)−(4)−(6)−(8)−(10)−(12)	...	RA
4−5−L6			
10−11−L12	(L0)−(9)−(L5)−(L∞)−(3)−(L11)	...	LB
L4−L5−6			
L10−L11−12	0)−(L9)−(5)−(∞)−(L3)−(11)	...	RB

Abb. 80)

Wir bemerken, daß jeder Gürtel aus den ersten Neigungen der in der zugehörigen Skala enthaltenen Voluten besteht:

RA: $2-3-4-5-6-7-8-9-10-11-12-1$
LA: entsprechend.
RB: $0-8-L9-L0-5-L6-\infty-2-L3-L\infty-11-L12$
LB: entsprechend.

Daraus ist zu schließen, daß ein Gürtel die periphere Sequenz der *ersten* Volutenneigungen darstellt.

Periphere Grundskalen oder Urskalen

Auf dieselbe Art und Weise, wie die Dreiringe leicht umkreist werden können, kann auch das Bündel mit freieren Bewegungen, die sich entlang peripherer Ablenkungen schlängeln, zu Bogen geformt werden. Auch hier finden wir harmonische Beziehungen zu den transversalen Grundskalen.

Die sich ergebenden Ablenkungen des RA-Bündels (oder der Achsenskala) (Abb. 81) sind:

der Bogen um ∞	macht einen Umweg über	und besteht aus (1)	– (L12)
der Bogen um L11	macht einen Umweg über	und besteht aus (11)	– (0)
der Bogen um L12	macht einen Umweg über	und besteht aus (9)	– (L5)
der Bogen um 0	macht einen Umweg über	und besteht aus (7)	– (L6)
der Bogen um L5	macht einen Umweg über	und besteht aus (5)	– (∞)
der Bogen um L6	macht einen Umweg über	und besteht aus (3)	– (L11)

Die Ablenkungen der LA-Achsenskala sind:

der Bogen um L∞	macht einen Umweg über	und besteht aus (L1)	– (12)
der Bogen um 11	macht einen Umweg über	und besteht aus (L11)	– (L0)
der Bogen um 12	macht einen Umweg über	und besteht aus (L9)	– (5)
der Bogen um L0	macht einen Umweg über	und besteht aus (L7)	– (6)
der Bogen um 5	macht einen Umweg über	und besteht aus (L5)	– (L)
der Bogen um 6	macht einen Umweg über	und besteht aus (L3)	– (11)

Die Ablenkungen der RB-Achsenskala sind:

der Bogen um 10	macht einen Umweg über	und besteht aus (L∞)	– (3)
der Bogen um L2	macht einen Umweg über	und besteht aus (2)	– (4)
der Bogen um 3	macht einen Umweg über	und besteht aus (L6)	– (L8)
der Bogen um 4	macht einen Umweg über	und besteht aus (L0)	– (9)
der Bogen um L8	macht einen Umweg über	und besteht aus (8)	– (10)
der Bogen um 9	macht einen Umweg über	und besteht aus (L12)	– (L2)

Die Ablenkungen der LB-Achsenskala sind:

der Bogen um L10　macht einen Umweg über　　und besteht aus (∞)　– (L3)

der Bogen um　2　macht einen Umweg über　　und besteht aus (L2)　– (L4)

der Bogen um L3　macht einen Umweg über　　und besteht aus (6)　– (8)

der Bogen um L4　macht einen Umweg über　　und besteht aus (0)　– (L9)

der Bogen um　8　macht einen Umweg über　　und besteht aus (L8)　– (L10)

der Bogen um L9　macht einen Umweg über　　und besteht aus (12)　– (2)

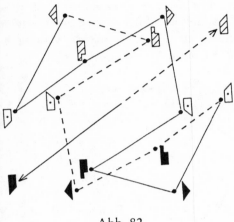

Abb. 82

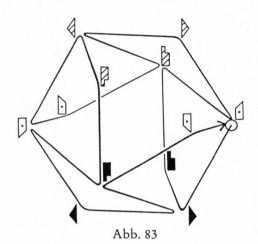

Abb. 83

Diese Ablenkungen jeder Skala bilden zusammen die periphere Grundskala, die wir auch *Urskala* nennen (Abb. 82 zeigt die Urskala der LB-Achse, ⧄ ··· ▌).* Die »Urskala« war so von Rudolf von Laban benannt worden, weil diese Bewegungsfolgen die ersten waren, die er auf seiner Suche nach den harmonischen Beziehungen in der Bewegung entdeckte. Daraus wird deutlich, daß er die komplexere Form zuerst fand, und daß sich ihre einfacheren Komponenten schrittweise herausschälten, während wir in diesem Teil unserer Untersuchungen den umgekehrten Weg gehen.

Im Gegensatz zum Äquator ist die Urskala aus den *zweiten* Volutenneigungen der zugehörigen Skala aufgebaut. Sie enthält die Elemente des Hin- und Herschwingens

---

* Einige Leser mögen mit der Numerierung der zwölf *Eckpunkte* des Ikosaeders vertraut sein. Laban arbeitete damit versuchsweise während einer gewissen Zeit. Er nahm die LB-Urskala als grundlegende, zu der alle Gebilde mit derselben Achse in numerischer Beziehung stehen. Die Numerierung in bezug auf die LB-Achse (⧄ ·· ▌) lautet folgendermaßen:

　　⧄ = 1,　⬚ = 2,　▌ = 3,　▶ = 4,　◁ = 5,　▌ = 6

　　◀ = 7,　⬚ = 8,　⧄ = 9,　◁ = 10,　⬚ = 11,　⧄ = 12

Die Einführung einer andern Achse würde nun eine Erklärung erfordern, inwiefern sie zur ursprünglichen in Beziehung steht, ob sie ihr Spiegel, Echo oder Spiegelecho ist. Während die zahlenmäßigen Beziehungen unter sich in jedem Fall gleich bleiben, wechseln die Zahlenbezeichnungen in bezug auf das ikosaedrische Gerüst ihre Plätze.

entlang der verschiedenen Diagonalen-Elemente, die auf einen ungeschulten Körper und Geist hindeuten (siehe 1. Teil, 7. Kapitel).

Außer den zwei Skalen, dem Äquator und der Ur- oder peripheren Grundskala, die beide lediglich aus peripheren Neigungen bestehen, existieren noch andere periphere Spurformen, die zu einem großen Teil Wiederholungen transversaler Spurformen sind.

Periphere Spiegelungen der transversalen Grundskalen

Es mag mehr vom theoretischen als vom praktischen Standpunkt aus interessant sein, daß sich die vier transversalen Grundskalen ebenfalls in den Peripheren widerspiegeln. Sie laufen jedoch hier nicht in ihrer richtigen Reihenfolge ab, und die einzelnen Voluten jeder Skala werden durch periphere Dimensionen miteinander verknüpft. Die Sequenz von RA als periphere Skala, mit Beginn in ⌐ , ist:

$$(2) - (3) - (h) - (4) - (5) - (l) - (6) - (7) - (z) -$$
$$(8) - (9) - (t) - (10) - (11) - (r) - (12) - (1) - (r) -$$

Diejenige von RB als periphere Skala, mit Beginn in ⌐ , ist:

$$(0) - (8) - (r) - (L9) - (L0) - (r) - (5) - (L6) - (t) -$$
$$\infty - (2) - (l) - (L3) - (L\infty) - (z) - (11) - (L12) - (h).$$

(Beachte: die Buchstaben r, l, h, t, v, z stehen allgemein für die Dimensionalrichtungen rechts, links, hoch, tief, vor, zurück; sie geben hier periphere Dimensionen an, da sie in Klammern gesetzt sind.)

3. Sequenzen von Peripheren in nicht-skalenartigen Gebilden

Periphere Dreiringe

Wir haben gesehen, daß um jede Diagonale zwei Dreiringe kreisen, mit eben dieser Diagonale als ihre Achse. Um jedes Ende einer solchen Diagonale herum finden wir nun eine Wiederholung eines dieser Dreiringe als peripheren Dreiring. Ein Beispiel: Um die RA-Diagonale herum konnten wir die Dreiringe L2 – L3 – L∞ und L8 – L9 – L10 legen. Um das tiefere Ende dieser Diagonale herum finden wir, in ⌐ beginnend, den peripheren Ring (L2) – (L3) – (L∞), und um das obere Ende, in ⌐ beginnend, (L8) – (L9) – (L0) (Abb. 84). Wir bemerken ferner, daß die Diagonale das Zentrum jedes peripheren Rings durchsticht und daß, wenn wir uns den sechs abgelenkten transversalen Neigungen dieser Diagonale, nämlich der RA-Achsenskala, entlang bewegen, wir die beiden peripheren Dreiecke im Hin- und Herschwingen dieser Skala verbinden. Also erhalten wir die folgende Reihe von harmonischen Beziehungen:

a) eine Diagonale wird als *Achse* genommen;
b) sechs abgelenkte transversale Neigungen dieser Achse *(Bündel oder Achsenskala)* –
c) verbinden zwei polare Dreiecke *(zwei periphere Dreiringe)*,
d) welche zwei parallele Dreiecke widerspiegeln, die die Achse näher bei ihrem Zentrum umkreisen *(zwei transversale Dreiringe)*,
e) und diese beiden werden ihrerseits von sechs peripheren Neigungen umkreist *(Gürtel oder Äquatorskala)*.

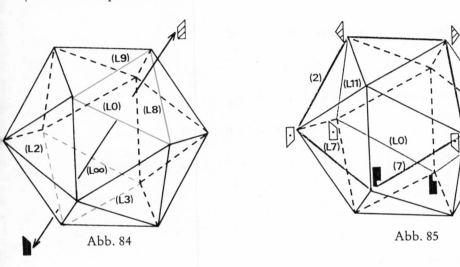

Abb. 84   Abb. 85

Fünfringe
Zwar ohne transversales Gegenstück, aber interessant als Bewegungserfahrung sind die *Fünfringe*, in denen wir zum ersten Mal die Dimensionalen in die harmonischen Beziehungen einbegreifen. Eine Dimensionale dient als Grundlage jedes Fünfrings, und durch sie ist er am leichtesten erkennbar. Nehmen wir als Beispiel die periphere r/l-Dimension ⋰ ... ⋰. An ihr hängt eine Spurform; sie reicht in der Form einer fünfeckigen Scheibe (Pentagon) in die vor dem Körper liegende Zone hinein und wird außer der schon erwähnten peripheren Dimension von zwei steilen, (11) und (L11), und zwei flachen Peripheren, (0) und (L0), begrenzt (Abb. 85). Entsprechend reicht eine andere, ähnliche, an derselben Dimensionalen hängende Scheibe in die hinter dem Körper liegende Zone hinein, die wiederum von zwei steilen, (2) und (L2), und von zwei flachen Neigungen, (7) und (L7), umgrenzt ist. Es steigen ferner von der peripheren r/l-Dimension ⋰ ... ⋰ zwei weitere solcher fünfeckigen Formen in die Gegenden vor und hinter dem Körper auf. Die vorne befindliche ist begrenzt durch steil (8) und (L8) und flach (1) und L1), und die hinten durch steil (5) und (L5) und flach (∞) und (L∞). Somit sind an den zwei peripheren r/l-Dimensionen im ganzen vier gleich-

gebaute Fünfringe aufgehängt. Sie heißen flache Ringe, weil die Gegenwart der r/l-Dimension, zusätzlich zu den flachen Neigungen, dem flachen Charakter vor dem steilen Element den Vorrang gibt.

Diesen flachen Ringen stehen vier steile und vier schwebende Ringe gegenüber. Sie sind an der Dimension aufgehängt, die ihren Charakter bestimmen. So sind der peripheren v/r-Dimension an der rechten Seite des Körpers, ⟨·⟩ ··· ⟨·⟩ , zwei Kreise angebunden, von denen der eine die obere und der andere die untere Zone der Kinesphäre durchmißt:

Der obere Ring, der in ⟨·⟩ über vorne beginnt, ist

$$(10) - (12) - (9) - (L0) - (v)*$$

Der untere Ring, der in ⟨·⟩ über vorne beginnt, ist

$$(0) - (L9) - (L12) - (1) - (v)$$

Entsprechend sind an der peripheren Dimension v/z an der linken Seite des Körpers, ⟨·⟩ ··· ⟨·⟩ , zwei weitere Kreise aufgehängt:
Der obere Ring beginnt in ⟨·⟩ und verläuft

$$(1) - (L12) - (L9) - (0) - (v)$$

Der untere Ring beginnt in ⟨·⟩ und verläuft

$$(L0) - (9) - (12) - (10) - (v)$$

Die steilen Fünfringe sind an der peripheren Dimension h/t vor und hinter dem Körper aufgehängt und reichen in die rechte und die linke Zone der Kinesphäre hinein. Mit Beginn in ⟨·⟩ über oben haben wir auf der rechten Seite den Ring

$$(L12) - (L2) - (L11) - (3) - (h)$$

und auf der linken Seite:

$$(12) - (2) - (11) - (L3) - (h)$$

An der peripheren Dimension h/t hinter dem Körper aufgehängt, haben wir auf der rechten Seite, mit Beginn in ⟨·⟩ über oben, den Ring

$$(L3) - (11) - (2) - (12) - (h)$$

* Betr. (v): vgl. Klammerbemerkung auf S. 180.

und auf der linken Seite:

$$(3) - (L11) - (L2) - (L12) - (h)$$

Während die Fünfringe in keiner direkten Beziehung zu irgendwelchen Skalen stehen, ist ihre Beziehung zu einzelnen Transversalen wichtig (vergleiche Körperzonen, 2. Kapitel). Jeder Fünfring umkreist ein Pentagramm*, das aus vier transversalen Neigungen (siehe kleine Scheren S. 168 und Abb. 73a) und einer transversalen Dimension besteht; alle diese haben ihre Parallelen in den Peripheren, die den Ring umgrenzen (Abb. 86).

Gipfelschwünge

Spannend und voller Vielfalt sind die *Gipfelschwünge*. Sie werden aus den Fünfringen entwickelt, indem man die beiden Ringe mit der gemeinsamen peripheren Dimension in einen Schwung zusammenfaßt. Jedoch sind beide Fünfringe nicht voll daran beteiligt; der Weg wird abgekürzt, weil man sich vom Gipfel des einen Rings – als der Spitze einer Pyramide mit dem Fünfring als Basis – zum Gipfel des andern bewegt. Die Spurform verläuft folgendermaßen: Wir beginnen beim Gipfelende über die periphere Dimension, treten in die Randlinie des ersten Rings ein und gehen in ihr zwei Neigungen entlang, bis wir das Verbindungsstück erreichen, das beiden Ringen gemeinsam ist. Es bildet den Übergang in den zweiten Ring, dem wir wiederum entlang zweier Neigungen folgen, bis wir unseren Weg über die Entsprechung der anfänglichen Dimension umlenken, um schließlich den Gipfel des zweiten Kreises zu erreichen. Auf diese Art und Weise bilden wir spiralenartige Spurformen, die in vielen Fällen großes Drehvermögen besitzen. Die Rückkehr zum Anfangspunkt macht man immer entlang der transversalen Dimension, die in gewissem Sinne die Spirale in die Länge zieht (Abb. 87).

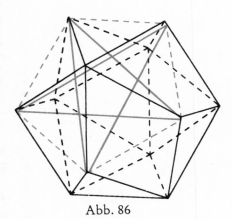

Abb. 86

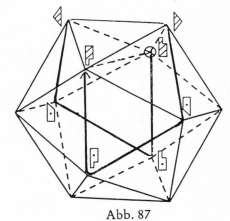

Abb. 87

* Das »pentagrammon mystikon« war ein bei den Pythagoräern gebrauchtes und im frühen Mittelalter wieder aufgegriffenes Zeichen im Zusammenhang mit magischen Riten. Es hat eine Entsprechung im »Drudenfuß« der deutschen Volkssage.

Beispiele:

Gipfelschwung der zwei flachen Fünfringe von ⧖ aus: (t)–(L∞)–(L5)–
                                                        (r)–
                                                        (L2)–(7)–(h)
            Rückkehr zum Anfangspunkt: –v

Gipfelschwung der zwei steilen Fünfringe von ⧠ aus: (v)–(5)–(L9)
                                                        (t)–
                                                        (L6)–(L8)–(z)
            Rückkehr zum Anfangspunkt: –r

Gipfelschwung der zwei schwebenden Fünfringe von ⧩ aus: (L)–(6)–(4)
                                                        (z)–
                                                        (7)–(L6)–(r)
            Rückkehr zum Anfangspunkt: –h

Periphere Siebenringe

Vor dem Abschluß dieses Kapitels über Spurformen, die aus Peripheren zusammengesetzt sind, wollen wir kurz auf die *Siebenringe* eingehen, da sie eine wichtige Rolle in der Harmonie der Bewegung spielen. Eine Erklärung ihrer harmonischen Bedeutung geht jedoch über den einführenden Charakter dieses Buches hinaus (siehe 2., 9., 10. und 11. Kapitel).

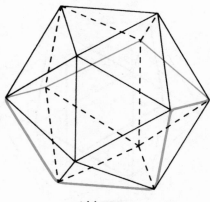

Abb. 88a

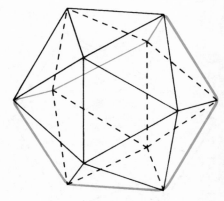

Abb. 88b

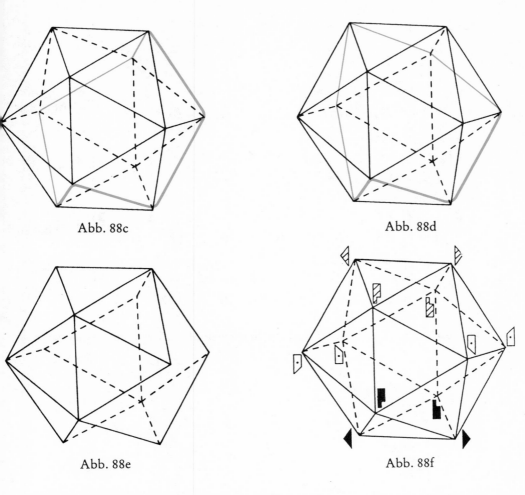

Abb. 88c   Abb. 88d

Abb. 88e   Abb. 88f

Ein peripherer Siebenring ist normalerweise zusammengesetzt aus drei Verbindungsstücken eines Fünfrings und vier Verbindungen eines Äquators. Ein Beispiel mit
Beginn in ♭ :

$$(11) - (2) - (12) - (L6) - (L8) - (1) - (L12)$$

Teil des Fünfrings   Teil des Äquators

Der folgende Zyklus von fünf Siebenringen stellt ein harmonisches Fortschreiten im
Raum um den Diameter ♭ ... ♮ als Achse dar. Kernfigur ist der dritte Ring, der als
einziger alle vorgenannten Teile aus Fünfring und Äquator enthält. Der erste Siebenring ist, als erste Variation im Zyklus, in bezug auf den Körper symmetrisch plaziert;
wir kehren zu ihm zurück, nachdem wir vier andere, die asymmetrische Bewegung im
Körper hervorrufen, durchlaufen haben:

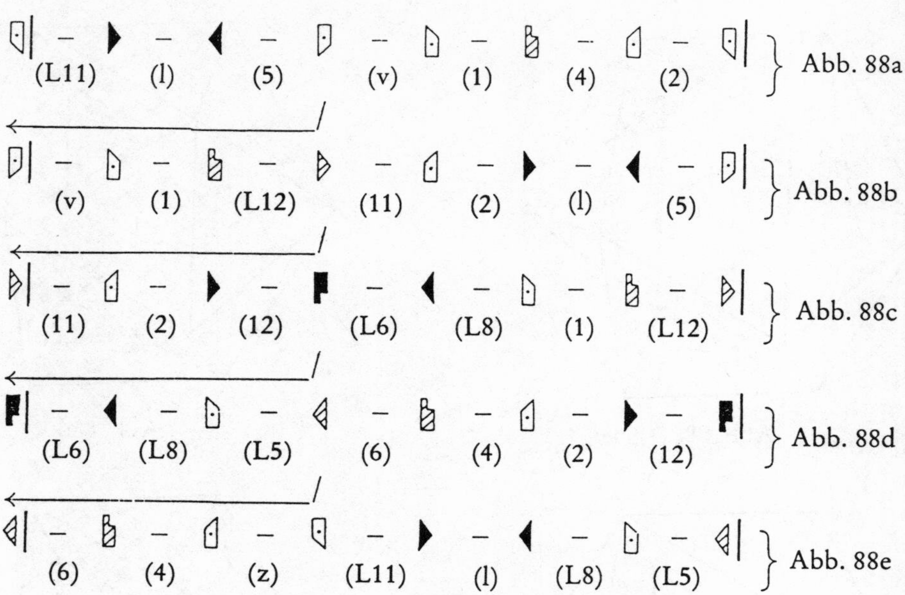

Abb. 88a

(L11)   (l)   (5)   (v)   (1)   (4)   (2)

Abb. 88b

(v)   (1)   (L12)   (11)   (2)   (l)   (5)

Abb. 88c

(11)   (2)   (12)   (L6)   (L8)   (1)   (L12)

Abb. 88d

(L6)   (L8)   (L5)   (6)   (4)   (2)   (12)

Abb. 88e

(6)   (4)   (z)   (L11)   (l)   (L8)   (L5)

Als Lesehilfe sind in Abb. 88f die Signalpunkte im Ikosaëder wiedergegeben.

16. Kapitel

Aus Transversalen und Peripheren gemischte Sequenzen

Wir kommen jetzt zu Bewegungssequenzen und -formen, die Mischungen von Transversalen und Peripheren sind. Diese steigern den rhythmischen Bewegungsfluß. Wenn wir zudem das Gesetz erkennen, unter dem der Wechsel zwischen beiden Formen stattfindet, werden uns auch einige Unstimmigkeiten klar, die sich einstellen, wenn Anfänger Skalen und andere geordnete Bewegungssequenzen zu meistern versuchen.

1. Sequenzen in Skalenform (Umwegskalen)

Wir wollen uns zuallererst die Umwegskalen ansehen, die entstehen, wenn die A- und B-Skalen frei schwingend ausgeführt werden. Der Übergang von einer Diagonalen zur andern (Voluten) stellt große Anforderungen an die Fähigkeit des Körpers, sich der neuen Neigung anzupassen. Dies fällt tatsächlich nicht leicht, erfordert es doch einen bestimmten Grad von Bewegungsintensität. Deshalb weicht der Körper gerne aus, indem er die aus Schwerkraft und Schwungkraft kombinierte Energie benutzt. Bevor sie in die neue Diagonale übergeht, schwingt die Bewegung wie ein Pendel in der gleichen Diagonale zurück und wirft sich dann in die Richtung des endgültigen Ziels. Die ursprüngliche Neigung der zweiten Voluten-Transversalen (tertiär abgelenkt) ist in einen Diameter umgewandelt worden (primär abgelenkt oder ebenen-diagonal), der durch seine zweidimensionale Qualität dem Körper mehr Stabilität gibt als die dreidimensional geneigte Transversale. Wenn wir zum Beispiel die Volute 2 – 3 frei schwingend ausführen, wird man beobachten können, daß die Gliedmaßen der aktiven rechten Seite, nachdem sie mit 2 auf Punkt ▌ getroffen haben, in einem Rückschwung entlang (1) nach Punkt ⬚ gehen. Da dadurch die Transversale 3 in den Diameter der Rechts-links-Ebene umgewandelt wird, schwingt man von ⬚ nach ⬚ , dem Endpunkt von 3, hinüber. So hat durch Einfügen einer Periphere ein bedeutender Wechsel der ursprünglichen Spurform stattgefunden.

Man hat die Beobachtung gemacht, daß eine solche Änderung häufig von Anfängern gemacht wird, die noch nicht genügend Schulung besitzen, das heißt, noch nicht fähig sind, reibungslos von einer Diagonale in die andere überzugehen. Man hat auch beobachtet, daß Frauen im Bestreben, den männlichen Charakter der B-Skala zu betonen,

fast immer diese Umwege benutzen, während Männer sie in der Ausführung der
A-Skala gebrauchen, möglicherweise deshalb, weil diese besonderen Wege mehr Ge-
legenheit zu freier und kraftvoller Bewegung geben.

In der Diskussion der Peripheren im letzten Kapitel haben wir schon auf ihre Beziehung zu einer Transversalen in Aktionen des Zurückfederns hingewiesen. Wenn wir
uns dies ins Gedächtnis zurückrufen, werden wir jetzt ohne große Mühe die Wege der
Umwegskalen untersuchen können, weil die eingeschobene Periphere immer eine
Spiegelung der vorletzten Transversalen der Sequenz darstellt. Die Skalen laufen folgendermaßen ab:

RA-Voluten   2 – (1) – (*3* umgewandelt in den Diameter)   ⟨ ··· ⟩

4 – (3) – (*5* umgewandelt in den Diameter)   ▮ ··· ⟩

6 – (5) – (*7* umgewandelt in den Diameter)   ⟩ ··· ◀

8 – (7) – (*9* umgewandelt in den Diameter)   ⟩ ··· ⟨

10 – (9) – (*11* umgewandelt in den Diameter)   ⟨ ··· ▮

12 – (11) – (*1* umgewandelt in den Diameter)   ◀ ··· ⟩

(Abb. 89 illustriert die Hälfte der obigen Skala. Vergleiche auch mit Abb. 66.)

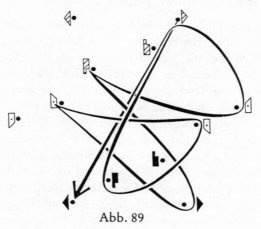

Abb. 89

Die LA-Voluten verlaufen entsprechend.

RB-Voluten   0 – (L12) – (*8* umgewandelt in den Diameter)   ▮ ··· ⟩

L9 – (8) – (*L0* umgewandelt in den Diameter)   ◁ ··· ▶

5 – (L0) – (*L6* umgewandelt in den Diameter)   ⟨ ··· ⟩

∞ – (L6) – (*2* umgewandelt in den Diameter)   ⟩ ··· ▮

L3 – (2) – (*L∞* umgewandelt in den Diameter)   ▶ ··· ◁

11 – (L∞) – (*L12* umgewandelt in den Diameter)   ⟩ ··· ⟨

Die LB-Voluten verlaufen entsprechend.

Wenn wir diese Umwege als vorbereitende Schwünge, die zu einer Endstellung führen, gebrauchen, erfahren wir eine starke Aufwertung der Volutenenden als Stellungen, weil die Ebenen-Diagonalen stabilisierenden Einfluß haben (mehr darüber später). Im Augenblick genügt es zu erwähnen, daß die zwei Neigungen, die zusammen eine dimensionale Spitze bilden (siehe S. 166), im selben Diameter ihre Umwandlung finden. Zum Beispiel

        ist für 1 und ∞   der diametrale Umweg ◀···▷

        für 3 und L6 ist   der diametrale Umweg ◁···◁

        für 2 und L2 ist   der diametrale Umweg ◭···◼

Wir werden später wieder auf diesen Sachverhalt zurückkommen.

2. Nicht-skalenartige Gebilde

Zweiringe

Außer den obengenannten gibt es keine anderen Skalen, in denen Transversalen und Peripheren gemischt sind. In der Betrachtung sonstiger gemischter Gebilde wollen wir uns jetzt den *Zweiringen* zuwenden. Dies sind einfache Bewegungsformen, die in Teilen oder in ihrer Ganzheit häufig in Übungen für den Rumpf benutzt werden. Jeder Zweiring besteht aus zwei parallelen Transversalen, die durch zwei ebenfalls parallele Peripheren miteinander verbunden sind. Um die Bewegungen 1 und 7 einander folgen zu lassen, brauchen wir die Periphere (11) als Übergang zwischen ihnen, und zwischen 7 und 1 brauchen wir die Periphere (5). Aus dieser Kombination resultiert das Rechteck 1 – (11) – 7 – (5) (Abb. 90).

Alle parallelen Neigungen können auf ähnliche Weise zu solchen Rechtecken verknüpft werden, die Zweiringe heißen, weil sie nur zwei Transversalen enthalten, die durch ihre Richtung und Gegenrichtung das Gefühl des Gehens und Zurückkehrens vermitteln. (Meistens werden sie schwingenderweise ausgeführt.) Die 24 Transversalen können somit zwölf Zweiringe bilden:

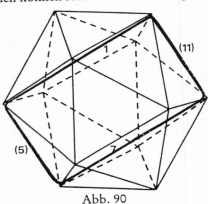

Abb. 90

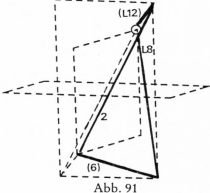

Abb. 91

Flach: 1 – (11) – 7 – (5)

L1 – (L11) – L7 – (L5)

∞ – (L2) – 0 – (L8)

L∞ – (2) – L0 – (8)

Steil: 2 – (L6) – 8 – (L12)

L2 – (6) – L8 – (12)

5 – (3) – 11 – (9)

L5 – (L3) – L11 – (L9)

Schwebend: 3 – (1) – 9 – (7)

L3 – (L1) – L9 – (L7)

6 – (0) – 12 – (∞)

L6 – (L0) – L12 – (L∞)

Vierringe

Eine Variation der Zweiringe sind die *Vierringe*, die gleich den Zweiringen aus zwei Transversalen und zwei Peripheren bestehen; jedoch sind sie als Paare nicht parallel, sondern haben bloß denselben Charakter (nämlich flach, steil oder schwebend). Sie erhalten ihre Form, indem man die Dimensionalebene, die man mit der ersten Transversalen erreicht, als Bremse benutzt, die die Bewegung in die Zone, durch die sie herkam, zurückwirft. Führen wir zum Beispiel aus dem Zweiring 2 – (L6) – 8 – (L12) nur (L12) – 2 aus; dabei erreichen wir die Vor-Rück-Ebene in Punkt ▌ . Anstatt wie im Zweiring mit (L6) weiterzufahren (siehe oben: steile Zweiringe), lassen wir uns von dieser Ebene entlang von (6) zurückwerfen und kehren dann über L8 zum Ausgangspunkt ♭ zurück (Abb. 91). Wir erkennen (6) – L8 und (L12) – 2 als Hälften der Zweiringe (6) – L8 – (12) – L2 bzw. (L6) – 8 – (L12) – 2 (mit Verschiebung der oben angegebenen Reihenfolge). Das besagt, daß Vierringe Kombinationen von zwei Hälften aus zwei verschiedenen Zweiringen sind. Auf diese Weise können wir vier steile, vier flache und vier schwebende Vierringe zusammenstellen:

steile Vierringe: 2 – (6) – L8 – (L12)

L2 – (L6) – 8 – (12)

5 – (L3) – L11 – (9)

L5 – (3) – 11 – (L9)

flache Vierringe: 1 – (L2) – 0 – (5)

L1 – (2) – L0 – (L5)

∞ – (11) – 7 – (L8)

L∞ – (L11) – L7 – (8)

schwebende Vierringe: 3 – (L0) – L12 – (7)

L3 – (0) – 12 – (Ll7)

6 – (L1) – L9 – (∞)

L6 – (1) – 9 – (L∞)

Es ist ein Charakteristikum der Vierringe, daß sie nur in einer Hälfte der Kinesphäre liegen. Die steilen befinden sich in der rechten oder linken Hälfte, die flachen in der vorderen oder hinteren Hälfte und die schwebenden in der oberen oder unteren Hälfte. Als Bewegungserfahrung fordern sie durch ihre klarer umrissene Spurform größere Intensität heraus als die Zweiringe. (Mehr über ihre harmonischen Beziehungen folgt später.)

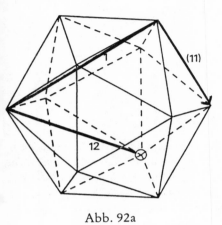 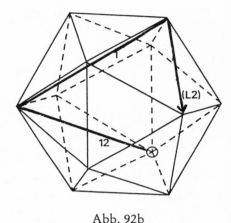

Abb. 92a   Abb. 92b

Vergrößerte Dreiringe

Eine weitere Kombination von Transversalen und Peripheren ist zu erwähnen: die *vergrößerten Dreiringe*. Diese entstehen, wenn ein Dreiring nicht durch seinen Feigenschluß geschlossen, sondern stattdessen in eine sich erweiternde Spirale weitergezogen wird. Jede Volute hat zwei periphere Möglichkeiten einer solchen Vergrößerung. Beide haben denselben räumlichen Charakter wie der Feigenschluß, den sie ersetzen, doch gehören sie verschiedenen Diagonalen an. Die der Volute folgende Periphere ist im einen Fall diejenige, die in einen Zweiring überleiten würde, und im andern Fall die zu einem Vierring führende. Die Vergrößerungen sind wie folgt (die Reihenfolge richtet sich nach den transversalen Grundskalen, zuerst der RA-Skala):

2 – 3 – (1)	(Zweiring)	8 – 9 – (7)	(Zweiring)
2 – 3 – (L0)	(Vierring)	8 – 9 – (L)	(Vierring)
4 – 5 – (3)	(Zweiring)	10 – 11 – (9)	(Zweiring)
4 – 5 – (L3)	(Vierring)	10 – 11 – (L9)	(Vierring)
6 – 7 – (5)	(Zweiring)	12 – 1 – (11)	(Zweiring) (Abb. 92a)
6 – 7 – (L8)	(Vierring)	12 – 1 – (L2)	(Vierring) (Abb. 92b)

Für LA entsprechend.

Voluten der RB mit ihren Dreiring-Vergrößerungen:

0 – 8 – (L12)	(Zweiring)	∞ – 2 – (L6)	(Zweiring)
0 – 8 – (12)	(Vierring)	∞ – 2 – (6)	(Vierring)
L9 – L0 – (8)	(Zweiring)	L3 – L∞ – (2)	(Zweiring)
L9 – L0 – (L5)	(Vierring)	L3 – L∞ – (L11)	(Vierring)
5 – L6 – (L0)	(Zweiring)	11 – L12 – (L∞)	(Zweiring)
5 – L6 – (1)	(Vierring)	11 – L12 – (7)	(Vierring)

LB entsprechend.

Gemischte Siebenringe

Eine interessante Reihe von Gebilden als Kombination von Transversalen und Peripheren sind die *gemischten Siebenringe*, die kurz vorgestellt werden sollen. Die zwei fundamentalen Raumformen*, nämlich die des Raum-Durchdringens und die des Raumumfassens, schaffen Spurformen, in denen Abschnitte einer Achsenskala mit Abschnitten ihres Äquators kombiniert sind. Zwei Peripheren verknüpfen die Abschnitte der zwei Skalen an beiden Enden und schließen so den Ring.

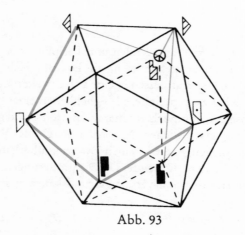

Abb. 93

Beispiele von gemischten Siebenringen der RA-Achse (das erste Beispiel ist in Abb. 93 gezeigt):

---

* Vgl. »Attitude« und »Arabesque« in »Die Kunst der Bewegung« (Heinrichshofen, Wilhelmshaven 1988) von R. v. Laban, S. 92 und 93.

(L12) – L11 – L 12 – (7) – (10) – (8) – (6)

Übergangs-   Achse   Übergangs-   Äquator
bewegung   bewegung

               zu linien-   zur dreidimen-
               artiger Stel-   sionaler Stel-
               lung führend   lung führend
               (Arabesque)   (Attitude)

(0) – L12 – 0 – (5) – (8) – (6) – (4)

(L5) – 0 – L5 – (3) – (6) – (4) – (2)

Je sechs gemischte Siebenringe sind auf je eine der vier Achsenskalen bezogen. Beispiele der LB-Achse sind:

(L3) – 2 – L3 –(0) – (L∞) – (L5) – (9)

(L4) – L3 – L4 – (L8) – (L5) – (9) – (L0)

(8) – L4 – 8 – (12) – (9) – (L0) – (L11)

17. Kapitel

Harmonische Beziehungen

Mit den bisher vorgestellten Bewegungssequenzen haben wir versucht, einen Überblick des Grundmaterials und seines Aufbaus zu geben. Es stellt sich nun die Aufgabe, einige der genannten harmonischen Beziehungen zu erklären und durch diese Darlegungen die Bedeutung des Gesagten zu vertiefen. Wie wir gesehen haben, existiert eine wunderbare Ordnung, die scheinbar nie gestört wird. Wir können diese Ordnung überall erkennen, so auch in allen Formen des Tanzes oder jeder anderen organisierten Bewegung, sei dies eine besondere Geschicklichkeit oder ein Stil. Ein Versuch zur Rechtfertigung der Behauptung, daß das Ikosaëder ein passendes Gerüst für die Untersuchung der Harmonie in der Bewegung ist, wurde im ersten Buchteil gemacht (siehe 10. Kapitel). Wie schon gesagt wurde, war es nicht in erster Linie die Kenntnis der Faktoren und der oben dargelegten Beziehungen, die Laban dazu führten, die Bewegungen des menschlichen Körpers mit dem Ikosaëder in Zusammenhang zu bringen. Vielmehr entdeckte er nach vielen geglückten und mißglückten Versuchen Gesetzmäßigkeiten, die denjenigen, die in der Struktur dieses festen Körpers walteten, zu gleichen schienen. Eigentlich ist das Ikosaëder eine strukturelle Einheit (es begreift das Fünfeck-Dodekaëder mit ein, das wiederum eine dynamische Verwicklung des Würfels ist, mit seinem oktaëdrischen Kern, der sich aus zwei einander durchdringenden Tetraëdern zusammensetzt) – eine Einheit, die die Grundlage bilden kann zum Verständnis der Vielzahl der dem Energiestrom entwachsenden Formen, da sie Mittel bereitstellt, sie einzeln zu erforschen und ihre gegenseitigen Wechselbeziehungen aufzuspüren.

1. Alle Neigungen sind auf eine einzige Skala bezogen

Zuerst soll zusammenfassend etwas über die Funktionen der vierundzwanzig Hauptneigungen gesagt werden. Im Gegensatz zum ersten Teil des Buches, der eine Entwicklung aus der peripheren Grundskala (Urskala) aufzeigte, geht dieser Teil von ihrer inneren Spiegelung, der transversalen Grundskala, aus. Wir fanden zwölf transversale Neigungen in dieser Skala enthalten; sechs weitere Neigungen bildeten die entsprechende Achsenskala (12 plus 6 = 18). Die Beziehung der sechs übrigen Neigungen zu dieser Skala liegt in den zwei Dreiringen, die die fehlende Diagonale, oder die Achse, umkreisen.

RA: Skala: 1−2−3−4−5−6−7−8−9−10−11−12
        Achsenskala: ∞−L11−L12−0−L5−L6
        Zwei Dreiringe: L2−L3−L∞; L8−L9−L0

RB: Skala: 0−8−L9−L0−5−L6−∞−2−L3−L∞−11−L12
        Achsenskala: 9−10−L2−3−4−L8
        Zwei Dreiringe: L5−6−7; L11−12−1.

Für LA und LB entsprechend.
Die peripheren Neigungen haben auch eine Beziehung zur ihnen angehörigen Grundskala. Der peripheren Gegenstücke einer transversalen Skala findet man in der Urskala (Volutenanfänge) und im Äquator (Volutenenden). Zusätzlich enthält die Urskala diejenigen peripheren Neigungen, die parallel zur Achsenskala verlaufen; die Parallelen der Dreiringe findet man in den peripheren Dreiringen, die um die Endpunkte der fehlenden Diagonale kreisen.

Vergleich mit den Dreiringen
Man kann die vierundzwanzig Neigungen auch in den Dreiringen finden. Um jede der vier Diagonalen herum liegen zwei transversale und zwei periphere Dreiringe (4x2x3=24).

Vergleich mit den Zweiringen und Vierringen
Ebenso haben alle vierundzwanzig Transversalen eine Funktion in den Zweiringen wie auch in den Vierringen. Wir haben festgestellt, daß es zwölf Zweiringe und zwölf Vierringe gibt. Jeder von ihnen enthält zwei Transversalen und zwei Peripheren, was dazu führt, daß alle Neigungen in jeder Gruppe von zwölf Ringen enthalten sind (2 x 12 plus 2 x 12).
Dies sind natürlich Überlegungen rein theoretischer Art; nichtsdestoweniger weisen sie auf die hochgradige Ordnung hin, die in der harmonischen Bewegung waltet.

2. Jede innere Grundskala ist auf eine der Urskalen bezogen

Wir stoßen auf eine weitere bemerkenswerte Gesetzmäßigkeit in den Urskalen. Diese besteht darin, daß jede Urskala in ihrer Aufteilung eine Beziehung zur entsprechenden Grundskala (A oder B) unterhält. Dies wurde schon früher im Detail verdeutlicht (siehe 7. Kapitel).

Intervalle der Urskala
Vom theoretischen Interesse dieser Kombinationen abgesehen, bieten die Intervalle, wie sie im 7. Kapitel eingeführt wurden, wie auch die zwei-, vier- und fünfteiligen

Umkreisungen der Transversalen ausgezeichnetes Material für Bewegungsübungen. Beispielsweise enthält eine Crescendo-Übung mit einer wachsenden Zahl von eine Transversale umkreisenden Peripheren große Möglichkeiten für verschiedenartige Spurformen, die aus einem einfachen Bewegungsmotiv heraus entwickelt werden können.

Umgehung einer Transversale durch mehrere Fünfring-Bögen
Die Fünfringe eröffnen weitere Entwicklungsmöglichkeiten. Wir wissen schon, daß jeder dieser Ringe um vier Transversalen herum plaziert ist, von denen jede den Ring in zwei Teile teilt, einen mit zwei und den andern mit drei Verbindungsstücken. Mit anderen Worten: jeder dieser Teile ist für sich eine Umgehung der Transversalen. Nehmen wir als Beispiel die Bewegung 1, die hinter dem Körper in einem flachen Kreis von ⬡ nach ⬠ führt. Wir können eine bogenähnliche Geste machen und dabei entweder die zweiteilige Umgehung, (8) – (r), oder die dreiteilige, (L7) – (1) – (L8) benutzen. Aber die Transversale liegt auch innerhalb eines der schwebenden Fünfringe über dem Zentrum, was uns die zweiteilige Umgehung (∞) – (L3) und die dreiteilige (v) – (1) – (L12) gibt. So gibt es vier verschiedene Möglichkeiten, um eine Transversale mittels eines Fünfrings zu umgehen; sie lassen sich wie folgt erkennen:

a) als zweiteiliger Bogen einschließlich einer peripheren Dimension;
b) als dreiteiliger Bogen einschließlich einer peripheren Dimension;
c) als zweiteiliger Bogen, der nur aus peripheren Neigungen besteht;
d) als dreiteiliger Bogen, der nur aus peripheren Neigungen besteht.

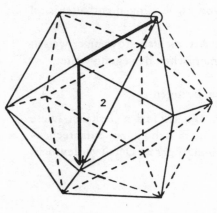

Abb. 94a

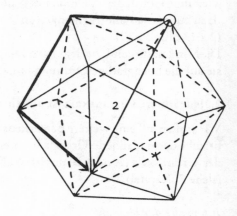

Abb. 94b

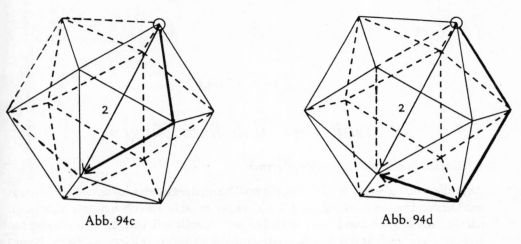

Abb. 94c   Abb. 94d

Abb. 94a–d illustrieren diese Möglichkeiten in bezug auf Transversale 2.

Die zwei Umgehungen, die Dimensionalen enthalten, sind auf der einen Seite der Transversalen gelegen, und diejenigen, die nur Neigungen enthalten, auf der anderen Seite. Dies gilt für alle Transversalen. In der freieren Bewegung werden diese Bögen selten in ihrer exakten Spurform ausgeführt, und deshalb ziehen wir es vor, von zwei *Zonen* zu sprechen, die um jede Neigung herum gelagert sind. So gibt es eine »dimensionale Zone« und eine »diagonale Zone«, deren Bedeutungen im nächsten Kapitel angesprochen werden.

18. Kapitel

Stabile und labile Beziehungen

1. Innerhalb harmonischer Spurformen

Abschließend müssen wir einen Aspekt erwähnen, der zu den wichtigsten gehört, was das Verständnis der harmonischen Beziehungen zwischen den Neigungen anbelangt, nämlich die *stabilen* und *labilen Beziehungen*. »Stabil« soll nicht als statisch oder bewegungslos aufgefaßt werden. Wir betrachten es als dasjenige Element, das die Bewegung zu Ruhe und Stillstand führt, das ein Bewegungsthema ausklingen oder in sich einen Abschluß finden läßt, ohne daß sich ein neues Thema ankündigt. Räumlich gesehen, schmieden seine gegensätzlichen Spannungen das Gleichgewicht der Kräfte. Mit dem Begriff »labil« bezeichnen wir einen Zustand, der die Kontinuität fördert und mit Bewegungsintensität geladen ist; durch ihn werden immer neue Bewegungen erschaffen, die in sich keinen Abschluß finden. Dieser Zustand wird durch fließende und mühelose Übergänge zwischen räumlichen Richtungen aufrechterhalten, und er hat eine biegsame Struktur.

Zweiring-Beziehungen (stabil)

Wenn wir nun die Zweiringe unter diesem Gesichtspunkt untersuchen, stoßen wir auf eine interessante harmonische Beziehung, die zwischen zwei Gruppen von je drei Zweiringen besteht. Ein Beispiel:

Gruppe I:	
Erster Zweiring:	1 – (11) – 7 – (5)
Zweiter Zweiring:	5 – (3) – 11 – (9)
Dritter Zweiring:	3 – (1) – 9 – (7)
Erster Zweiring:	1 – (11) – 7 – (5)

Es fällt auf, daß diese drei Zweiringe aufeinander bezogen sind durch ihre Peripheren, die im folgenden Ring zu Transversalen werden; nach drei Wechseln ist der erste Ring wieder errichtet. Dasselbe kann in der folgenden Gruppe beobachtet werden.

Gruppe II:	
Erster Zweiring:	2 – (L6) – 8 – (L12)
Zweiter Zweiring:	L12 – (L∞) – L6 – (L0)
Dritter Zweiring:	L∞ – (2) – L0 – (8)
Erster Zweiring:	2 – (L6) – 8 – (L12)

Es gibt zwei entsprechende Gruppen auf der anderen Seite.

Wir können somit vier Gruppen von drei Zweiringen unterscheiden; jede Gruppe bildet einen Zyklus, der alle zwölf Punkte des Ikosaëders umfaßt. Die in jedem Zyklus auftretenden Neigungen stehen alle in rechten Winkeln zueinander, was uns an das System der drei dimensionalen Ebenen erinnert, jedoch sind jene Ebenen gegen die Diagonalen geneigt. Weiter bemerken wir, daß jede Zweiring-Gruppe jene Neigungen in sich vereint, die in einer transversalen Grundskala als die ersten Bewegungen einer Spitze und als die zweiten einer Volute auftreten. So gehört jeder Zweiring-Zyklus zu einer bestimmten transversalen Grundskala.

Gruppe I gehört   zu RA mit 1 – 3 – 5 – 7 – 9 – 11

(die entsprechende Gruppe
auf der linken Seite   zu LA mit L1 – L3 – L5 – L7 – L9 – L11)

Gruppe II gehört   zu RB mit 8 – L0 – L6 – 2 – L∞ – L12

(die entsprechende Gruppe
auf der linken Seite   zu LB mit L8 – 0 – 6 – L2 – ∞ – 12)

Vom Gesichtspunkt der Bewegungskomposition aus läßt sich sagen, daß diese Neigungen voneinander isoliert sind, das heißt, innerhalb derselben Gruppe besteht keine Möglichkeit, von einem Zweiring direkt zu einem der beiden anderen hinüberzuwechseln, ohne ein neues Element als Übergang einzuführen. Somit besteht keine Variabilität. (Um keine weiteren, fremden Diagonalen gebrauchen zu müssen, kann man von einem Ring über zwei dimensionale Peripheren in den einen und auf zwei andere Dimensionalen in den zweiten Ring derselben Gruppen übergehen.)

Vorderhand werden wir den Begriff »stabile Beziehungen« nur zur Kennzeichnung der Starrheit gebrauchen, die sich einerseits aus dieser Isoliertheit von Neigungen, andererseits aus ihrer rechtwinkligen Stellung zueinander ergibt; diese bestimmt hauptsächlich den stabilen Charakter der kombinierten Struktur der Neigungen. Später werden wir bemerken, daß diese Neigungsentsprechungen als stabilisierende Elemente in Skalen und anderen strukturierten Sequenzen wirken.

Im Gegensatz zu den stabilen Beziehungen stehen die labilen, die in jeder der obenerwähnten Skalen durch die zweite Bewegung einer Spitze (oder die erste einer Volute) entstehen; eine Spitze und eine Volute ergeben zusammen 180° (72° und 108°).

Schnittpunkte in diagonalen Richtungen (labil)

Wir haben uns schon mit den peripheren Gegenstücken der (labilen) Transversalen bekanntgemacht, dies in der Betrachtung der Gürtel, in denen sie, auf bestimmte Art und Weise gegliedert, die Äquatorskalen bilden.

Diese Transversalen sind für

$$
\begin{array}{llllll}
\text{RA:} & 2- & 4- & 6- & 8- & 10- & 12 \\
\text{LA:} & L2- & L4- & L6- & L8- & L10- & L12 \\
\text{RB:} & 0- & L9- & 5- & \infty- & L3- & L11 \\
\text{LB:} & L0- & 9- & L5- & L\infty- & 3- & 11
\end{array}
$$

Drei dieser labilen Neigungen schneiden sich an einem Punkt der Diagonale (d. h. der fehlenden Diagonale) ihrer Bezugs-Skala, und die anderen drei Neigungen an einem andern Punkt der Diagonale, nämlich auf der gegenüberliegenden Seite:

2 – 6 – 10	schneiden sich in Richtung	
4 – 8 – 12	schneiden sich in Richtung	der RA-Diagonale (Abb. 95)
L2 – L6 – L10	schneiden sich in Richtung	
L4 – L8 – L12	schneiden sich in Richtung	der LA-Diagonale
11 – L∞ – L9	schneiden sich in Richtung	
5 – 0 – L3	schneiden sich in Richtung	der RB-Diagonale
L11 – ∞ – 9	schneiden sich in Richtung	
L5 – L0 – 3	schneiden sich in Richtung	der LB-Diagonale

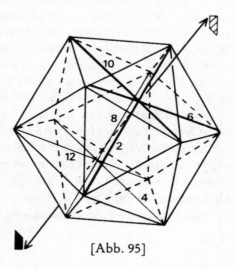

[Abb. 95]

Wenn wir diese labilen Verbindungen aus dem Gewirr aller anderen Neigungen herausheben, entdecken wir, daß jedes labile System die Form eines Rhomboëders annimmt; dieses ähnelt einem Würfel, der in die Richtung der fehlenden Diagonale zusammengedrückt wird.

Es ist ebenso bemerkenswert, daß jede der labilen Transversalen zum Gürtel der ihr entsprechenden Diagonale führt, wo sie mit den peripheren Gegenstücken der zwei sie schneidenden Neigungen zusammentrifft – eben jenen, mit denen sie in enger Beziehung steht. Wenn wir zum Beispiel die Neigung 2 nach zurück-tief ausführen, können wir die Bewegung innerhalb dieses Systems mit einer Peripheren 6 oder 10 fortsetzen. (Periphere 10 ist eigentlich Periphere 4, umbenannt deshalb, weil sie hier in umgekehrter Richtung begangen wird. (Vergleiche 2. Teil, 15. Kapitel, Seite 174.)

Übersicht der Neigungen in bezug auf ihre Funktion

Zusammenfassend kann gesagt werden, daß jede Neigung in einer der Skalen ihren labilen oder stabilen Charakter findet, je nach der Rolle, die sie innerhalb einer Volute oder einer Spitze spielt, das heißt, ob sie als erste oder als zweite Bewegung einer neuen Diagonale auftritt.

Daraus mag erhellen, daß jede Neigung durch ihre Präsenz in zwei Skalen eine doppelte, nämlich eine *stabilisierende und eine labilisierende Funktion* hat:

Neigung:	stabil:	labil:	Neigung:	stabil:	labil:
1	RA	LA	8	RB	RA
2	RB	RA	9	RA	LB
3	RA	LB	10	LA	RA
4	LA	RA	11	RA	RB
5	RA	RB	12	LB	RA
6	LB	RA	0	LA	RB
7	RA	LA	∞	LB	RB

Entsprechend auf der linken Seite.

Somit haben wir die folgenden Charakteristika herausgearbeitet:

für Stabilität:
1. Winkel von 90°
2. Keine Variabilität
3. Ganzes System besteht aus unbezogenen Ebenen, ähnlich den Dimensionalebenen.

für Labilität:
1. Winkel von 72° oder 108°
2. Variabilität
3. Ganzes System nimmt Form eines Rhomboëders an. Je drei Transversalen schneiden sich. Peripheren bilden Äquatorskala.

Umwegskalen

In unserer Aufgabe, die Beziehungen zwischen Stabilität und Labilität in der Bewegung aufzudecken, wollen wir kurz die Umwegskalen überprüfen. Wir haben herausgefunden, daß jene Neigungen, die in eine neue Diagonale hätten übergehen sollen, ihren dreidimensionalen Wert zu einem zweidimensionalen umgeformt hatten und zu einem Diameter wurden. Diese gelten als die stabilen Neigungen innerhalb einer Skala, weil sie durch ihre engere Beziehung zu einer Dimension dazu tendieren, die Bewegung zu stabilisieren und sie einer Endstellung zuzuführen. Die labilen Neigungen der Skala haben vorbereitende Funktion und ihr dreidimensionaler Wert bleibt unverändert bestehen.

Dreiring-Vergrößerungen

Als nächstes Beispiel für den Unterschied zwischen labiler und stabiler Bewegung erwähnen wir die zwei Arten von Dreiring-Vergrößerungen, die sich in dieser Hinsicht voneinander unterscheiden. Vergleichen wir einmal die zwei Ringe 2 – 3 – (1) und 2 – 3 – (L0). In der Bewegung entlang diesen Spurformen fühlen wir, daß 2 – 3 – (1) den Ausklang des Bewegungsmotivs bedeutet, während 2 – 3 – (L0) zweifelsohne einen Impuls für ein neues Bewegungsmotiv gibt. Dasselbe gilt für alle anderen Dreiring-Vergrößerungen. In der stabilen Erweiterung wird der ursprüngliche Charakter der Bewegung als schöpfender oder streuender Bogen zum *ouvert* hin beibehalten, während sich in der labilen Erweiterung der Bewegungscharakter durch Umkehrung der ursprünglichen Tendenz in ein *tortillé* verändert (siehe 8. Kapitel). Als weiteres kehrt man in der stabilen Vergrößerung immer in die Diagonale der ersten Voltenneigung zurück, während man in der labilen Vergrößerung in eine dritte Diagonale (diejenige der Achse) übergeht. Diese beiden Tatsachen zusammen bewirken, daß die labilen Erweiterungen viel mehr Bewegungsintensität enthalten als die stabilen.

Vierringe

Dasselbe läßt sich von den Vierringen sagen, in denen wir, im Gegensatz zu den Zweiringen, zwei labile und zwei stabile Übergänge antreffen. Darauf beruht die Bildung einer dreidimensionalen Raumform, die sich von der Monotonie des flächenartigen Zweirings abhebt und durch ihre plastische Raumstruktur reichere Bewegungserfahrung vermittelt.
Wir finden den labilen Übergang immer am Ende einer Transversalen, wo die Bewegung den peripheren Weg betritt. Hier erfahren wir eine größere Bewegungsintensität, die aber beim Eintritt in die nächste Transversale, bei einem stabilen Übergang also, wieder abgeklungen ist.

Stabile und labile Zonen in der Fünfring-Umgehung von Transversalen

In der Betrachtung von Stabilität und Labilität sind die Zonen, die aus der Umgehung von Transversalen durch Fünfringe entstehen, von großer Bedeutung. Wir haben hier zwischen einer dimensionalen und einer diagonalen Zone unterschieden. Wenn wir uns eingehender mit den Umwegen befassen, die sich aus der freieren Bewegung entlang den Spurformen der Voluten heraus ergeben, so fällt uns auf, daß eine Tendenz besteht, solchen Umgehungen den Vorzug zu geben. (Ausnahmen kommen natürlich immer vor, besonders wenn die Bewegung zum Grotesken neigt, was aber nicht stark ins Gewicht fällt.) Die erste Volutenneigung (labil) wird dann für gewöhnlich durch die diagonale oder *labile Zone* vollzogen, während die zweite Neigung (stabil) durch die dimensionale oder *stabile Zone* umgangen wird. Indes scheinen die schwebenden Neigungen nicht genau dieser Regel zu entsprechen; es ist aber beobachtet worden, daß eigentlich nur die Neigung 3 nicht an diese Regel gebunden ist. Auch sind von 14 Transversalen ∞ und 0 manchmal als Ausnahmen erkannt worden. Die folgenden Umgehungen mögen einen Einblick in den allgemein beobachtbaren Gebrauch der Zonen geben:

Neigung	in RA gebrauchte Zone	anderweitiger Gebrauch
1	stabile Zone	in LA als L10, labile Zone
2	labile Zone	in RB stabile Zone
3	labile Zone (nur wenn mit Drehung stabile Zone)	in LB meistens labile Zone
4	labile Zone	in LA als L7, stabile Zone
5	stabile Zone	in RB labile Zone
6	labile Zone	in LB meistens ebenfalls labile Zone
7	stabile Zone	in LA als L4, labile Zone
8	labile Zone	in RB stabile Zone
9	meistens stabile Zone	in LB labile Zone
10	labile Zone	in LA als L1, stabile Zone
11	stabile Zone	in RB labile Zone
12·	labile Zone	in LB stabile Zone
∞	in RB meistens labile Zone	in LB immer labile Zone
°	in RB hauptsächlich stabile Zone	in LB stabile Zone

Abweichungen von diesen Umwegen können bei besonderen Bewegungstypen beobachtet werden, die auch die zur Umwegskala gehörenden Umgehungen vorziehen, was besonders der Fall ist, wenn das Ausdruckselement der Bewegung vor dem formgebenden Element den Vorrang hat.

Wenn wir die verschiedenen Zonen in den Voluten auf unterschiedliche Art und Weise kombinieren, und dabei noch die Möglichkeiten der Zwei- und der Dreiteiligkeit von Umgehungsbogen in Betracht ziehen (siehe vorangehendes Kapitel, Seite 196), können wir für eine Volute eine Reihe von Spurform-Variationen wie auch *ouverts*, *tortillés* usw. verschiedenartigen Ausmaßes schaffen. Hier haben wir einmal mehr reiches Material zur Erziehung des Tänzers im Formbewußtsein zur Verfügung; ein Gefühl für die Umwege, die in den verschiedenen Neigungen von »flach«, »steil« und »schwebend« gemacht werden können, wird erweckt und vertieft.

2. Die gegenseitige Beeinflussung zwischen Diagonalen

Ein weiteres interessantes Beispiel für den Gebrauch von labilen und stabilen Zonen ist das folgende. Nehmen wir die Diagonale ⬦ ⋯ ❙ mit den Neigungen 1, L3 und 8 in Richtung ihres oberen Endes und 7, L9 und 2 in Richtung ihres unteren Endes. Neigung 1 hat ihre dimensionale Zone vor dem Körper, mit starker Akzentuierung einer von links nach rechts gehenden Bewegung. Die Zone als ganzes wird durch die Spurlinien ◖ ⋯ ◁ ⋯ ◗ und ◖ ⋯ ◖ ⋯ ◗ ⋯ ◗ begrenzt und schließt das Dreieck ◁ ⋯ ◖ ⋯ ◗ ein, das die Diagonalrichtung ◗ umgibt (Abb. 96a). Diese ist von der Diagonalrichtung ⬦, zu der die Transversale 1 geneigt ist, durch eine Links-rechts-Dimension getrennt (vergleiche die Diagonalen im Würfel, 1. Teil, 10. Kapitel, Seite 105). In der Bewegung erfahren wir diese dimensionale Zone als Ablenkung der Diagonalrichtung ⬦ durch die Richtung ◗, die zuerst die Bewegung an sich zieht und sie dann nach rechts abstößt. Eine ähnliche Erfahrung können wir mit 7 machen, mit dem alleinigen Unterschied, daß die entgegengesetzten Enden der Diagonalen aktiv werden; das heißt, ❚ zieht zuerst die Bewegung der zu ❙ geneigten Transversale 7 an sich und stößt sie dann nach links ab.

Diese von einer Diagonale auf eine andere ausgeübte Ablenkung wird in der Bewegung am ehesten gefühlt, wenn der ganze Körper zu Beginn in die endgültige Diagonale geneigt wird – in unserem Fall ⬦ ⋯ ❙ –, und wenn darauf mit einem Vorprellen des Körperzentrums eine Geste des rechten Arms in die flache Neigung gemacht wird. Auf diese Weise wird die Geste in die nach rechts führende Dimension und das Bein in die nach links führende Dimension gestoßen.

Weiter können wir auch herausfühlen, daß nicht allein dieser dimensionale Stoß die Ablenkung erzeugt, sondern daß es auch die Möglichkeit des Zugs gibt. Diese ziehende Ablenkung geschieht in den labilen Zonen, das heißt im Falle von Neigung 1, hinter dem Körper und mit den Spurlinien ◖ ⋯ ❚ ⋯ ◁ ⋯ ◗ und ◖ ⋯ ◗ ⋯ ◗ als Begrenzungen (Abb. 96b). Wir beginnen bei ◖, aber dieses Mal mit dem rechten Arm hinter dem Körper gekreuzt. Wir erkennen deutlich, daß die Neigung 1 nun zur Diagonalrichtung ❚ umgeleitet wird (die erste Periphere des dreiteiligen labilen Umwegs gehört zu dieser Diagonale). Die Bewegung wird zuerst zur rechten Seite gezogen und löst sich gegen das Ende von Neigung 1 dort auf (Abb. 97).

Wenn wir die steile Ablenkung der diagonalen Richtung ⬦ näher untersuchen, finden wir heraus, daß in der labilen Zone die diagonale Richtung ◗ aufwärts zieht, und in der stabilen Zone die diagonale Richtung ❚ aufwärts stößt. Die steile Ablenkung von ❙ wird von ◗ abwärts gestoßen (stabiler Umweg) und von ❚ abwärts gezogen (labiler Umweg).

In der schwebenden Ablenkung von ⬦ schließlich stößt ◖ vorwärts (stabiler Umweg) und zieht ◗ vorwärts (labiler Umweg). In der Gegenrichtung der Neigung stößt ❚ (stabiler Umweg) und zieht ◖ (labiler Umweg).

Durch die Darstellung dieser Beziehungen im Würfel wird ersichtlich, daß beide Charakteristika, die labilen wie die stabilen, durch *eine* Diagonale hervorgerufen werden,

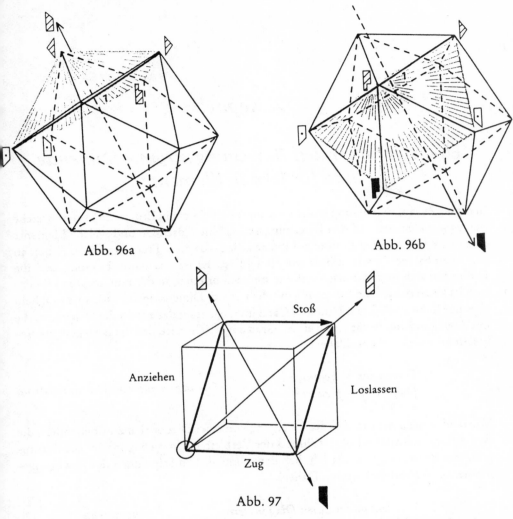

Abb. 96a   Abb. 96b

Abb. 97

und zwar nicht durch diejenige der Neigung, und daß das Ziehen und das Stoßen der beiden Richtungen einer Neigung von dieser einen Diagonalen ausgehen, worauf sich die Wechselbeziehung zwischen den zwei Diagonalen aufbaut.

Jede Diagonale hat diese Art von ablenkender Beziehung zu jeder anderen Diagonale. Diese Überlegungen sind deshalb von Bedeutung, weil sie dazu beitragen, Bewegung von allzu starren theoretischen Vorstellungen zu befreien und dynamische Qualitäten ins Spiel zu bringen. Sie sind auch wichtig für die schriftliche Fixierung von Bewegungssequenzen, weil sie die Aufzeichnung von Bewegungsbogen mittels Umwegzeichen, die den Zeichen der Hauptneigungen beigefügt werden, ermöglichen. (Nähere Einzelheiten dazu sind im schon erwähnten »Abriß der Kinetographie Laban« von Albrecht Knust, Teil I, zu erfahren.)

19. Kapitel

Übersicht über den Bewegungsstrom hemmende und fördernde Elemente

In dieser Zusammenfassung wollen wir uns noch einmal in Erinnerung rufen, welche Bewegungselemente auf den Bewegungsstrom einen lösenden und welche Elemente einen einschränkenden Einfluß auf ihn ausüben – da diese Frage in unserer Arbeit an der Raumharmonie wiederholt aufgetaucht ist. Es ist uns schon bekannt, daß die Dimensionalen immer Einschränkung mit sich bringen; in der rein linearen Dimension ist keine natürliche Bewegung möglich, in der Dimensionalebene ist sie möglich, aber nur in beschränktem Umfang. Ganz im Gegensatz dazu steht die Diagonale, die mit Bewegungsintensität bis zu einem Grad angereichert ist, daß die Bewegung uneingeschränkt weiter fließt. Daher:

1. *Dimension = hemmend*
   Diagonale = fördernd } *in bezug auf den Bewegungsstrom*

Wir fanden auch heraus, daß der Übergang von einer Diagonalen zu einer andern die Bewegungsintensität erhöht, während der Verbleib in einer Diagonalen eine Beruhigung der Bewegung bewirkt (ähnlich dem allmählichen Schwinden des Bewegungsmoments im Pendelschwung). Daher:

2. *Verbleib in derselben Diagonalen*   *= hemmend*
   Übergang von einer Diagonalen in eine andere = fördernd

Ferner können wir einen Unterschied im Einfluß von flächenartigen oder plastischen Spurformen beobachten. Flächenartige Bewegungen bewirken Beruhigung, während solche mit dreidimensionalen Wegen anregend wirken:

3. *Flächenartige Raumformen*   *= den Fluß hemmend*
   Plastische Formen   *= den Fluß fördernd*

Es ist auch wichtig, sich zu vergewissern, ob eine Bewegungssequenz zu ihrem Anfangspunkt zurückkehrt oder ob sie im Raum fortschreitet:

4. *Rückkehr zum Anfangspunkt*   = *hemmend*
 Fortschreitung im Raum   = *fördernd*

Wir haben schon im Detail festgestellt, daß es stabile Beziehungen und labile Beziehungen gibt:

5. *Stabile Beziehungen*   = *hemmend*
 Labile Beziehungen   = *fördernd*

Von Bedeutung für die Bewegungsintensität ist der Gebrauch von Peripheren oder Transversalen:

6. *Peripheren sind fluß-hemmend; Transversalen sind flußfördernd.*

Schließlich erwähnen wir noch den Rhythmus, über den an sich sehr wenig gesagt worden ist. Es leuchtet zweifellos ein, daß ein regelmäßiger Rhythmus (z. B. 2/4-Takt) eine monotonere Qualität hat als ein unregelmäßiger (z. B. 3- oder 5-Takt), woraus wir folgendermaßen schließen können:

7. *Regelmäßiger Rhythmus ist hemmend;*
 unregelmäßiger Rhythmus ist fördernd.

In einer abschließenden Aufstellung möchten wir die wichtigsten flußfördernden und flußhemmenden Elemente der Raumgebilde aufzählen, die in diesem Teil des Buchs ausführlich beschrieben worden sind:

Raumformen	*flußhemmende Elemente*	*flußfördernde Elemente*
Spitzen:	nur eine Diagonale flächenartige Raumform regelmäßiger Rhythmus	gegensätzliche Raumzonen Raum durchmessend nur Transversalen
Voluten:	flächenartige Raumform regelmäßiger Rhythmus	zwei verschiedene Diagonalen nur Transversalen
Transversale Dreiringe:	flächenartige Raumform Rückkehr zum Ausgangspunkt	drei verschiedene Diagonalen unregelmäßiger Rhythmus nur Transversalen
Äquator (Gürtel):	Rückkehr zum Ausgangspunkt nur Peripheren	drei verschiedene Diagonalen plastische Form labile Beziehung zwischen Verbindungsstücken

Raumformen	flußhemmende Elemente	flußfördernde Elemente
Achsen-skala (Bündel):	nur eine Diagonale Rückkehr zum Ausgangspunkt	plastische Form nur Transversalen
Periphere Dreiringe:	flächenartige Raumform Rückkehr zum Ausgangspunkt nur Peripheren	drei verschiedene Diagonalen unregelmäßiger Rhythmus
Fünfringe:	eine Dimensionalrichtung nur zwei Diagonalen flächenartige Raumform Rückkehr zum Ausgangspunkt nur Peripheren	andauernder Wechsel zwischen Diagona: labile Beziehungen zwischen Verbindungsstücken unregelmäßiger Rhythmus

Gipfel-schwünge:	Dimensionalrichtung
	   (3maliges Vorkommen)
	nur Peripheren
		vier verschiedene Diagonalen
		fortwährender Diagonalwechsel
		plastische Form
		labile Beziehung zwischen
		   Verbindungsstücken
		unregelmäßiger Rhythmus
		gegensätzliche Raumzonen

Zweiringe:	Akzent auf einer Diagonale flächenartige Raumform Rückkehr zum Ausgangspunkt stabile Beziehungen zwischen Neigungen regelmäßiger Rhythmus zwei Peripheren	zwei verschiedene Diagonalen zwei Transversalen

Vierringe:	Rückkehr zum Ausgangspunkt
	zwei stabile Beziehungen
	   zwischen Neigungen
	regelmäßiger Rhythmus
	zwei Peripheren
		vier verschiedene Diagonalen
		plastische Form
		zwei labile Beziehungen
		   zwischen Neigungen
		zwei Transversalen

REGISTER

E

F

T